LES

HOMMES ET LES MŒURS

EN FRANCE

SOUS LE RÈGNE DE LOUIS-PHILIPPE

Vu les traités internationaux relatifs à la propriété littéraire, l'auteur de cet ouvrage se réserve le droit de le traduire ou de le faire traduire en toutes les langues ; il poursuivra toutes contrefaçons ou toutes traductions faites au mépris de ses droits.

LES
HOMMES ET LES MŒURS

EN FRANCE

SOUS LE RÈGNE

DE LOUIS-PHILIPPE

PAR

HIPPOLYTE CASTILLE

Faites place! Rentrez dans la nuit, vieilles ombres
Tous ces gens-là sont morts, il faut les enterrer
L. LAURENT-PICHAT

PARIS
PAUL HENNETON ET Cie, LIBRAIRE-ÉDITEUR
9, RUE SAINTE-ANNE, 9

1853

TABLE DES MATIÈRES.

Préface ix

POLITIQUE.

CHAPITRE PREMIER.

Causes générales de la chute de la royauté de Juillet. — Rôle singulier des d'Orléans. — Pourquoi le régime parlementaire a triomphé en Angleterre.— Pourquoi il échoue en France. — Louis-Philippe et l'industrie. — Constitution de l'individualisme. — Son influence universelle 1

CHAPITRE II.

Comment se forma la légende. — Personnages du drame. — M. Guizot . . 26

CHAPITRE III.

M. Thiers. 60

CHAPITRE IV.

Utilités et comparses : MM. Molé, de Broglie, Jaubert, Rémusat, etc., etc. . 95

CHAPITRE V.

La presse sous Louis-Philippe. — Pourquoi elle a joui d'une certaine liberté. — Pourquoi elle ne représentait pas plus l'opinion publique que la chambre élective. — Comment elle devint un instrument exclusif à l'usage de la bourgeoisie. — La presse industrialisée. — Aveuglement de la démocratie. 111

CHAPITRE VI.

La presse crée une politique nouvelle. — Les Débats, la Presse. M. de Girardin. — Le Globe. MM. Théodore Le Chevallier, Granier de Cassagnac.

— M. Veuillot. *Les Libres penseurs.* — M. de Genoude. — *Le Commerce.* M. Lesseps. — *Le Corsaire.* M. Saint-Alme. — *Le Journal du peuple.* MM. Dupoty, Godefroy Cavaignac. — *L'espion Delahodde.* — *La Réforme.* MM. Flocon, Ribeyrolles, Pyat, Louis Blanc. — *Le National.* MM. Carrel et Marrast. — *Le Courrier français.* MM. Châtelain, Léon Faucher, Durrieu, Bastiat. — *L'Atelier.* M. Corbon. — *Le Populaire.* M. Cabet. — *La Fraternité*, etc. 125

PHILOSOPHIE, ENSEIGNEMENT.

CHAPITRE VII.

La politique précède la philosophie. — L'éclectisme philosophiq du parlementarisme. — Syllogismes, dilemmes, versions et subversions sur le Moi. — Rôle révolutionnaire du sensualisme. — Tactique des philosophes officiels au XIXe siècle. — Double caractère de l'enseignement dans une monarchie ou une république : ce qu'il fut sous Louis-Philippe. — Tonneau des Danaïdes de la philosophie. — Tendance de la philosophie nouvelle à la synthèse. 189

CHAPITRE VIII.

MM. Cousin, Jouffroy, Auguste Comte, de Lamennais, Pierre Leroux, P.-J. Proudhon. 218

CHAPITRE IX.

L'étudiant du moyen âge et l'étudiant du temps de Louis-Philippe. — M. Béranger à la Closerie des Lilas. — Nécessité d'une forme nouvelle de l'héroïsme. — M. Villemain ; platitude de ce professeur devant les princes du Nord. — M. Saint-Marc Girardin. — Mauvaise influence de ces professeurs sur la jeunesse. — M. Edgard Quinet. — M. Michelet. — Abus des doctrines du maître par un disciple (*de la foi nouvelle dans l'art*). — M. Philarète Chasles. — M. Adam Mickiewicz et Towianski ; le messianisme ; *la Tribune des peuples*. 263

LETTRES, ARTS, SCIENCES.

CHAPITRE X.

La littérature est le complément des recherches historiques. — Comment se forme le corps d'armée de l'opposition. — Des causes de la tristesse du siècle : 1° Déclaration des droits de l'homme ; 2° Waterloo ; la restauration, régne de la douleur; 3° Monarchie de juillet, règne de la déception.—Naissance de la littérature cadavéreuse : *le Crapaud*. — Torrent de pamphlets : *Gisquetéides, Dupinades, Barthélémindes*. — Un dessin de Daumier. — *Iambes* de M. Barbier. — *Rapsodies* de M. Petrus Borel. — M. Gérard de Nerval donnant la dynamique de la force répulsive du mot bourgeois. — Littérature enragée, paradoxale et lycanthropique. — Comment finissent les poètes du désespoir. — Rolla et M. Nisard. — Champavert et l'école des suicides. — *L'Ane mort, Vertu et tempérament, les Deux anges*, etc. MM. Janin, Frémy, de Chancel, Paul Lacroix, etc. — La littérature succombe. — *Confessions d'un enfant du siècle*; M. Musset. — George Sand, Hugo, Dumas. — M. Lassailly; *Trialph*. 277

CHAPITRE XI.

M. Théophile Gautier. — *Les Jeunes France*, nihilisme. — Caricatures : la Poire, Mayeux, Robert-Macaire. — M. Daumier et MM. Ingres, de Balzac et Gavarni. — *La Comédie humaine*. — M. de Balzac et M. Beyle. — Le romantisme : MM. Hugo, Delacroix, David, Antonin Moine et Préault. — Utilité des révolutionnaires en littérature et en art. — Analogies des mouvements philosophique et littéraire. — État général des âmes engendrant des phénomènes analogues dans divers ordres d'idées. — La réhabilitation de la chair et le romantisme. — La philosophie positive et le réalisme artistique et littéraire. — MM. de Balzac, de Vigny, Barye. — M. Mérimée et M. Dumas père. — M. Sainte-Beuve, dernier des euphuistes. — Tendances à l'harmonie des sciences, des lettres, des arts, de la philosophie et de la politique . 306

CHAPITRE XII.

De l'industrie intellectuelle. — Appropriation individuelle de l'idée, source de lois nouvelles. — Sociétés artistiques et littéraires. — MM. Taylor, Scribe, de Balzac, L. Desnoyers. — Privilèges, jurandes et maîtrises du travail intellectuel. — Le roman feuilleton, manifestation industrielle de la littérature. — MM. Chapuis de Montlaville et de Riancey. — *La parlotte du quai d'Orsay*, — Littérature et psychologie criminelle comparées. — Moyens de vulgarisation de la pensée. — Reproduction permanente. — Annonces, presses, papier, magazines, librairies, lithographies, moulages, gravures sur bois, etc. — L'art, moyen d'éducation domestique. — Daguerre. — Découvertes industrielles. — Mouvement scientifique. — La photographie, le télégraphe électrique, etc., précurseurs d'une société nouvelle 323

SENTIMENTS.

CHAPITRE XIII.

Morcellement de la société française. — Impuissance du roi à la reconstituer. — Démoralisation. — Chemins de fer, agiotage, etc. — La cour cherche à rallier la jeunesse. — Joinville, d'Aumale, Montpensier. — Soirées. — Le peuple aux sentines. — Les bals de l'Opéra. — Sentiments : amour, amitié, etc. — De la vertu et des prix Montbyon 340

CHAPITRE XIV.

Comment se complète la légende. — L'homme multitude. — Après le bourgeois synthétique, le bourgeois moléculaire : M. Véron. — Attila au souper de Trymalcion. — 22 février 1848. — Fin du *Mystère*. — Conclusion. — Synthèse de l'individualisme. 359

PRÉFACE

Les personnes qui liront ce livre avec le désir d'y trouver quelques baies acides pour étancher la soif de leur vengeance, seront probablement punies par où elles auront péché. Elles se piqueront à quelqu'épine et peut-être à l'endroit qui leur sera le plus sensible.

Ceci est un livre sincère, écrit pour les gens de bonne foi. Le moyen d'en supporter la lecture est d'oublier ce préjugé qui consiste à ne dire la vérité qu'aux enfants, aux pauvres, aux faibles.

Pour être sincère, sinon absolument juste envers les hommes, il faut ne se sentir liés à eux, ni par la reconnaissance, ni par quelqu'injure à venger. Les justiciés de cette critique n'ont fait ni bien, ni mal à l'auteur. C'est ainsi que, par le chemin de l'indifférence, il a pu arriver à la vertu;— car la franchise est une vertu présentement.

Mais cette indifférence envers les individus est loin de s'étendre jusqu'aux choses. Ce n'est donc pas dans l'intention de complaire aux méchants et d'amuser les oisifs que l'auteur a cherché, feuilleté, questionné, qu'il a daigné écouter jusqu'aux niaiseries de ses contemporains et user de longues heures à noircir un cahier. Il savait que la meilleure préparation de l'avenir est la liquidation du passé. Étudier les hommes et les mœurs du dernier règne, n'était-ce pas liquider avec les républicains orléanistes, avec les légitimistes et les orléanistes unis, avec l'impuissance et le mauvais vouloir, avec la promiscuité de ces fusions immorales qui empoisonnent les âmes?

Si l'on veut savoir ce que l'auteur entend par républicain-orléaniste, le voici : C'est un libéral éreinté qui, n'ayant pu, sous Louis-Philippe devenir préfet, conseiller d'État, ou fonctionnaire quelconque, a emboîté le pas derrière le garde national Odilon Barrot, et s'est réveillé républicain le 24 février 1848, à deux heures de relevée, presqu'à temps pour faire partie du Gouvernement provisoire ; c'est le caméléon que nous vîmes ministre ou député, réactionnaire jusqu'à l'élection présidentielle, et plus tard *ami de la Constitution.*

Souhaite-t-on deux lignes de commentaire sur la promiscuité de la fusion légitimisme et orléanisme unis? — Il nous semble voir deux belles dames abandonnées de leurs amants : l'Orléanaise haute en couleurs, et la Légitime au teint pâle, réconciliées comme deux bonnes filles, oubliant leur sexe et la pudeur, et sous les yeux de la France scandalisée... Ce serait le cas de s'écrier avec Juvénal : *Veniet conductus aquarius*, mais le prolétariat ne viendra pas. Il ne viendra que le républicain-orléaniste, ce jeune homme équivoque, né d'hier, conçu entre deux portes.

> *Sunt quas eunuchi imbelles ac mollia semper*
> *Oscula delectent...* (1).

Quant à la démocratie on s'est efforcé de la ramener à la connaissance des conditions de son temps, au mépris des imitations tragiques de l'histoire romaine. On a voulu démontrer à ce peuple catholique, royaliste et aristocrate, qu'il ne trouverait sa voie que dans la politique des intérêts, dans ce développement individualiste qui seul peut s'accommoder de son orgueil et de son égoïsme. Là seulement il lui sera peut-être permis de trouver une sorte d'harmonie et de cesser de vivre dans l'hypocrisie, l'illusion et la sottise.

Avec la même franchise qu'il met à s'expliquer sur le but de ces Essais, l'auteur ne fait point difficulté de s'expliquer sur la forme. Quoiqu'il ait encore fait beaucoup de concessions aux mièvreries du métier et qu'il n'ait peut-être pas assez dédaigné les ressources de ces procédés littéraires dont il est si difficile de se décrasser, ceci n'en reste pas moins un livre du sexe mâle. Au fond, il ne s'agit ici que de politique. Les gens distingués qui aiment à ramener tout vers ce grand art auront la satisfaction de voir que l'auteur reste constamment dans la sphère de sa préoccupation. Les moyens littéraires ne sont pour lui qu'une façon de pincer les es-

---

(1) Juvénal, sat. VI.

prits moroses ou endormis. On ne sait quel tour prendre pour exciter l'attention des peuples corrompus.

De cette condition il est résulté pour l'auteur la nécessité d'aiguiser l'aiguillon de sa plume. Comme un bouvier menant un grand troupeau qui succombe sous la fatigue et l'embonpoint, il a dû multiplier ses coups. Les blessés ont crié. Mais tu peux continuer en paix ta chaste veille, ô ma conscience, la calomnie qu'ils vomissent n'est que le sang qui sort de leurs blessures. Il ne souille que leur propre peau (1).

Rien n'est au contraire plus agréable aux âmes bien nées que le langage de la vérité. Elles n'en mesurent pas la dose au codex de la civilité puérile et honnête. Elles ont autant de mépris d'une mesquine prudence que d'un tacite compérage. Elles voient quelque chose de plus élevé que l'art dans les productions de l'esprit. Elles savent que le mot discret et élégant de convenances est souvent le voile des beautés en ruine, des gloires contestables et des consciences troublées ;—quelquefois le simple bouclier des coquins. Elles applaudissent donc intégralement à tout ce qu'inspire la passion du bien public. Dans l'âpreté même de la critique, elles ne voient que la marque d'un cœur sensible.

Paris, septembre 1853.

(1) Ce livre a d'abord été édité dans la *Revue de Paris*. (Note de l'éditeur.)

LES
HOMMES ET LES MŒURS

EN FRANCE

SOUS LE RÈGNE DE LOUIS-PHILIPPE.

POLITIQUE.

CHAPITRE PREMIER.

Causes générales de la chute de la royauté de juillet. — Rôle singulier des d'Orléans. — Pourquoi le régime parlementaire a triomphé en Angleterre. — Pourquoi il échoue en France. — Louis-Philippe et l'industrie. — Constitution de l'individualisme. — Son influence universelle.

La durée semble se multiplier par les événements comme l'espace par les inégalités du sol. Entre l'heure actuelle et le règne de Louis-Philippe, les accidents historiques les plus merveilleux se sont accumulés de telle sorte qu'il est déjà loin, bien loin de nous, ce temps de notre amère jeunesse. Pareil à la légende de Denys, tyran de Syracuse, le règne de ce prince, père de famille, nous apparaît comme une vision mélancolique du passé. Nulle passion ne se mêle à ce souvenir estompé de teintes grises. En évoquant le fantôme de ce vieillard qui repose dans une tombe étrangère, après avoir occupé le premier trône du monde, nos artères battent avec calme. Nous avons tant appris, comment ne serions-nous pas impartiaux? Nos yeux, habitués à la vue du sang et des trahisons, ne s'étonnent plus de rien. A l'instar des fossoyeurs de Shakspeare, nous pouvons jouer aux boules avec les crânes du cimetière, prendre la tête « d'un courtisan qui excellait à dire : Salut, Monseigneur! » et lui asséner un coup de bêche sur le museau. Quant aux cadavres en habit noir qui se promènent encore à travers la ville comme les spectres de Jérusalem, le jour de *ténèbres*, quant à ces hommes que l'on s'étonne de voir encore debout après tant d'humiliations, n'avons-nous pas le droit de les traiter avec l'impartialité que l'on doit aux morts, et de leur frapper aussi sur le front à la façon d'Hamlet : « Ce crâne était peut-être » celui d'un profond politique qui se croyait capable » d'en imposer à Dieu lui-même. »

Dans ce champ funèbre, le premier esprit qui s'élève de terre nous apparaît sous la forme d'un vieillard. La couronne a laissé une profonde empreinte sur son front foudroyé. La tristesse et l'étonnement se peignent sur ses traits. — Il se nommait Louis-Philippe d'Orléans. Il a régné pendant dix-huit années, en butte aux injures et aux coups de pistolet. C'est le roi incompris; l'homme que Lafayette prenait pour une *bête* et Charles X pour un honnête fidéi-commis, pour le père nourricier du petit Henri. C'est la face pâle à laquelle les derniers des derniers, parmi la multitude, ont craché en témoignage de leur propre infamie. C'est le bouc expiatoire offert en sacrifice au dieu nouveau : le moi.

La noblesse disait de cet homme : Il nous trahit.

Casimir Périer, ce tribun insolent et sans courage, qui représentait la bourgeoisie sauvant la caisse, osait dire de ce roi, son maître : « Le b..... nous trahit. »

Le soir du 25 février, j'entendis une bande de prolétaires, groupés sous une torche, vociférer, en parlant du *traître* qu'ils avaient acclamé, ce refrain de cannibales :

« Nous prendrons sa graisse pour en faire des lampions ! »

Et je me crus un moment convié à ce grand souper de Dieu dont parle l'Ecclésiaste, où l'on doit manger la chair des rois et des puissances, la chair du cheval et du cavalier.

Alors je me demandai quel mal particulier, profond, à jamais impardonnable, Louis-Philippe avait fait à ces classes séparées d'opinions, d'intérêts et de sentiments, pour que, dans un commun accord, elles vinssent le chasser, lui et sa famille, en l'accablant d'injures et de malédictions comme on n'en entendit pas sous le ciel à la chute du plus exécrable tyran?

De quoi le peuple avait-il à se plaindre? de l'injustice de son sort? de l'inégalité de sa condition? de son ignorance, de sa misère, de tous les maux qui l'accablent? Louis-Philippe aurait pu lui répondre : Ce n'est pas moi qui vous ai faits ce que vous êtes. L'injustice dont vous vous plaignez remonte à l'origine des sociétés humaines. Ce n'est pas en un siècle, en un règne que sera détruite une tradition fatale. Je fais ce que je puis selon mon époque. Si je voulais faire davantage, la bourgeoisie, qui est la plus forte, ne manquerait pas de m'écraser sans profit pour vous-mêmes.

De quel droit la noblesse lui reprochait-elle sa cupidité? Ne la voyait-on pas avant tout préoccupée du soin de sa fortune? Était-ce la foi qui la faisait figurer dans les conseils de surveillance des entreprises de chemins de fer? Était-ce le désintéressement chevaleresque qui la conduisait à la Bourse?

Mais surtout, surtout par quel miracle d'impudence la bourgeoisie osait-elle bien s'armer contre le monarque dans lequel elle s'était incarnée, ossifiée, vivifiée tout entière? Par quelle monstrueuse ingratitude ces mirmidons de la boutique, dont il avait rempli les poches, s'en allaient-ils, encasqués de bonnets à poils, chasser leur bon compère, le gérant de la commandite? Qui donc avait le droit alors de crier à la trahison?

On sent qu'il y a dans un tel tissu d'injustices et de démentis, dans un tel conflit de haines irrationnelles, dans une infortune aussi inattendue quelque cause plus secrète que les vices d'un homme. Non, non, le roi du mépris n'a pas été chassé par le dégoût. Historiens et pamphlétaires ont oublié les causes antérieures, les causes quasi-fatales de cette catastrophe. Ils ont, à l'instar des théologiens, déduit des conséquences de principes qu'ils commençaient par affirmer. La passion les a aveuglés. Ce n'est pas, comme le disait M. de Châteaubriand, parce qu'il aimait trop sa famille; ce n'est pas, selon M. Proudhon, par le soulèvement de la conscience publique, que ce prince est tombé. Je ne crois pas non plus que l'histoire de M. Louis Blanc ait avancé d'une minute la fin de ce règne. C'est dans la marche de l'esprit humain, dans l'histoire politique du pays, qu'il faut chercher l'explication de ce mystère. Quelque complexe qu'elle nous apparaisse, elle ne saurait échapper aux intelligences impartiales et attentives. Nous essayerons de la rendre claire et précise.

Si la France avait été mûre pour le régime parlementaire, le règne de Louis-Philippe pouvait sinon assurer son affermissement, du moins préparer les mœurs à la pratique de la discussion. Plusieurs fois la royauté fut effacée par la chambre élective, et la nation eut l'air de gouverner elle-même dans la personne de ses mandataires. En dépit de tout ce qu'on a dit des lois de septembre, la presse n'avait jamais joui d'une plus grande liberté. L'engouement des idées anglaises, propagé par les doctrinaires et à un autre point de vue par les économistes de l'école de Smith, faisait des progrès dans la classe bourgeoise. Bref, de 1839 à 1846, il se produisit un tel calme dans la politique, que les esprits superficiels purent croire au développement normal du système représentatif appuyé sur la dynastie d'Orléans.

Mais entre ce système tel qu'il fonctionnait alors et l'accroissement suractif de l'individualisme dans les âmes, régnait une profonde cause de dissolution. La représentation nationale n'était plus en harmonie avec les prétentions de l'esprit public. Le sentiment d'orgueil et de personnalité roturière, si bien développé par les libéraux et par le roi, était passé de la haute bourgeoisie dans la petite et gagnait l'ensemble du peuple, graine de bourgeois lui-même. Le petit boutiquier, le commis, une foule immense de vanités minuscules, ne se croyaient certainement pas aptes à légiférer, comme ils le crurent dans le délire de l'orgueil de 1848, mais ils croyaient au moins au droit de nommer des députés. Le système bâtard de l'admission des capacités faillit à sortir de ce mouvement de l'opinion. Il eût, pour quelque temps, apaisé cet appétit de droits politiques et consolidé le trône chancelant de la monarchie de juillet. Mais le peuple, habilement travaillé par les républicains et les socialistes, excité plus activement peut-être par un sentiment d'amour-propre que par la conscience de son droit, voulut du même coup être électeur et éligible. Il est évident qu'industriellement et au point de vue de cet individualisme auquel le pouvoir avait tout autant poussé que les révolutions, il est évident qu'en sa qualité d'actionnaire de la nation française, le peuple pouvait et devait prendre part à l'administration de la chose publique.

Le règne de Louis-Philippe fut donc une contradiction vivante entre le fait et la pensée. Cette contradiction s'étendait à bien d'autres causes encore. L'une des plus considérables est l'incompatibilité qui a toujours existé en France, entre la royauté et le système représentatif.

Au point de vue du principe monarchique pur, dégagé de tout intérêt dynastique, la haine des Bourbons contre les d'Orléans est donc souverainement injuste, puisque ces derniers n'ont pas fait autre chose que de continuer la vieille lutte de la royauté contre les états généraux et les parlements. Seulement ils ont combattu le parlementarisme par la ruse et la corruption au lieu de le combattre par la force. Les Bourbons ont montré leur impuissance dans cette lutte. Louis XVI y a laissé sa tête, Charles X son trône et l'héritage de sa race. Nous voyons au contraire les d'Orléans pactiser dans la personne du régent avec la philosophie et les idées anglaises, dans celle de Philippe-Égalité avec la révolution, dans celle de Louis-Philippe avec l'individualisme et l'industrie. Politiquement, le rôle des d'Orléans est admirable d'habileté. Eux seuls dans la monarchie française ont compris le mouvement social (1). Ils se sont faits tour à tour loup et renard pour combattre l'ennemi ou du moins pour l'asservir en paraissant le favoriser : sauf la différence des moyens, ils ont joué, pour défendre le principe de la prédominance royale, le même rôle que jouèrent les rois contre les envahissements du système représentatif dès le xive siècle, à la naissance des états généraux.

---

(1) Le régent, fort adulé de son vivant et non moins calomnié après sa mort, est le premier prince qui ait pressenti l'ère moderne. Ses fautes financières suffiraient à le prouver. En favorisant les idées et les modes anglaises, en préparant la voie aux économistes, il assurait à l'industrie l'appui d'une doctrine habilement construite qui flatte les classes trafiquantes par son horreur du sentiment et de la métaphysique, séduit les esprits positifs en se basant uniquement sur l'observation du fait, et devient d'autant plus puissante, qu'elle ne reconnaît d'autre mobile que l'intérêt individuel.

Le régime parlementaire qui découle du système représentatif a trouvé en France des obstacles plus graves encore. Sans doute la lutte des barons contre la royauté anglaise avait bien, avant que les premiers symptômes se fussent déclarés chez nous, entamé la lutte du parlementarisme contre la royauté; mais si la réforme n'était venue en aide à ce mouvement libéral, il est permis de croire que la monarchie pure aurait fini par triompher en Angleterre comme elle a triomphé en France. C'est en effet une merveilleuse source d'harmonie que cet accord d'une religion de libre examen et d'un gouvernement de libre discussion. Quand le dogme s'associe à la doctrine, il n'y a pas de conflit sérieux possible. Comment le principe de la liberté, appuyé sur de pareils fondements, ne serait-il pas resté debout à travers tous les orages? Comment n'aurait-il pas, après une si longue pratique, passé dans les mœurs, dans le caractère, dans le tempérament même du peuple anglais?

Sans doute ce principe de la liberté, si favorable au régime parlementaire, n'a pas sauvé la nation anglaise du fléau de la misère. La liberté est de sa nature végétative; elle ne saurait prévoir ni prémunir. Les mesures de salut public lui sont en horreur. Ce n'est donc pas uniquement à elle qu'il faut s'en prendre des effrayants ravages du paupérisme anglais, à moins d'attribuer un crime à qui l'a subi sans pouvoir l'empêcher. Si la liberté tient aux entrailles de l'Angleterre et s'est développée avec sa forme gouvernementale, c'est dans la forme du pouvoir, dans son passé, qu'il faut chercher les causes de cette monstrueuse répartition de la richesse qui livre à quelques centaines de propriétaires la majeure partie du sol britannique. Là gît la source de ce paupérisme que les efforts de Robert Peel et de Cobden n'ont pu arrêter et qu'une révolution profonde dans les institutions peut seule maîtriser. Le paupérisme est en Angleterre un mal inhérent au gouvernement représentatif. Il a son origine dans la manière dont ce gouvernement s'est produit, dans son développement historique, et il subsiste aujourd'hui aussi vivace que les causes qui l'ont enfanté. Il est aisé d'expliquer pourquoi un régime économique libéral, agissant dans un pareil milieu, ne pouvait qu'augmenter le mal. Le laisser faire peut devenir un moyen de plus pour le fort d'écraser le faible. C'est ainsi que les plus purs principes, appliqués dans de mauvaises conditions, engendrent de déplorables abus.

L'aristocratie anglaise pourrait donner mieux que nous l'explication de cette anomalie peu frappante pour les esprits superficiels. Quoi de plus rationnel en apparence qu'un régime économique libéral avec un gouvernement représentatif? Et pourtant là est le secret du mal. L'aristocratie anglaise le sait bien ; car c'est à elle que ce mal est dû, et il ne pouvait en être autrement à moins de supposer à une classe un désintéressement qui n'est pas dans la nature de l'homme. Il ne faut pas oublier que les barons de Guillaume le Conquérant forment la souche des fondateurs des libertés anglaises et du système représentatif. La lutte des barons contre la monarchie fut d'autant plus concluante que nous les voyons, peu de temps après la formation des parlements, associer de simples citoyens aux débats politiques du pays. La noblesse anglaise s'assura ainsi une popularité qui explique sa conservation. Elle était la garantie des libertés nationales, le rempart du peuple contre les envahissements de la royauté. Les richesses accumulées entre ses mains y restèrent et s'y augmentèrent. Et lorsque le principe d'élection s'étendit, elle put encore, en même temps qu'elle triomphait par ses capitaux dans les luttes de l'industrie, s'opposer au flot démocratique par un vaste système de corruption. C'est ainsi qu'elle conserva sa double prépondérance politique et financière et put tenir la royauté en échec. De telle sorte que la monarchie représentative n'est en Angleterre qu'une véritable oligarchie dans laquelle le roi ressemble à un doge (1).

En France, au contraire, nous voyons la noblesse séparer sa cause de celle du peuple, tandis que la royauté, secrètement ou ostensiblement associée au mouvement des communes, s'appuie sur la multitude et réduit les nobles factieux au métier de courtisan. L'élément protestant, le seul obstacle sérieux que put rencontrer la monarchie et modifier ces causes premières, est vaincu à son tour. Le catholicisme devient non-seulement le culte dominant, mais encore la religion d'État. Cet accord d'une religion de non discussion et d'un gouvernement absolu donna naissance à une des plus brillantes

---

(1) Les oligarchies ne changent jamais d'opinions, a dit Napoléon, parce que leurs intérêts sont toujours les mêmes. » Ceci n'expliquerait-il pas la constance de l'Angleterre dans les doctrines parlementaires ?

époques de la nation française, le siècle de Louis XIV. La France a donc prospéré par des voies contraires à celles que l'Angleterre a suivies. N'en devons-nous pas tirer cet enseignement que quels que soient la forme du pouvoir et l'esprit du dogme, leur alliance enfante nécessairement des produits vigoureux?

Le parlementarisme avait à vaincre la monarchie sans la renverser. S'il eût rencontré, comme en Angleterre, une aristocratie disposée à le servir, qui eût fait obstacle à la monarchie en maintenant les principes de la liberté (1) et profité de la popularité de ce rôle pour soutenir la monarchie contre la démocratie, l'équilibre était trouvé. Mais ces éléments de statique ne se sont rencontrés que dans la seule Angleterre. Hors de cet équilibre le parlementarisme ne pourrait être qu'une source de révolutions. Emané du tiers état, le poids démocratique l'entraîna. Les imitateurs du système anglais : les Necker, les Lally, les Mounier et leurs continuateurs Royer-Collard, Guizot, etc., pour avoir mal jugé la France et s'être follement épris d'un système étranger, ne furent que des agents de discorde. Nous leur devons non-seulement la révolution de 89, mais encore celles de 1830 et de 1848. Ce n'est pas nous qui leur en voudrons de leur faute, puisqu'ils déblayent le terrain pour de plus vastes entreprises, mais nous tenons à constater qu'ils ont été, pour la classe qui s'est liée à eux, les plus dangereux des utopistes.

(1) MM. de Châteaubriand et de Larochejaquelein avaient compris cette pensée. M. de Châteaubriand a été suspect à son parti, M. de Larochejaquelein a été désavoué.

Tel était le passé de la France.

Voilà donc, lorsque le développement intellectuel vint ruiner du même coup le principe religieux et politique, voilà sur quel terrain impropre les philosophes, les économistes et plus tard les libéraux et les doctrinaires, prétendirent fonder la monarchie constitutionnelle et le régime parlementaire. On conçoit en présence de quels terribles problèmes se trouvèrent placés les délégués suprêmes, les rois de cette nation agitée par de profondes contradictions, par la contradiction d'un passé historique en désaccord avec son développement moral, ses aptitudes et ses besoins. Il leur échut pour mission d'affronter le sphynx. Louis XVIII eut, pour ainsi dire, l'esprit de mourir à temps; mais Charles X n'était pas mûr pour la tombe; trop nul et trop loyal pour éluder la question, il entreprit de la trancher, et se laissa dévorer. L'énigme était loin d'être résolue quand Louis-Philippe monta sur le trône.

Celui-là était un de ces hommes de la Providence qu'on rencontre quelquefois dans l'histoire comme s'ils avaient été formés exprès pour la situation; un de ces êtres typiques qui peuvent se passer de génie, parce qu'ils sont dans le tempérament de leur époque. Ils n'ont qu'à regarder en eux-mêmes pour y trouver la vérité. Ils n'ont qu'à s'abandonner à leurs propres instincts pour être dans le principe philosophique de leur temps. Louis-Philippe n'a obéi qu'à son intérêt et à celui de sa famille, en un mot, qu'au principe individuel, et il s'est trouvé que son époque, n'ayant plus ni foi ni loi, marchant à la conquête d'une régénération inconnue, ne relevant plus que d'elle-même, était profondément individualiste. Ce qu'il éprouvait, par la loi du rayonnement gouvernemental, il le répandait au dehors et il rencontrait dans les institutions, dans l'état des âmes, dans l'air même en quelque sorte, l'absorption sympathique de sa propre personnalité. Ne trouvant d'appui ni dans le passé historique, ni dans l'accord d'un culte avec son gouvernement, il descendit plus bas : il chercha son soutien dans l'homme même et dans ce que l'homme a de plus vivace, dans l'intérêt personnel. Ce n'est pas sa faute si l'intérêt, n'ayant ni principe ni sentiment, l'abandonna plus tard.

Réduit à un rôle passif par la nature du pouvoir et par le petit caractère de son chef, il n'a été donné au règne de Louis-Philippe de rien fonder par sa propre impulsion. Les services qu'il a rendus sont incontestables, mais négatifs au point de vue de la gloire qu'un monarque en peut tirer. Il a secondé les desseins de la Providence en favorisant les passions qui tendent à faire de l'homme un forcené partisan de soi-même. Cette mission étrange à laquelle la haine a donné un caractère satanique et faux, le roi Louis-Philippe l'a accomplie naïvement et patiemment. Ne me dites pas que telle était *la pensée du règne*. Un règne ne peut avoir de pensée que lorsqu'il est assez libre dans son action pour ne pas tenir compte des résistances, et assez dégagé de la multitude pour ne devoir qu'à lui-même ou à sa race le pouvoir souverain. Telle n'est pas sous le régime parlementaire la condition du pouvoir. Pour peu que vous pactisiez avec la foule vous cessez d'être Dieu, vous redevenez homme, et votre pensée, comme celle du dernier des citoyens, ne s'élève pas au-dessus du sentiment de votre propre conservation et de l'accroissement de votre fortune.

Voilà donc, sous le régime parlementaire, à quoi se bornait, dégagée des fantasmagories du style, ce que l'on nomme la pensée du règne. La monarchie constitutionnelle a pactisé avec l'humanité. Ce n'est qu'une pyramide d'hommes terminée par un individu; cet individu agira donc humainement parce que telle est sa nature. Il regardera autour de lui et cherchera dans la nation la classe et les individualités dont les intérêts sont le mieux en accord avec les siens, dont l'esprit et la condition se trouvent en harmonie avec le système gouvernemental qu'il représente. Quoi de plus humain?

La monarchie de juillet a donc fait ce qu'elle eût accompli alors même qu'elle eût mis la couronne sur la tête d'un autre homme, parce qu'il est dans l'essence de la royauté constitutionnelle de n'être qu'une sorte de puissance objective. Elle subit le rayonnement extérieur et le reflète, mais il n'émane point d'elle-même. Il n'y a plus de roi, il ne reste, comme nous le disions, qu'un particulier travaillant pour lui-même, et dont les intérêts sont souvent en conflit avec celui des pouvoirs qui s'éloigne le plus de son identité, le pouvoir parlementaire.

Louis-Philippe a joué son rôle à peu de chose près

aussi bien qu'il était possible de le faire dans la condition où il se trouvait placé. Il a été le délégué officiel et providentiel de l'industrie. En servant ses propres intérêts et ceux de la classe bourgeoise, il a puissamment secondé la naissance d'un régime nouveau. Un pamphlétaire disait de lui : « Il a fait pourrir le vieux monde. » Il a fait plus, il a agi dans le présent. Il ne faut pas s'étonner qu'il ait été englouti ; c'est le sort des hommes du commencement. Son plus grand tort a été de naître à une de ces époques que Saint-Simon nomme des *époques critiques*. Peut-être n'a-t-il pas entrevu toutes les conséquences du principe sur lequel il s'appuyait. Il obéissait plutôt à des instincts qu'à une pensée philosophique ; il n'a pas compris les exigences du *moi* érigé en doctrine, il n'a pas prévu les crises que l'industrie, manifestation sociale de l'individualisme, devait engendrer dans une société établie sur l'antique accord de la foi et de la monarchie de droit divin. Or, il ne s'est pas, depuis soixante ans, produit un grand fait politique en France et même dans toute l'Europe occidentale, qui ne soit dû à ce principe nouveau. Il a dévoré des peuples entiers dans l'Inde anglaise, et chez nous des armées. Napoléon a été plutôt vaincu par l'industrie que par les alliés.

C'est avec la convocation des états généraux que commence la crise. Elle ne finit sans doute pas entièrement en 1815, mais déjà l'ère moderne s'est ouverte. Nous entrons dans l'ère industrielle. Aucun principe nouveau n'apparaît dans le monde sans soulever de nombreuses récriminations. L'industrie s'attira l'animadversion de la noblesse et du peuple. A cette inimitié il y a une grande raison politique, c'est que ce puissant levier des sociétés modernes n'était entre les mains ni de la première ni du second ; il devait échoir, sinon à la plus riche des trois classes, du moins à celle qui éprouvait le plus vif besoin de s'enrichir et qui disposait par conséquent de la plus grande dose d'activité. La faute de la noblesse est de n'avoir pas su s'assimiler ce principe et l'associer à ses doctrines ; celle du peuple est d'avoir méconnu la source de son futur affranchissement.

La loi de l'industrie réside dans l'intérêt individuel. Or, ce moi qui venait se superposer aux dynasties et aux multitudes, qui ne reconnaissait d'autre Dieu que lui-même, d'autre caractère sacré que le sien, froissait les plus respectables croyances du passé, les plus généreuses utopies de l'avenir. Les unes et les autres ne voyaient dans le principe organique de la société actuelle, qu'une surexcitation momentanée de l'égoïsme humain, ne se rattachant à aucune cause antérieure ; dans le triomphe ascendant de la bourgeoisie, qu'un escamotage ; dans son enrichissement, que le résultat de sa bassesse et de sa cupidité. Sans doute la bourgeoisie n'était pas exempte de ces vices. La cupidité lui est naturelle comme à la démocratie l'envie, comme à la noblesse l'orgueil. Mais il est incontestable que chacun de ces vices a trouvé une utile application et concouru au développement de l'humanité.

Le succès de la bourgeoisie appartient à des causes supérieures ; cette classe était depuis longtemps prédestinée à la mission qu'elle accomplit aujourd'hui. Sa marche à travers les siècles porte sur les pages de l'histoire une empreinte fatale; c'est déjà le germe d'un principe qui se meut dans la lutte des communes. Mais pour que le principe individualiste vînt se superposer à toutes choses, quel concours de circonstances ne fallait-il pas! Il fallait qu'il trouvât son levier dans l'industrie, et pour que l'ère industrielle naquît, il fallait aussi que le progrès des sciences, que les découvertes de l'esprit humain et leur application se trouvassent en conjonction avec les événements de 1789; qu'une classe conviée par la Providence, armée des vertus et des vices nécessaires pour s'emparer du mouvement, fût prête avec la politique et la science à l'heure et au jour fixés.

L'individualisme devenu principe social était effectivement un fait nouveau dans l'histoire de l'humanité. Parmi les formes gouvernementales qui, tour à tour et avec plus ou moins de succès, s'emparent du pouvoir, aucune n'avait émis la doctrine de l'intérêt personnel. (Le faible des gouvernements est de se prendre pour des envoyés de Dieu, complétement désintéressés dans leur rôle.) Il était réservé à Louis-Philippe de dire franchement à son siècle : Chacun chez soi ; chacun pour soi. »

L'heure était venue de prononcer ce mot cruel. Sans aucun doute l'humanité n'avait pas inventé de nouvelle forme de gouvernement, mais depuis la république de Sparte jusqu'à la république américaine, en passant par celle de Venise, on voit de combien de modifications est susceptible une forme de gouvernement, appliquée par divers peuples et à diverses époques. C'est moins en effet dans la constitution du pouvoir que dans la molécule sociale qu'il faut rechercher le caractère d'une nation. Au moyen âge, la molécule est représentée par une famille entière, par un seigneur entouré de ses vassaux ; aujourd'hui, elle gît dans l'individu solitaire.

Il faut le dire, l'individualisme se présentait dans le monde sous de tristes auspices. Il est un principe d'action, une loi physique plutôt que morale, aussi n'a-t-on pas à discuter avec lui. Rien ne saurait lui coûter pour arriver à son but : il n'a ni pudeur, ni scrupules. Il doit être et il est. Le crime lui coûte aussi peu que la contradiction ; c'est lui qui guillotinait Louis XVI, et qui plus tard, en 1814, pactisait, dans la personne de Marmont, avec l'ennemi dans une auberge de la Villette. C'est lui qui fait hausser les fonds à la bourse après le désastre de Waterloo. C'est encore lui qui renverse les Bourbons comme il les avait accueillis, et qui élève les barricades de juillet pour y dresser le trône du roi qui le représente le mieux. Il est au-dessus de la patrie, il est l'homme même.

Mais tandis que la bourgeoisie et son roi poussent ainsi au développement du *moi*, ils ne se doutent pas que ce moi réclamera toutes les conséquences de son émancipation ; qu'il passera des intérêts matériels dans les intérêts moraux ; qu'il voudra, en un mot, devenir la molécule politique et qu'il trouvera dans le monopole électoral une atteinte à ses droits. En même temps nous le verrons lutter contre cet esprit étroit et sauvage qu'on nomme l'esprit de parti. Au peuple, qui se plaint de la bourgeoisie, il dira : Tu es son portrait ; tu es à la fois timide, étroit dans tes aspirations, belliqueux comme les bourgeois du moyen âge. A la noblesse : Ce n'est pas la naissance qui constitue le droit au gouvernement des nations, mais la puissance morale ou le caractère. Et il remerciera Louis-Philippe d'avoir fait mentir Sièyes définissant le tiers état : « La nation française, moins la noblesse et le clergé, » parce qu'en poussant la bourgeoisie à sa plus extrême puissance, il l'a isolée et offerte à l'analyse de l'individu, parce qu'il a ainsi continué le fractionnement des castes ; que de : noblesse, clergé, tiers état, il a fait : noblesse, clergé, bourgeoisie, prolétariat ; parce qu'en revendiquant des droits égoïstes, il a, sans s'en douter, préparé des droits sociaux ; parce qu'enfin, il s'est tué, comme l'alchimiste, à sa propre machine et nous a débarrassés de sa personne quand ni lui, ni les siens n'étaient plus bons à rien.

Un fait analogue au grand fait du moyen âge, la constitution du fief morcelant la société barbare, s'est passé alors en plein XIX° siècle. Il semblait jadis menacer la société de dissolution, il la constituait pour quatre cents ans. Aujourd'hui, le morcellement se fait dans les esprits et opère la constitution de l'individualité. Ce n'est plus le fief ou la grande famille féodale, mais l'homme, le solitaire individu qui devient l'unité politique. Et voilà qu'en outre le sentiment de la liberté individuelle qui présidait à la société barbare reparaît sous la forme savante des doctrines anglo-américaines. La Providence accélère ce mouvement des esprits en brisant par des révolutions successives le faisceau des partis. Le monde se reconstitue sur une base plus large, plus universelle. De ce morcellement, poussé jusqu'à la fraction personnelle, naît la nécessité du respect des volontés les unes des autres, et déjà le lien reparaît sous une forme plus noble, sous la forme du libre devoir, de la détermination de la raison.

Si la raison demeurait insuffisante, bientôt la nécessité lui viendrait en aide. En ce sens, Saint-Simon, l'homme de ce temps, qui, le premier, a révélé l'ère industrielle et l'a entrevue sous un aspect véritablement philosophique, fut incomplet en résolvant par l'amour le problème de l'antagonisme des intérêts. Il n'y a point de solution complète sans le sceau fatal de la *nécessité*. L'agape fraternelle ne représente qu'imparfaitement l'idée de justice si quelque volonté suprême ne se manifeste pas dans la répartition du pain. A côté de *la Cène* on devrait suspendre un radeau de *la Méduse* représentant des naufragés tirant au sort celui d'entre eux que l'on tuera pour le manger. Alors le pacte social apparaît revêtu d'une double empreinte qui nous montre les relations humaines basées à la fois sur l'accord des sentiments affectueux et sur l'inexorable loi du sacrifice, seul moyen d'éviter le massacre universel.

Ce morcellement, réduit à l'humaine unité, qui amènera du moins le pacte de la nécessité, si les arts et les lettres ne réussissent pas à nous inoculer l'amour ; ce moi ne fut compris de personne, ou du moins chacun fit semblant de ne pas comprendre. La statue de l'hypocrisie fut recouverte d'un double voile. En vérité, je ne pense pas qu'un homme dans ce siècle, à quelque hauteur qu'il se soit élevé, ait échappé à l'épidémie de l'individualisme sous quelqu'une de ses formes. L'orgueil, l'ambition dévorent les intelligences, la cupidité engloutit le reste des hommes. Rien ne marque mieux, d'ailleurs, les époques où la foi d'une vieille religion s'éteint pour faire bientôt place à un flambeau plus lumineux, l'heure où l'édifice trop étroit pour ses habitants s'écroule et appelle un monument plus vaste. Eh bien, malgré cette universelle contagion, personne ne voulait avoir la peste. Chacun criait à la corruption et tout le monde était corrompu. L'individualisme, dans ce qu'il a de plus égoïste, régnait dans tous les cœurs. Comme ces maladies étranges que les médecins peuvent seuls nommer, il se produisait sous les espèces les plus variées : chez les bourgeois, par l'âpreté du gain; chez les démocrates, par l'envieuse convoitise; chez les nobles, par une ridicule vanité; dans le peuple, par l'insoumission et la haine; chez les lettrés et les artistes, par une outrecuidante personnalité; chez tous, par des aspirations proportionnelles ou disproportionnelles à leur condition, conséquence logique, inévitable du renversement des classes. Et, tout en se déchaînant contre l'individualisme, chacun était individualiste forcené et poussait de son mieux à la réalisation de ce principe.

Dans ce suprême conflit, engagé depuis soixante ans, le rôle de l'opposition parlementaire a été parfaitement inférieur en ce sens qu'elle s'est à peu près constamment laissé absorber par la question politique. Les écrivains ont, en réalité, joué un rôle beaucoup plus actif que les parleurs. Passons sous silence l'Empire, époque guerrière de l'ère industrielle, et arrivons à la rentrée des Bourbons. Comme la Restauration ne représente que la lutte du système représentatif contre la monarchie absolue, c'est une question de politique transcendante à laquelle le peuple ne comprend rien et dont il a peu de chose à espérer d'ailleurs. Dans ces brillants tournois de la tribune, où triomphe la rhétorique creuse et sonore du général Foy, la froide et affluente argumentation de Manuel, l'esprit littéraire de Benjamin Constant, la philosophie nuageuse de Royer-Collard, c'est uniquement l'intérêt de la bourgeoisie qui s'agite. L'opposition n'aspire qu'à une transformation de la monarchie. Aussi se tient-elle à des hauteurs métaphysiques où la multitude ne saurait l'atteindre. En réalité, l'opposition eût difficilement défini sa propre pensée. La Charbonnerie elle-même n'avait pas de principe, c'était une simple machine de guerre. Le mot de liberté, articulé alors par toutes les bouches, est une logomachie à l'usage des honnêtes gens et des traîtres; c'est l'expression la plus souple, la plus mal définie de la langue française ; elle ferait rentrer les mots dans la plume de tel publiciste qui s'en sert, si on le sommait d'en accepter les réelles conséquences. La liberté a servi de prétexte aux plus honteuses variations, elle tient quelquefois lieu de la restriction mentale du jésuite. Avec la liberté pour drapeau, un habile dialecticien vous expliquera comment il a été tour à tour orléaniste, républicain, socialiste et impérialiste. Ce mot, dont il est fait si malhonnête usage, ce mot, dans son acception la plus vague, fut le drapeau rouge dont les toréadors de l'opposition se servirent pour exciter la fureur du taureau populaire. La classe ouvrière applaudit, sans les comprendre, à ces grands phraseurs. Elle n'avait nulle raison de tenir à une chambre qu'elle n'avait pas nommée. Au fond, la liberté de la presse lui était indifférente, et pour cause. Elle ne savait pas ce que c'était qu'une charte et s'en souciait comme d'une constitution ou de tout autre morceau de papier. Et pourtant elle se battit, parce qu'elle se bat de confiance; parce qu'elle est peuple, par simple antinomie, parce que, depuis la naissance de l'individualisme, le pouvoir représentait sa loi contraire.

Sous Louis-Philippe, l'opposition revêt un caractère plus positif. Ce n'est plus seulement à l'esprit qu'elle s'adresse, c'est à la chair. Dès lors, elle habitera moins les assemblées électives que le foyer domestique. De publique, elle deviendra en quelque sorte privée. Ceci explique l'aveuglement du monde officiel. Il ne vit pas venir l'orage, car, en dehors de lui-même, le monde officiel croit généralement qu'il n'y a plus de monde. Un tribun creux et bruyant comme M. Odilon Barrot, un logicien comme M. Dufaure, un de ces géants de carton dont la puissance suffit à peine à renverser un ministère, inspirent au pouvoir une terreur beaucoup plus grande que ne lui en cause la sourde élaboration de la pensée.

Tandis que la politique écrite et la littérature passionnaient les masses. l'économie, sous mille formes contradictoires, il est vrai, mais en vue d'un même but, faisait appel au moi humain. Depuis l'école anglaise, qui a fourni de nombreux ministres, jusqu'aux sectes du socialisme naissant, qu'on prit pour bannière spéciale l'un des trois mots de la formule démocratique, qu'à l'instar de M. Buchez on mêlât un mysticisme catholique à ces doctrines égalitaires, qu'à l'exemple du bon Cabet on conservât la famille en détruisant la propriété, qu'on la niât avec les saint-simoniens et les fouriéristes, qu'on s'appelât unitaire, humanitaire, messianiste, etc., on n'en jetait pas moins un appât à deux louves sans cesse dévorantes, la faim et la volupté. Sollicitées pendant dix-huit ans, elles se levèrent enfin et, dans leur précipitation, elles entraînèrent le rocher des révolutions sur la pente où il roulera désormais.

Pour résumer ces dernières pages, l'opposition sous la Restauration est purement politique ; sous Louis-Philippe, elle devient économique.

En allant au fond des choses, nous retrouvons dans l'opposition, sous le dernier règne, le mobile qui agite le pouvoir lui-même : comédie lugubre, égoïsme irrationnel, étrange malentendu qui fait que, dans la nation, on s'égorge, on s'avilit sans se comprendre, au nom de ce moi éternel dont Montaigne avait revendiqué les droits bien longtemps avant que les économistes expliquassent le mécanisme des intérêts, avant qu'Emerson traçât ses *Essais philosophiques* et que les saint-simoniens n'eussent prêché la réhabilitation de la chair.

Comme Napoléon, comme Charles X, Louis-Philippe périra dans les engrenages de l'ère industrielle, non parce qu'il n'a pas eu l'instinct d'entrevoir le régime nouveau, mais parce qu'il s'est arrêté en route, parce qu'il a voulu concentrer les prérogatives de l'individu dans la bourgeoisie et que la nature même de ce régime est d'atteindre le dernier des citoyens.

C'est donc, ainsi que nous le disions en commençant, dans la marche historique de la nation française, dans le développement permanent de l'individualisme, qu'il faut chercher le secret de l'avénement de Louis-Philippe et celui de sa chute. Sans doute, c'est là un principe terrible puisqu'il dément le lendemain ce qu'il a fait la veille, puisqu'il n'a d'autre loi que la sienne ; mais, tout imparfait qu'il soit, ce principe est un progrès. Il ne faut jamais oublier qu'en donnant à chacun le vif sentiment de ses intérêts, il lui inspire la conscience de son droit. Dépourvu de tout correctif puisé dans l'amour et la nécessité, l'individualisme deviendrait une cause de mort ; mais quel est le principe dont on n'en puisse dire autant ? Il était nécessaire qu'il prédominât d'abord pour mieux s'assurer son empire. S'il a paru contradictoire à l'essence même de toute société, s'il s'est annoncé comme un signal de dissolution universelle, c'est que les voies de la Providence sont multiples et détournées. L'orgueil n'est-il pas le chemin de traverse de l'égalité ?

En se plaçant à ce point de vue, qui nous semble le seul rationnel, les hommes et les mœurs du règne de Louis-Philippe se placent d'eux-mêmes sous un jour qui rend leur explication aisée. A mesure que nous cheminerons dans les multiples perspectives de cet essai, que nous traverserons les arts, les lettres, l'éducation, les sentiments, les modes, les plaisirs frivoles, le crime lui-même, partout nous retrouverons aux bornes milliaires de la voie l'empreinte qui caractérisera ce siècle dans l'histoire : l'individualisme.

CHAPITRE II.

Comment se forme la légende. — Personnages du drame. — M. Guizot.

A mesure que le temps s'écoule, les faits et les caractères se dépouillent de cette complexité qui les obscurcit aux yeux des contemporains. Les faits se réduisent aux actes importants, les physionomies à leur trait principal. C'est ainsi que se forme la légende et que l'histoire se popularise (1). Un règne entier devient une sorte d'action dramatique. Dans ce cadre s'agite un petit nombre de personnages que dominent la figure du prince et celle de ses principaux courtisans.

Quand le règne de Louis-Philippe sera devenu légende, ce roi apparaîtra à nos descendants sous l'aspect d'un vieux bourgeois, à mine cauteleuse, mais non dépourvue de bonhomie. Autour de lui se presseront ses nombreux enfants, et il s'avancera escorté de deux petits bourgeois, ses favoris, comme Louis XI, entre Olivier le

(1) Ce que la légende fait pour l'histoire, le blason le fait pour la biographie. Il résume l'existence d'un individu en un signe qui indique son trait principal.

Daim et Tristan l'Ermite. Le plus petit des deux favoris aura un museau de renard et de grosses lunettes pleines de malice ; il se nommera Thiers. Le second, Guizot, se tiendra grave comme un pélican. Ces deux personnages, aussi distincts, aussi tranchés que les types de la farce italienne, se joueront une foule de mauvais tours qui divertiront singulièrement le vieux monarque. Dans l'histoire du règne, on verra le prince s'emparant de la couronne au milieu des discordes civiles, distribuant de belles paroles à ses sujets, trompant les uns et les autres, et ne protégeant guère qu'une espèce de barons secondaires, gens d'argent et de boutique, ses partisans. Il aura souvent maille à partir avec les truands, notamment avec trois de leurs chefs : Barbès, Raspail et Blanqui, et il parviendra à les réduire en esclavage. Ses généraux triompheront des infidèles du pays africain. Il échappera constamment aux coups des assassins qui attenteront à ses jours. Bref, rien ne démentira sa fortune jusqu'au jour où son fils aîné, tombant du haut d'un char, se brisera le crâne sur les rochers du chemin. Quelques années après cet avertissement de la destinée, à propos d'une remontrance de pauvres bourgeois et de truands, relative au droit d'envoyer leurs gens aux assemblées, le peuple se lèvera tout entier contre lui. Alors on verra le vieux roi, s'écriant comme Richard III : Mon royaume pour un cheval ! ou fuyant comme Néron dans la campagne de Rome.

Ici la légende contiendra peut-être une estampe représentant sur une mer irritée un frêle esquif luttant contre les flots; et sur la nef, le monarque fugitif, levant ses mains tremblantes vers le ciel en bégayant comme Panurge. Puis le chroniqueur achèvera son récit; il nous montrera le vieux roi, pleurant, assis sur un roc, au bord de la mer, son trône et sa patrie. De cette naïve légende, il nous restera une impression mélancolique, et, pour ce prince, si peu digne d'intérêt d'abord, un sentiment de grave respect devant la grandeur de son infortune. Le passant s'arrête à l'aspect d'un chêne frappé de la foudre; l'homme s'incline en présence de tout ce que la Providence a marqué de son doigt.

Mais il est douteux que ce respect s'attache aux favoris du monarque déchu; lorsque l'historien apprendra qu'ils continuèrent à vivre joyeux au soleil, jouissant de la fortune amassée sous leur vieux maître, sans que leur santé même eût souffert des suites d'une pareille catastrophe, il se croira dès lors le droit d'examiner froidement et sévèrement ces hommes d'un autre âge; de peser la part qui leur est due dans les malheurs de la patrie, et de dépouiller leur caractère des ornements d'emprunt dont ils s'étaient enveloppés. C'est pourquoi, avec cette inébranlable foi que toute écriture survit et porte témoignage, en vue de l'avenir, le grand justicier des réputations surfaites, nous commencerons par étudier M. Guizot, aussi librement que s'il était mort depuis deux cents ans.

Si l'histoire, ainsi que le prétend Emerson, n'est qu'une suite de biographies, le peintre n'a-t-il pas le droit d'ajouter qu'un bon portrait renferme la synthèse d'une existence ? Ne pouvant contraindre l'homme à poser devant moi au gré de ma fantaisie, j'ai donc choisi le portrait qui m'a paru le plus conforme au modèle ; alors, repoussant livres, journaux, notes et brochures, j'ai passé de longues heures dans la contemplation de cette face pâle. Entre lui, le masque immobile, et moi curieux comme le chirurgien, qui plonge son bistouri dans un cadavre recélant le mystère de quelque maladie étrange ; entre le spectre et le vivant s'est renouvelée la lutte du sphinx et du voyageur. J'étais bien résolu à ne pas me contenter de ce qu'on avait écrit sur cet homme. Qui sait où peut conduire la haine? qui peut répondre de la sincérité d'un éloge dans ce vaste champ de foire où depuis soixante ans l'individu, mâle ou femelle, commence par s'affirmer et par constater sa valeur en se vendant ? devais-je me contenter de ce que l'homme avait écrit lui-même ? de la parole qu'il avait articulée un jour d'orage à la tribune ? non, non, car depuis soixante ans, le mensonge coule à pleins bords des tribunes européennes ; la bouche des orateur distille l'hypocrisie. Et le style ? qu'est-ce que le style ? Pauvre Buffon, ton axiome n'a pas plus de valeur qu'un *mot* d'estaminet ; va demander ce que c'est que le style à nos plumitifs retors qui contrefont, comme des faussaires, toutes les écritures, celle de la science, celle de la gravité, celle de la foi et au besoin celle de l'innocence.

Donc, c'est à la chair, me disais-je, que j'irai demander la vérité ; j'interrogerai les ossements et les muscles ; j'arracherai à l'homme physique le secret de son âme immortelle, et disséquant, analysant en quelque sorte ce morne portrait, je méditai sur chaque ligne de la figure. Plus je m'abîmais dans ma contemplation, plus ce corps dévolu à l'autopsie publique me produisait l'effet d'un monstre. Pourquoi Dieu avait-il placé sur cette grêle charpente cette tête impérieuse que tout homme doit se sentir tenté de courber sous sa paume? pourquoi cet œil enflammé d'un feu sombre, quand le flambeau d'aucune foi ne brûle au dedans de la lanterne? pourquoi cette bouche orgueilleuse et pédante? qu'as-tu enseigné à l'humanité, docteur ?

Mais quel ne fut pas mon effroi en m'apercevant que la matière, elle aussi, se prêtait à quelque coupable comédie ; que la chair mentait et que les os mentaient, celle-là par la contraction voulue des muscles, ceux-ci par l'attitude étudiée de la charpente ! Il me vint alors je ne sais quelle vision de danse macabre. Je me représentais le squelette en chaire ou à la tribune ; et malgré l'œil vide, la main sèche, les dents déchaussées et immobilisées en un rire éternel ; malgré cette réduction de l'individu à l'ossature, je m'aperçus que l'os mentait. Il en imposait au public comme la voix, comme le verbe, comme le style et comme ses faméliques biographes. Alors au sommet de la page j'écrivis : Cet homme est une apparence.

Mais n'est-ce pas une bénédiction des temps où nous vivons que les révolutions nous affranchissent de tout le passé? Les morts vont vite. Nous mettrons nos vieux professeurs sur la selette et nous leur demanderons compte de ce qu'ils nous ont enseigné ; nous arracherons le plumet de nos chefs de partis quels qu'ils soient et quel que soit notre parti. Nous ne croyons plus aux hommes et nous ne sommes pas très-sûrs des principes. Chaque individu est une monade isolée errant dans l'infini, contemplant l'univers d'un regard hébété, cherchant en vain le trait d'union qui s'attache à la monade, sa sœur, en même temps qu'à l'incommensurable tout.

Pourquoi les thuriféraires de tous ces gens officiels ont-ils mis des pierres dans leur encensoir, et cassé la figure de leurs illustres patrons ? Nous avons voulu voir ce qu'il y avait dans la noisette et c'était notre droit. De trop grands éloges appellent l'examen, surtout lorsqu'on se défie du panégyriste. Les mystificateurs de la haute comédie doivent rire comme des augures. J'aime à me représenter ces grands types de la légende des temps parlementaires, s'abordant sur les rives du Cocyte : Combien coûtaient les éloges que tu reçus pendant ta vie ? — Les hommes comme moi ne payent jamais en espèces. — Qu'entends-tu par ces paroles ? — N'avons-nous pas l'espoir des places et la crainte de... — Je comprends, tu payais en monnaie d'Excellence.

La conclusion de tout ceci, c'est que le portrait posait. Ce n'était probablement pas l'effet du hasard ou de la maladresse du peintre. L'homme qui a le courage de prendre une pose et de la conserver jusqu'à la chute du rideau, de jouer un rôle et de le pousser jusqu'au bout celui-là est sûr de rencontrer dans la multitude des myopes, des superficiels et des ignorants, un public idolâtre. Il y a d'ailleurs des gens nés claqueurs, dont la vocation est d'applaudir, même ce qu'ils ne comprennent pas. L'applaudissement communique à leurs nerfs une agréable vibration. Les personnages les plus creux, mais en même temps les plus sonores, les gens à grande mine, sont naturellement les héros de ces pauvres diables. Le talent ou le courage de M. Guizot a été de prendre cette pose, de jouer ce rôle ; son bonheur consiste à s'être formé un troupeau de fanatiques parmi les gens qui n'ont pas lu le paradoxe sur le comédien et qui croient à l'émotion de l'acteur.

Il importe de ne pas prendre ces héros pour ce qu'ils veulent se donner. Il y a des gardes nationaux replets qui jouaient en 1830 les poëtes poitrinaires. Que de femmes ossianesques dévorent en secret de larges befs-teaks ! Que d'hommes d'État attrapent des mouches ! En dépit de ses portraits et de sa robe blanche, M. Lacordaire ressemble à un avocat. Le tort des biographes est de prendre au sérieux l'attitude de leur modèle, au lieu de le considérer comme un mannequin de peintre ; ils le copient tel quel, au lieu de lui dire : Monsieur, veuillez vous débarrasser de votre manteau. C'est une des roueries du temps de s'envelopper d'un poétique vêtement, derrière lequel se cache l'homme véritable ; mais si habilement fait que soit le costume de M. Guizot, il ne saurait impressionner tout le monde. Je le surprendrais peut-être beaucoup en lui répétant ce qui se dit sur son compte, à savoir, qu'il n'est ni de marbre, ni de grès, mais tout au plus un homme de carton-pierre ; d'autres ajoutent : un télégraphe, dont M. de Broglie tenait les fils. Mon but étant d'esquisser le bonhomme, je dois faire mon profit de ce qui se dit au moins autant que de ce qui s'écrit. Entrons donc sinon dans la peau, du moins dans l'âme du sujet. Pour nous conformer à l'esthétique de M. Guizot, critique d'art (1), montrons le dessus et le dessous. Les premiers traits de la silhouette offrent déjà l'image d'un des plus beaux produits de l'individualisme dans ce qu'il a de moins attrayant. Comme M. Prud'homme, M. Guizot prononce *moi* ; comme Robespierre, son bonheur est de s'admirer dans ses nombreux portraits. L'amour de soi-même n'est pas incompatible avec un extérieur austère.

N'oublions pas cependant, qu'il n'est point donné à l'homme de se mouvoir dans une libre solitude, selon l'absolue détermination de sa pensée. L'atmosphère, qui nous presse, entraîne dans l'espace quelques-unes des conditions de nos vices et de nos vertus ; l'ensemble des actes auxquels nous assistons et l'ingénieux tissu de nos propres destinées, font de notre existence, sinon une évolution fatale dans un milieu d'arbitraire, du moins une incessante lutte, dans laquelle nous ne sommes pas toujours vainqueurs. En faut-il plus pour conseiller à une jeunesse dégrisée de tant de mensonges, l'élégante indulgence qui sied à l'incrédulité ?

Nous ne devons donc pas oublier, en soumettant à

(1) Voir le salon de 1810.

cette analyse le caractère d'un vieux ministre déchu, de chercher les circonstances atténuantes qui militent en sa faveur. Les biographes nous fournissent à ce sujet toutes les révélations désirables. Un fait nous a surtout frappé en parcourant ces pages insipides : la grande jeunesse de M. Guizot professeur. Evidemment il a été professeur de la Faculté des lettres dans un âge trop tendre. M. de Fontanes lui a peut-être fait plus de tort en le nommant, à vingt-cinq ans, suppléant du cours d'histoire moderne, que ne lui en a causé Royer-Collard en l'asseyant au comité de censure à côté de M. de Frayssinous. Ce doit être dans un professorat prématuré que M. Guizot a contracté ce mauvais ton de cuistre qu'il porta ensuite à la tribune. C'est là qu'il prit l'habitude de considérer le reste des hommes, après lui, comme des écoliers, et de leur parler quelquefois avec un imperturbable sang-froid de ce qu'il ne connaissait pas.

Aussi me paraît-il impossible qu'avec de pareilles manières M. Guizot ait jamais acquis le véritable ton d'un ministre des affaires étrangères ou d'un ambassadeur français. Il eût du moins fait pauvre figure à côté d'un homme comme M. de Châteaubriand. Bien inférieur à M. de Metternich, ce type accompli des diplomates présents et à venir; à M. de Talleyrand, à lord Palmerston (1), je ne trouve, dans la diplomatie européenne, à

---

(1) Les feuilles anglaises dévouées à M. Guizot traitaient lord Palmerston de *délicieux faquin*. Des injures ne prouvent rien. M. Guizot, jugé par le cabinet anglais, devint aisément sa dupe. Avec un peu de flatterie on l'aveugla. M. Guizot ne vit pas venir le traité du 15 juillet. Il ne s'aperçut pas qu'on isolait la France dans la question d'Orient. La veille de ce traité, il écrivait à M. Thiers

mettre en face de ce professeur dogmatique, que le boxeur Brougham. Ces deux personnages feraient un remarquable contraste dans le genre protestant.

On peut lire dans une des biographies de M. Guizot, un mot qui explique merveilleusement le ton faux et maussade de ce caractère d'homme d'État. Ce mot-là vaut un pavé : « M. Guizot n'a pas eu d'enfance (1). » Autant valait dire qu'il fut un de ces enfants précoces dont l'âme se noue comme les articulations, et chez qui l'intelligence hâtive ressemble à une gibbosité. Le lugubre enfant *méditait* à l'âge de sept ans et n'avait pas d'autres jouets que Thucydide, Démosthène, Tacite, etc. S'exerçait-il déjà aux procédés de cet austère charlatanisme qui, par la loi des contrastes, devait triompher sous Louis-Philippe ?

Parmi cette assemblée de bourgeois rubiconds, heureux de jouir de leurs succès, naïfs dans leurs craintes, dans leurs espérances, dans leurs ruses mêmes, deux hommes surent imposer le respect. Ceux-là, savants dans leurs moyens, parvinrent à faire croire à tout un caractère d'emprunt, ce qui est le plus éclatant triomphe de la dissimulation. On crut aux colères de Casimir Périer et à l'orgueil de M. Guizot. Mais sous les fureurs du premier se cachait un cœur de poule, et sous le fier manteau du second s'abritait l'échine convexe du courtisan, de l'ambitieux pour qui l'exercice du pouvoir est

---

que nulle conclusion n'était proche. C'est à la complaisance de lord Palmerston qu'il dut, deux jours après, la connaissance de ce traité.

(1) *Galerie des contemporains illustres.*

plus précieux à conserver que l'honneur du pays, de l'homme de commune extraction flatté de pouvoir pénétrer chez M. de Broglie, du bourgeois enragé de n'être pas né duc.

L'extérieur de M. Guizot, ses formes hautaines, son ton doctoral, son insupportable morgue, s'expliquent mieux encore si l'on daigne se rappeler qu'il est protestant, qu'il a fait ses études à Genève, qu'il a été professeur, qu'il a épousé une femme de lettres, que cette femme écrivait des livres intitulés : *l'Ecolier ou Raoul et Victor*, *Essais sur l'éducation*, *l'Anarchie et le Pouvoir*, qu'elle est morte convertie au protestantisme. Voilà bien des circonstances atténuantes.

Si M. Guizot était un véritable sectaire, au lieu de n'en avoir que la *vaine* apparence, je l'accepterais avec ses affirmations, avec son extérieur comme avec sa foi. Mais j'ai eu beau feuilleter, plume en main, les livres de l'écrivain, relire dans les vieux journaux les discours de l'orateur, je n'ai jamais pu savoir à quelle religion, à quelle doctrine politique appartenait la conscience de M. Guizot. On ne saurait imaginer d'éclectisme plus négatif (1).

Je m'étais permis d'espérer que le mot *doctrinaire* me servirait de flambeau pour me diriger à travers ce dédale où se heurtent toutes les croyances, où les mots de liberté, de démocratie, de progrès, hurlent enchaînés à leurs contraires ; je remuai courageusement les livres, les re-

---

(1) Comment M. Guizot, protestant, n'a-t-il rien fait en 1815 pour empêcher le massacre de ses coreligionnaires de Nîmes ?

vues, les brochures ; j'interrogeai les vieillards et les jeunes gens : Qu'est-ce qu'un doctrinaire ? Les hommes détournaient la face, les livres répondaient : Je ne sais pas.

Comment s'était-on si longtemps servi d'un mot qu'on ne comprenait point ? Qui avait donné naissance à ce mot ? Il paraît qu'à l'époque des discussions métaphysiques de la restauration, le puits sans fond et rempli de ténèbres, le sépulcre vide, le vénérable des temps parlementaires, pour tout dire, Royer-Collard, « ce creuseur d'idées, » comme l'appelle le bienveillant Timon qui aurait pu ajouter : creuseur d'idées quelquefois creuses ; M. Royer-Collard, dis-je, dans ses discours à grande manière, constellés de sentences et d'axiomes, hérissés, comme une thèse, de mots précieux et de phrases à longues volutes, faisait à tout propos revenir le mot de doctrine (1) ; ses imitateurs doctrinant à l'envi, le nom de *doctrinaire* leur fut donné par quelque sceptique des centres. Il fit fortune comme le groupe qui le composait. Le mot doctrinaire n'a pas, que je sache, d'origine plus raisonnable. Il est à remarquer d'ailleurs que ces noms, qui servent à désigner des factions plutôt que des partis, n'ont presque jamais de sens logique ; la *montagne* doit son nom au hasard, la *gironde* au département qui avait fourni le plus de républicains modérés,

(1) Oserai-je rappeler que la cuisinière de M. Royer-Collard fut portée en triomphe par les dames de la Halle ? Je trouve dans ce fait un tel parfum de bourgeoisie, qu'en parlant des doctrinaires je n'ai pu résister au désir de le citer. Ce singulier succès du parlementarisme et de la philosophie éclectique est plein de caractère.

les *feuillants*, les *jacobins*, aux lieux de leurs réunions.

S'il fallait, à défaut du hasard ou des principes, rechercher dans le *caractère* des hommes qui ont pris le nom de doctrinaire, la signification de ce mot, Robespierre serait leur modèle accompli, leur maître à tous. Encore faut-il ajouter que s'ils possédèrent son orgueil, son ambition et son dogmatisme, il fut plus désintéressé, plus ferme qu'eux dans sa conduite et dans ses opinions.

Ce groupe, si modeste d'abord, et qui, selon M. Beugnot, aurait pu tenir sur un canapé, se recruta d'hommes qui joignaient l'orgueil à l'ambition. Par un commun intérêt, ils choisissaient la pose la plus propre à impressionner des bourgeois peu vertueux et n'ayant pas grande prétention à l'être. Ce type d'intrigants politiques se retrouve d'ailleurs dans tous les partis et dans tous les temps. Nous l'avons vu se former silencieusement dans la démocratie, et n'étaient les événements qui ont changé la forme gouvernementale, il eût un jour triomphé dans les rangs socialistes sous la république, comme il a flori sous la monarchie constitutionnelle.

Quand la révolution de juillet eut relégué au second plan le solennel Royer-Collard, M. Guizot devint l'âme du groupe doctrinaire. Il en assombrit encore la physionomie, si cela eût été possible. Il en outra le caractère sec et impitoyable, et cultiva l'impopularité avec l'amour que le bon marquis de Lafayette avait mis au rôle opposé. Imbu des idées anglaises dans ce qu'elles ont d'aristocratique, et non au point de vue économique ou véritablement libéral, il en pénétra le groupe doctrinaire qui acheva ainsi d'irriter toutes les antipathies, de soulever dans les cœurs un universel dégoût. Par ces fatales tendances, il accéléra la chute d'un vieux roi, dont le grand tort fut d'employer des parleurs et des *poseurs* incapables de le soutenir au jour du danger.

Nous nous plaisons à croire que M. Guizot dépassa son but. Dans la dernière année de ce long ministère qui devait accélérer la ruine de la royauté de juillet, M. Guizot était devenu un tel objet d'exécration, que son seul nom éveillait la haine jusque chez les gens qui ne le connaissaient pas. M. de Polignac a été moins violemment et surtout moins profondément détesté.

Mais par cela qu'une individualité devient exceptionnelle, vous la voyez s'animer d'une idée propre et entraîner dans le cercle de sa gravitation une certaine quantités d'atomes flottants. M. Guizot a tiré de cette situation tout ce qu'elle peut donner. Son imperturbable morgue a inspiré une sorte de respect à ces faibles natures chez qui le besoin de se sentir dominées l'emporte sur la raison. Ceux qui n'ont pas eu le courage de lire ses œuvres, peu attrayantes il est vrai, l'ont proclamé un grand littérateur. Sa prolixité, l'assurance de son attitude, la passion amère et concentrée qui brille dans son regard, l'orgueil inépuisable et le mépris que distillent au besoin ses lèvres dédaigneuses, lui ont fait une réputation de grand orateur et d'homme au triple airain. Ajoutez à cela qu'en semant la corruption autour de lui, M. Guizot passe pour avoir méprisé l'argent et conservé la plus intacte probité. Je n'élève pas le moindre doute sur un semblable genre de vertu ; mais je ne puis m'empêcher de m'étonner de la singularité de cet éloge, répété en même temps par les amis et les ennemis de M. Guizot. Dans quel monde vivait-on alors pour qu'on osât faire à un ministre, *comme on le pourrait plus convenablement vis-à-vis d'un domestique, l'éloge de la probité ?* Je consens à laisser de côté la question de corruption, à ne rien dire de ce rôle étrange de vertueux corrupteur, j'accepte M. Guizot pour la grande vestale des temps parlementaires, mais je ne puis m'empêcher d'avouer qu'un compliment en matière de probité me paraît une insulte (1).

Au surplus, la probité de M. Guizot ne l'a pas empêché d'amasser trente mille livres de rente à force d'économies, qu'il avait l'art de faire passer pour de l'austérité. Est-il vrai qu'il ait réclamé le remboursement de dix mille francs à son gouvernement pour les lampions allumés à l'ambassade d'Angleterre, à l'occasion de la naissance du prince de Galles ?... Est-il vrai que, se rendant au Foreing-office, M. Guizot se traînait dans la boue des rues de Londres, un parapluie à la main ?... Pour me servir de l'expression de Talleyrand, un ambassadeur ne doit jamais oublier, pendant seulement vingt-quatre heures, qu'il est ambassadeur. Quand on reçoit trois

(1) Dans cette forfanterie de probité, M. Guizot a été distancé, d'ailleurs, par deux hommes d'une grande famosité : on a trouvé un petit écu dans la poche de Robespierre expirant, et un assignat de cinq livres au logis de Marat assassiné.

cent mille francs de traitement, outre les frais d'installation, on devrait pouvoir aller en carrosse et supporter les frais d'une fête. Au surplus, acceptons la probité de M. Guizot en matière d'argent, mais s'il est certain, comme on l'assure, qu'il ait cherché à dissimuler sous une tache d'encre sa signature, imprudemment apposée au bas de l'acte additionnel à la rentrée de l'empereur, comment qualifier cette supercherie?... Quel nom donner à ce placard d'encre (1)?

Telle est actuellement l'opinion générale sur le compte de M. Guizot. Ainsi résumé, le bilan de ce personnage ne me paraît pas complétement exact. Malgré la haine qu'il a inspirée, en raison peut-être de cette haine, il jouit d'un prestige que notre indifférence pour lui ne nous permet pas de subir; nous croyons sa réputation politique et littéraire singulièrement surenchérie. Ce n'est certainement ni un écrivain, ni un ministre, ni un orateur sans valeur, mais son habileté a plus servi à son avancement que ne l'a fait son mérite réel. Avec des talents médiocres, il a eu l'art de passer pour un homme supérieur ; on n'en parlera pas plus dans vingt ans que de tant d'autres colosses aux pieds d'argile, qui s'écroulent avec le régime qui les élève. Qui donc alors parlera de son habileté à rallier les centres, de ses triomphes à propos de rien, de ses ingénieux procédés pour faire agir la peur ou la cupidité, de tous les misérables petits

---

(1) Voir *le Cabinet du 29 octobre, la chambre, le prochain ministère*, in-8°. Paris, 1843.

moyens qu'il a employés, moyens qui font gagner une session et perdre un gouvernement?

Est-ce là un caractère d'homme d'État? J'ai cent fois entendu rappeler cette fameuse séance dans laquelle M. Guizot répondit aux extrémités ameutées : « Vos mépris n'atteindront jamais à la hauteur de mon dédain. » Phrase de dandy puritain, répartie à la Lovelace ou à la Brummel. Mais que prouvait cette insolence théâtrale, sinon le mépris de la chambre pour le ministre et du ministre pour la chambre? Que devait penser à son tour le pays en voyant ses législateurs et ses grands officiers se mépriser si sincèrement les uns les autres?

A Dieu ne plaise que je veuille revenir sur le voyage à Gand, établir des parallèles entre le langage de la veille et celui du lendemain, raconter après tant d'autres la comédie de juillet, ces moyens de feuilliste sont d'une banalité qui ne nous permet pas d'en faire usage. La palinodie étant devenue endémique comme la fièvre typhoïde, à quoi bon la signaler? Les hommes d'esprit ne rient même plus de ces petites misères humaines. Le changement d'opinion est dans l'ordre individualiste ; nous ne daignerons donc pas relever ces bagatelles. Mais si nous ne demandons pas à M. Guizot plus de fixité qu'à la plupart de ceux qui l'ont attaqué, nous ne saurions passer aussi légèrement sur sa persistance à conserver le pouvoir quand même. Quand la morale s'en va, il devient de la dernière importance de garder l'élégance du caractère. M. Guizot a manqué de cette vertu dernière en 1842 dans la discussion du droit de visite, en restant au pouvoir malgré le blâme de la majorité ; dans l'affaire Pritchard en soutenant l'indemnité ; au 23 février en s'accrochant au pauvre Louis-Philippe qui dut trouver son ministre par trop compromettant. Il y a un moment où la conservation du pouvoir devient aussi basse que l'avarice elle-même, et où il est du plus mauvais goût de ne pas savoir se retirer.

En ramenant les choses à la réalité, la conservation du pouvoir, telle a été la *pensée* à laquelle M. Guizot a consacré ses talents et son activité. La pensée du ministre ne différait pas beaucoup de la pensée du règne. Je demande pardon aux esprits romantiques d'une aussi simple conclusion, mais elle me paraît la seule véritable. Chacun donnait alors carrière à sa passion favorite : les uns aimaient l'argent, les autres le pouvoir ; et, sans honte, avec une sorte de goinfrerie assurément désolante, chacun se livrait à son appétit. Il n'y avait là qu'une différence de goûts ; le mobile est le même, et sauf la forme, les hommes se ressemblent.

Au point de vue scénique, nous venons de signaler le côté faible de M. Guizot. Cette âpreté bourgeoise à garder le portefeuille afflige le spectateur ; elle produit l'effet d'une dissonance. A quelque parti qu'on appartienne, démagogue, aristocrate ou bourgeois ; on ne saurait impunément se dispenser de rester *gentleman*. Je me plais à le reconnaître, ce sont les seules circonstances où M. Guizot a été vaincu par son rôle.

Il me reste à dire quelques mots de ce qui survit toujours au ministre, je veux parler de l'homme de lettres.

Chose digne de remarque, la plupart des personnages politiques qui, en raison de leur importance, doivent figurer dans cette étude, ont presque tous débuté par les lettres. Pour eux, la littérature a été un marchepied ; elle est devenue à leurs yeux, non le but, non l'idéal, mais un moyen. Le théâtre sert à certaines créatures de lieu d'exhibition ; la littérature a servi de planches à ces gens-là pour leur métier. Aussi faut-il voir avec quel superbe dédain ces parvenus, une fois arrivés au pouvoir, traitent les littérateurs et les lettres! Ces renégats du premier culte, ces faux apôtres, ne ressemblent-ils pas à de mauvais garçons qui mordent le sein de leur nourrice, après avoir bu son lait (1) ? Aussi est-ce justice de donner bonne chasse à ces marcassins lorsqu'on les rencontre au fourré de la critique.

Parlez au premier venu du talent littéraire de M. Guizot, il est probable qu'il vous en fera le plus pompeux éloge. Questionnez votre homme, et neuf fois sur dix, vous vous apercevrez qu'il n'a pas lu les ouvrages dont il vient de vanter les beautés. Je comprends, pour plusieurs motifs que j'expliquerai tout à l'heure, qu'on lise peu les ouvrages de M. Guizot ; mais je déplore avant tout les tendances gasconnes qui poussent un si grand nombre de gens à louer précisément les choses qu'ils ne prennent pas la peine de lire. Nous devons à ce malheureux esprit, fils de la paresse et de la vanité, une foule de grosses réputations qui se dégonflent aussitôt qu'on

---

(1) N'oublions pas de signaler une honorable exception, M. de Salvandy.

les pique. C'est particulièrement dans le monde savant que poussent ces germinations sans racines.

Ce n'est pas seulement la pâleur du style qui rebute les lecteurs peu courageux, il y a dans le procédé de l'auteur, dans sa manière d'exposer les faits, d'élucider la pensée, quelque chose qui attache ou désaffectionne. Chez M. Guizot le style est déplorablement incolore ; il vise à une clarté, à une précision ambitieuses, il n'est que flottant et diffus ; sa pensée n'apparaît qu'enveloppée d'un brouillard philosophique difficile à percer; ses personnages ressemblent à des fantômes errants au clair de lune. Il est impossible de bien recomposer leurs traits, de discerner les contours de leur corps. Lorsqu'il prétend reconstituer une époque et donner au lecteur l'idée de ce que pouvait être, au moyen âge par exemple, la vie du maître d'un fief, l'intuition lui fait défaut. Ce qui chez MM. Michelet et Augustin Thierry dégénère parfois en abus et tombe dans le roman, manque absolument à M. Guizot. De ces temps si énergiquement accentués dans chaque vestige qu'ils ont laissé, de cette époque du moyen âge, dont le nom seul remplit l'imagination, M. Guizot ne parvient à évoquer que de sèches et incertaines figures. Le lecteur ne saurait trouver dans ces ébauches de lignes assez fermes, assez vivantes pour en pouvoir compléter le profil. Sans les nombreuses citations intercalées souvent avec profusion, la lecture des ouvrages de M. Guizot serait difficilement supportable. Ce luxe de citations marque peut-être trop de prétention à l'érudition, mais en offrant au lecteur des fragments originaux, pleins de saveur, de naïveté, de couleur locale, l'écrivain supplée artificiellement à ce qui lui manque. C'est un procédé, rien de plus.

M. Guizot a publié sous forme de leçons son *Histoire de la civilisation en Europe* et son *Histoire de la civilisation en France*. Que M. Guizot ait été professeur au collége de France, cela importe peu au lecteur; dans un livre il ne voit qu'un livre et non la sténographie plus ou moins revue et corrigée d'un cours. Si votre livre est pédant, il le rejettera avec cette juste horreur qu'inspire le pédantisme. Eh bien, nous sommes obligés d'en faire la remarque, M. Guizot, loin d'éviter ce défaut, l'a exagéré avec amour; la plupart de ses chapitres commencent par un paragraphe intitulé : Objet de la leçon, et finissent par un résumé de ladite leçon. Rien de mieux en chaire; mais dans un ouvrage de longue haleine, et surtout dans un ouvrage d'histoire, on ne saurait imaginer combien ce procédé devient fatigant; il rompt l'action dramatique, il détruit l'intérêt, brise cet enchaînement de la pensée, qui fait qu'on poursuit une lecture laborieuse sans éprouver une invincible fatigue. L'écrivain n'est pas obligé, pour généraliser l'histoire, d'imiter ces anciens prédicateurs qui débutaient par vous dire : « Mon sermon sera divisé en trois points; le premier point, etc., » et qui finissaient en disant : « J'ai divisé mon sermon en trois points, dont le premier, etc. »

Mais le vice radical, profond, irrémédiable de M. Guizot écrivant l'histoire en politique et en philosophe, n'est pas seulement dans son style blême, dans son récit dépourvu de vie, dans le lourd pédantisme de son procédé, c'est à de plus hautes sources qu'il faut remonter pour le trouver, c'est aux sources de l'âme, de la conscience de l'homme. Voici comment ce vice, que nous n'avons point encore nommé, se manifeste et par quel genre de malaise il se fait sentir au lecteur.

Lorsqu'un historien débute en vous disant : « Ce n'est
» pas seulement une sèche nomenclature de faits ou de
» dates que je vais dérouler devant vos yeux, ce n'est
» pas un récit plus ou moins dramatique que je vais vous
» narrer ; c'est l'histoire de l'état social que je me pro-
» pose de traiter. — Nous commencerons par chercher
» tous les éléments de la société européenne dans son
» berceau, à la chute de l'empire romain ; nous étudie-
» rons avec soin la société telle qu'elle était au milieu
» de ces ruines fameuses. Nous tâcherons, non pas d'en
» ressusciter, mais d'en remettre debout les éléments à
» côté les uns des autres, et quand nous les tiendrons,
» nous essayerons de les faire marcher, de les suivre
» dans leurs développements, à travers les quinze siècles
» qui se sont écoulés depuis cette époque (1). »

A peine l'historien a-t-il ainsi exposé le plan général de son œuvre, qu'une immense curiosité s'empare du lecteur. L'histoire de l'état social, c'est-à-dire le tableau du développement de l'esprit humain, l'enchaînement politique des grands événements de l'Europe, la marche progressive des institutions depuis la chute de l'empire

1: *Histoire de la civilisation en Europe*, tome I, p. 16.

romain jusque aujourd'hui, n'y a-t-il pas là pour nous quelque chose d'infiniment plus saisissant que l'intérêt rétrospectif que nous pouvons y rencontrer? Dans les enseignements du passé, c'est le secret de l'avenir que nous allons chercher. Confiantes dans l'implicite promesse de votre titre, nos âmes battues en naissant par une tempête où les idées contradictoires se heurtent comme les vagues de l'Océan, nos âmes, vont peut-être trouver un asile. Nos cœurs désespérés, nos esprits, feux follets fatigués d'errer sur des tombes, vont retrouver l'espoir, le repos, la certitude. Vaine promesse! L'apôtre n'a plus la foi; le professeur cache mal sous sa robe magistrale le néant de sa science; sa parole retentissante n'est qu'un son qui frappe l'air. Lorsqu'il retrace avec un véritable talent la décomposition de l'empire romain, lorsqu'au sein de la barbarie elle-même, il recherche l'élément social, quand plus tard il nous montre la société civile se reconstruisant en quelque sorte par la famille féodale, nous l'écoutons dans une attitude recueillie; nous restons suspendus à ses lèvres. La question religieuse elle-même n'a pu nous arracher à ce prestige: il n'a pas encore parlé de la réforme. Nous sentons bien que tout cela ne doit pas être un vain étalage d'érudition; qu'en prenant l'histoire à une telle hauteur, il s'agit de synthèse et non d'analyse: que d'un chapitre à l'autre, d'une page à la suivante, le maître va lancer enfin cette parole divine, cette blanche colombe qui porte dans son bec la branche d'olivier. Mais les heures passent, les pages fuient comme un ruisseau monotone; notre anxiété redouble, nos regards se tendent, nos oreilles écoutent ; nous allons en avant, toujours en avant. Avec quelle épouvante ne nous apercevons-nous pas enfin que plus nous avançons, plus les ténèbres s'épaississent autour de nous ! Voilà que toutes les institutions, toutes les idées, toutes les formes, catholicisme et protestantisme, féodalité, monarchie, démocratie, ont à la fois tort et raison. Alors nous repoussons avec un légitime dédain ce livre des mauvais jours, ce livre plein de trouble et d'hésitation (en dépit de son style dogmatique), ce livre dans lequel nulle conscience ne trouvera son apaisement.

En raison de l'intérêt de nationalité qui s'attache à l'*Histoire de la civilisation en France*, ce vice immense, le vice d'un siècle et de plusieurs générations, y apparaît plus saisissant encore. La maladie de l'éclectisme, de l'éclectisme le plus négatif, est si profondément chevillée dans l'âme de M. Guizot, qu'il subit son influence jusque dans les questions de pure tactique. Ainsi, en 1849, malgré la récente leçon de février, le ministre déchu, ne pouvant se résigner au silence, se permit de publier un livre intitulé : de la *Démocratie en France*. Ce livre, écrit à l'adresse du grand parti de l'ordre, cachait dans son sein l'œuf incestueux de cette fusion orléano-légitimiste, dont le fœtus est mort dans sa coquille (1). Au fond, la fusion des partis n'est qu'une véritable démoralisation politique. Par ce procédé, deux honnêtes gens peuvent, sans y son-

(1) Elle a pourtant engendré l'*Assemblée nationale*.

ger, devenir deux hommes compromis. Le syncrétisme de M. Guizot conduit jusque-là.

Cet écrivain ne devait d'ailleurs nous épargner aucune sorte de désappointement. Entre le deux décembre et l'empire, il fait paraître la suite de son *Histoire de la révolution d'Angleterre*. Avec ce même à-propos, qui avait présidé à la publication de la *Démocratie en France*, il insère dans la *Revue contemporaine* un chapitre intitulé : *Cromwell sera-t-il roi ?* C'était jeter le gant à l'attention publique. Il va sans dire qu'il fut ramassé. Les uns comptaient sur des allusions, les autres espéraient qu'au moins la conduite de Cromwell serait jugée, qualifiée, d'une façon quelconque, en bien ou en mal, par l'auteur. Mais, arrivé à cette phrase : « Il mourut protecteur, ayant refusé d'être roi, » l'auteur ajoute : « Eut-il raison dans son refus ? » C'était précisément la question. M. Guizot esquive la réponse ; comme Angélique poursuivie par Renaud, il s'évapore, et le public est mystifié. Je veux croire, en dépit des réclames de *l'Assemblée nationale*, que tout cela s'est fait naïvement : M. Guizot a toujours eu la faiblesse de prendre pour secrétaires des hommes aux pâles couleurs, dont M. Mallac est le type accompli. Nul n'ignore le parti qu'on peut tirer du système contemplatif en histoire ; l'écrivain plane ainsi à des hauteurs qui semblent à l'abri des passions humaines, mais prenez garde qu'une complète abstention ne soit autre chose que de l'impartialité ; que les questions comme les hommes meurent ainsi sous votre plume. Ces livres ambitieux tombent dans le défaut du chirurgien qui dissèque la chair sans voir l'esprit ; ils rappellent le mot du meurtrier : « J'ai tué bien des gens, je n'ai jamais vu sortir leur âme. »

Ainsi se retrouve dans la plupart des ouvrages de M. Guizot le vice capital que nous signalions dans l'*Histoire de la civilisation en Europe*. Comment un panégyriste sans pudeur a-t-il osé comparer, en lui donnant la préférence, un tel ouvrage au *Discours sur l'histoire universelle*? Qu'est-ce que la faconde glaciale et nébuleuse de M. Guizot, à côté de cette large et simple manière de Bossuet, traçant l'histoire de l'humanité, depuis la création du monde jusqu'à Charlemagne, dans un discours au Dauphin de France? Sans doute Bossuet a écrit en théologien des premiers temps chrétiens plutôt qu'en philosophe ; il croit au catholicisme et à la monarchie de droit divin. On peut combattre sa foi, la lui contester, non. Aussi voyez comme la foi illumine son œuvre d'un vigoureux reflet qui pénètre l'esprit du lecteur, et répand la sérénité qu'elle porte en elle ! Quelle lumière la triste luciole de l'éclectisme a-t-elle jamais jetée dans les âmes ?

Il ne serait pas juste d'achever cette esquisse sans dire quelques mots de M. Guizot, critique d'art et de littérature. Il jouit aussi, comme critique, d'une réputation de supériorité, que la meilleure volonté ne nous permet pas d'admettre. On doit sans doute quelque indulgence aux essais littéraires d'un homme d'État, mais la postérité ayant déjà commencé pour les personnages qui occupèrent la scène du dernier règne, le bénéfice de temps, de lieu et de circonstance n'existe plus à leur égard. Dégagée du prestige que le pouvoir prête aux œuvres les plus insignifiantes, la critique de M. Guizot nous paraît très-inférieure à celle de Laharpe, dont elle exagère quelquefois les défauts, sans posséder les qualités spéciales qui en font une œuvre précieuse pour les écoliers. Ce genre intermédiaire choque les gens du monde et ne vaut rien pour les colléges. A propos d'un tableau de M. Guérin ou d'un drame de Shakspeare, M. Guizot renverse sur son papier tout ce qu'il sait de noms grecs et latins, sans s'inquiéter si cela est bien indispensable, et si le lecteur s'accommodera de ces procédés incongrus. On sent ici (*Salon de* 1810) les effets du pédantisme dans l'âme tendre ; il se montre avec orgueil et ne sait pas encore les rouerics du métier.

Les dissertations de M. Guizot, sur Shakspeare, pouvaient bien aussi se passer de l'histoire du théâtre grec. Il n'est point agréable de refaire ses humanités lorsqu'on est lancé, depuis longtemps, dans les études autrement sérieuses de la vie. Le lecteur n'aime pas d'ailleurs, à moins qu'il ne s'agisse de la Chine ou du Kamtschatka, qu'on procède à son égard à la façon d'un professeur de rhétorique, enseignant à ses élèves les secrets de la belle littérature. Diderot, qui s'entendait bien un peu en ces matières, s'y prenait d'une plus humaine façon. J'aime à trouver dans un critique un homme qui me fait part de ses impressions, et non pas un pédagogue qui prétend m'instruire de ce que je sai déjà ou de ce dont je ne me soucie point ; qui s'arroge

le droit de guider mon goût, mes impressions, ce que
l'homme a de plus mobile; qui traduit tout en règle,
viole sans cesse ma liberté et veut malgré moi me former
l'esprit et le cœur. Une physionomie littéraire de ce
genre, au lieu de me paraître sérieuse, me prêtera peut-
être à rire. Un professeur n'est sérieux que sur les bancs :
si le bonhomme vient, armé de son long nez, de sa
mine grave et de sa férule, se jeter au milieu du drame
positif de l'existence, loin de nous inspirer de la croyance
et du respect, il excite notre gaieté. L'objet de la terreur
des écoliers devient le jouet des hommes.

Si M. Guizot avait écrit des livres d'imagination, ou
possédé la faculté de construction poétique, il n'eût
certainement pas dissipé de longues heures à expliquer,
avec une patience, digne d'un meilleur sort, des effets
de sentiment; à établir de prétendues règles du théâtre,
à donner, comme l'homme des marionnettes, qui tient
les ficelles, l'explication mécanique des gestes et des
faits. Shakspeare ne pensait guère, j'aime à le croire,
aux prudents calculs, aux inventions remplies d'astuce
que M. Guizot lui attribue. Je doute que M. Dennery
lui-même, qui doit être bien plus fort que Shakspeare
en fait de *moyens*, ait jamais saisi la condition fonda-
mentale, qui consiste à placer le centre d'intérêt, là où
se trouve le centre d'action, et vous le surprendriez
peut-être beaucoup en venant lui dire : « Le person-
» nage qui fait marcher le drame est aussi celui sur
» qui se porte l'agitation morale du spectateur (1). » Il

1 *Shakspeare et son temps*, p. 165.

vous répliquerait que cela lui est indifférent ; qu'il est ferré sur les entrées et les sorties; que le mouvement de la scène n'a plus de mystère pour lui ; que cette science ne vaut pas deux sous et n'apprendra à personne l'art de faire une pièce de théâtre. Shakspeare, s'il vivait, répondrait peut-être aussi, qu'il ne s'inquiète pas de tout cela ; qu'il écrit comme il sent, mais qu'il ne perd pas le temps à s'expliquer le pourquoi ; que tous ces petits calculs tueraient son inspiration ; que l'artiste puise sa science principale dans une simple aspiration de la nature ; que ce phénomène s'accomplit presque à son insu.

Il faut feuilleter la critique d'art de M. Guizot pour le connaître complétement, et pour savoir jusqu'où il pousse ce genre d'audace qu'on nomme, en langage trivial, de *l'aplomb*. Il faut voir avec quel imperturbable sang-froid, il parle en maître de choses pour lesquelles on peut hardiment le déclarer incompétent. Ce n'est pas de la science, en effet, qu'il importe de posséder pour juger une œuvre d'art ; il suffit du sentiment, mais on ne saurait s'en passer. Or, le sentiment, en matière de littérature ou d'art, n'a jamais pénétré dans l'âme hyperboréenne de M. Guizot. Les tirades de Zaïre ou d'Orosmane me paraissent mieux à la portée de son génie.

Nous ne querellerons donc pas M. Guizot sur les énormes contradictions qu'on rencontre dans sa théorie sur la sculpture. Qu'il considère en paix la statuaire, comme un art destiné à représenter des attitudes re-

posées (1), qu'il contraigne cet art à subordonner l'action à la pose (curieuse théorie de la part d'un homme d'État qui a infiniment plus posé qu'agi!); nous ne prendrons pas la peine de relever d'aussi lourdes fautes; leur seul poids les entraîne. Je n'userai pas non plus, ainsi que l'a fait M. Gustave Planche, du procédé de tronquer une phrase de ce malencontreux *Salon de* 1810, pour battre plus aisément un écrivain qui ne refuse pas le flanc. Le critique de la *Revue des deux-Mondes* s'exprime ainsi : « Sur la foi d'une pierre gravée, qui
» représente Prométhée construisant l'homme nouveau
» pour l'animer du feu dérobé à Jupiter, l affirme que
» les sculpteurs construisent le squelette avant de poser
» les muscles, et, pour donner à sa méprise un caractère
» complet de naïveté, il distingue les muscles de la chair.
» Or, ce trait d'ignorance, à peine excusable en 1810,
» réimprimé quarante ans plus tard, amènera le sourire
» sur toutes les lèvres (2). » Cet extrait de la *Revue des Deux-Mondes* amènera peut-être aussi un sourire; mais ce ne sera point la naïveté de M. Planche qui dilatera les lèvres du lecteur. Pour s'en convaincre, il suffit de relire la phrase malencontreuse qui a donné lieu à la déloyale attaque que nous venons de citer. « On sait en
» effet, dit M. Guizot, que les statuaires, représentant
» le corps humain tout entier, sont obligés d'en étudier
» avec grand soin la structure et que, pour y parvenir
» ils s'exercent à modeler le *dessous* avant le *dessus*,

1 Voir le Laocoon, les Lutteurs, les bas-reliefs d Apollon Épicurius
2 Revue des Deux-Mondes, 1852.

» c'est-à-dire que, dans leurs études, ils construisent
» d'abord le squelette, le recouvrent ensuite de muscles
» et placent enfin sur ces muscles la chair et la peau ;
» telle est du moins la marche de leurs pensées, etc. (1). »
Je m'incline devant les muscles et la chair. (M. Guizot aura pris les tendons pour des muscles, ce n'est pas moi qui lui en ferai grand crime, en matière de sentiment.) Mais je ne me rends pas aussi aisément pour le reste. Le dernier membre de phrase : *telle est du moins la marche de leur pensée*, prouve que M. Guizot ne s'exprime pas affirmativement ; il imagine, et cela est exact, que le sculpteur, en faisant sa maquette, se rend compte de la conformation des os, de leurs soudures, etc., ce qui a lieu en réalité. Les sculpteurs qui ont dans leurs ateliers des squelettes ou des figures d'écorchés, ne les mettent pas là pour épouvanter les petits enfants. M. Planche a pris les quatre lignes suffisantes pour pendre son homme, mais il s'est pendu par son propre fait à la même corde.

Pour juger l'esthétique de M. Guizot, il nous suffit, à nous, de citer deux passages de son *Examen du Salon de* 1810. En parlant d'un tableau de Gros, la *Prise de Madrid*, le critique se plaint de l'embonpoint d'un moine prosterné dans le fond et demandant grâce au vainqueur. « On sent par les vêtements de ce moine et sous son ca-
» puchon, dit M. Guizot, qu'il est fort gras ; il y a, si
» j'ose le dire, quelque chose de profondément ignoble,

(1) Études sur les beaux-arts en général, p. 40.

» dans cet embonpoint attribué au suppliant, etc. (1). »
Pourquoi un suppliant n'a-t-il pas le droit d'être gras ?
Faut-il admettre que la terreur le fait instantanément
maigrir? N'y a-t-il pas, si j'ose le dire moi-même, quelque chose de profondément comique dans cette indignation protestante contre l'embonpoint du moine, et
dans cette théorie de père noble, qui ne veut pas qu'un
suppliant soit gras ? Comme M. Prudhomme, M. Guizot
est partisan de la loi de Thèbes, qui commandait d'embellir en imitant. C'est bien l'époux de la femme qui
écrivait avec candeur : « L'effet des œuvres de l'art
» doit être tel qu'aucune idée de réalité ne s'y joigne. »
(1821.)

En parlant de la *Révolte du Caire*, de Girodet, M. Guizot s'écrie : « Le jeune Turc expirant est parfaitement
» beau ; le hussard français l'est aussi, quoiqu'il pût l'ê-
» tre davantage. Pourquoi le peintre n'a-t-il pas cher-
» ché à *diminuer la laideur* de ses Arabes, à *ennoblir* le
» dragon qui est sur le troisième ou quatrième plan? La
» vérité aurait souffert, dira-t-on; *excuse de paresseux* ;
» habiles à tout embellir, les Grecs ne craignaient pas
» de tout entreprendre, etc. (2). » Je livre à la jeunesse
actuelle, et surtout à Henri Monnier, le discours de
M. Guizot sur le *Salon de* 1810. Diminuer le moine,
ennoblir le dragon, voilà en résumé la théorie de M. Guizot ; cela prouve que la gravité la mieux soutenue renferme des éléments facétieux. Peu de personnes, en

---
(1) *Des Beaux-arts en France*, p. 22.
(2) *Des Beaux-arts en France*, p. 19.

commençant la lecture de cette étude, ont dû espérer de finir aussi gaiement.

S'il est vrai, comme le prétendait un artiste florentin, que, pour être bon architecte, il faut un peu se connaître en médecine, ne devons-nous pas frémir en pensant qu'un pareil critique a été ministre des affaires étrangères? heureusement qu'on n'en a pas fait un directeur des Beaux-Arts. Ce n'est pas avec de pareilles sornettes, inférieures aux plus mauvais feuilletons de cette époque, qu'on répond aux besoins des générations modernes; on ne satisfait pas à des aspirations de philosophie positive, de politique économique, de littérature réaliste avec des théories de père noble du Gymnase. En se faisant réimprimer, ces vieux débris abusent du public.

Je me serais incliné devant M. Guizot, protestant et genevois, comme je m'incline devant un tableau de Holbein, ou une page de Rousseau, mais à la condition de trouver en lui une physionomie nettement accusée. Or, M. Guizot a fait ses études à Genève, mais il est Français; il est né protestant, mais il n'annonce pas plus de foi dans son culte que dans tout autre. Homme habile, comédien consommé, chez qui l'art et la nature ont trouvé, dans les tendances et dans le physique, un merveilleux concours, il a trouvé dans le parlementarisme un commode théâtre pour les personnages de son caractère. Le régime parlementaire, ainsi que nous le verrons dans la suite de cet essai, a donné naissance à une foule de réputations d'un genre particulier, mais essentiellement faux. Ces hommes, disposant d'une large superficie gouvernementale, du prestige qui environne le pouvoir réel, et d'immenses moyens de publicité, ont aisément pu s'imposer au public ; ils ont pu se faire accepter de cette docile multitude, qui, dans tous les partis, se courbe devant le bruit qui se fait autour d'un nom, ou devant toute personnalité hiérarchiquement placée au-dessus d'elle. Il n'en est pas ainsi du libre individu des générations actuelles. L'épave des flots révolutionnaires, l'être qui n'a laissé aucune dette envers la monarchie et la république, et qui, ne croyant qu'à lui-même, ne compte que sur lui-même, celui-là, qui est aujourd'hui tout le monde, juge les gens pour ce qu'ils valent, et ne s'incline pas devant les souvenirs des vains coassements de la tribune. M. Guizot, ministre, a causé la révolution et n'a pas su la maîtriser, c'est un mauvais ministre ; M. Guizot, penseur, ne conclut à rien de positif, c'est un homme creux et sans croyance ; M. Guizot, écrivain, manque de style et de chaleur, il ne sera jamais qu'un médiocre écrivain. Mais il a été grand comédien.

Je n'ignore pas qu'un jugement aussi brièvement résumé choquera les gens à formules parlementaires ; mais en traçant d'un rude coup de crayon ce portrait si sèchement profilé, j'ai eu pour but d'indiquer comment se forme l'histoire, passée au creuset populaire. J'ai tiré la première épreuve d'une image encore élémentaire que le temps achèvera.

Dût-on porter un jugement incomplet, n'est-ce pas déjà un réel mérite d'écrire ce qu'on pense sur des hommes protégés par tant d'influences acquises, par tant de vieux préjugés? En rentrant dans la presse, ils s'exposent aux coups de la critique; la jeunesse a le droit de s'étonner de les rencontrer sur ses pas. Pitt, ce grand homme d'État, succomba sous le poids des affaires publiques, et mourut à la tâche; nos ministres déchus font réimprimer leurs livres et écrivent de nouveau, quelle fureur de vivre! Après le scandale de leur triomphe et de leur chute, ces débris des vieux régimes, ces vieillards, couverts d'honneurs et d'humiliations, auraient dû comprendre que la farce était jouée, et qu'il était temps enfin de rentrer dans les coulisses. Que leur reste-t-il à nous apprendre d'eux-mêmes et de la patrie?

Passons actuellement du pélican au renard, et voyons ce qu'était l'autre petit bourgeois de la légende, l'autre compère du vieux roi. Je désigne ainsi M. Thiers.

CHAPITRE III.

M. Thiers.

Il est impossible que vous n'ayez pas remarqué, en traversant la petite place Saint-Georges, une jolie maison blanche bâtie au milieu d'un jardin. Cette élégante habitation, située sous les latitudes du quartier Breda, est assez difficile à définir. L'amour anglais ou russe a-t-il élevé cette douce retraite? Serait-ce l'asile d'une illustration de la danse, ou bien Scipion aurait-il fait construire ce voluptueux réduit pour son maître Gil Blas? Nous ne sommes pas aussi loin de la vérité qu'on le pourrait supposer ; cette maison est l'hôtel de M. Thiers.

Pauvre Schubart! est-il vrai que tu sois mort de faim ?

C'est là qu'un ancien ministre, qui vint à Paris avec un ou deux louis dans sa poche, achève, dans le calme qui sied à l'honneur et à la vertu, le reste d'une existence activement employée, mais non sans profit pour lui-même, comme on en peut juger. Si vous désirez voir l'homme, il vous sera facile de le rencontrer sur le boulevard. Grâce aux caricatures de Daumier, vous le reconnaîtrez sans l'avoir jamais vu. Vous le reconnaîtrez à ses lunettes, à un certain air de flânerie dans la démarche, à l'exiguïté d'une taille plus petite que nature. Ces réductions humaines, dont MM. Thiers et Louis Blanc sont des types remarquables, ont plusieurs pouces de moins que Napoléon, mais ils se croient de même taille. Non, ils se croient plus grands. L'homme est toujours au premier plan devant lui-même.

On a beaucoup parlé de l'esprit répandu sur la physionomie de M. Thiers. Chaque fois que ce petit bourgeois sans distinction s'est trouvé sur mon passage, j'ai cherché en lui l'esprit, j'ai surtout remarqué une insouciance un peu cynique. Il a de l'esprit pourtant, mais peut-être qu'en vieillissant, les gens qui pratiquent beaucoup prennent les vices de leurs qualités. On a comparé la bouche de M. Thiers à celle de Voltaire : ô vieil Arouet ! j'ai là, sous les yeux, ton buste orné de guirlandes, de lyres, de flûtes et de pipeaux ; je puis à l'aise contempler ton museau de singe et de gentilhomme, j'isole ta bouche affreuse du reste de ton visage; alors il reste une chose sans nom, une forme étrange, assemblage de rides accumulées, caractères d'une langue inconnue, mais parlante comme la nature, et dont les traits, plus larges que l'arc-en-ciel, embrassent l'univers dans un seul mot : ironie. En vérité, puis-je comparer le sourire de ce féroce ami des hommes qui écrivit *Candide*, aux lèvres finotes de cette manière de banquier provincial et d'académicien de Toulouse ?

Je ne puis cependant m'empêcher de considérer M. Thiers comme un homme de génie ; non parce qu'il a écrit de l'histoire, Anquetil et Norvins en ont fait autant ; non parce qu'il a été ministre, MM. de Rémusat et Flocon le furent aussi ; mais parce qu'ayant continuellement exercé des professions où l'on s'endette, parce qu'ayant été tour à tour ministre et homme de lettres, il a eu l'art de rester sur un bon pied et de ne pas vendre sa maison. Tandis que M. Guizot se constituait trente mille livres de rente par de laborieuses économies sur un traitement fait pour être dépensé, M. Thiers jetait l'argent par la fenêtre et n'en était pas plus pauvre.

Ces deux hommes, enté̀s, comme la broderie à la trame, au développement de la classe moyenne, devaient réussir par deux moyens contraires ; l'un a chaussé le cothurne, l'autre a caché ses traits sous le masque de la comédie. De sorte qu'en les présentant à la société comme les deux fils de ses entrailles, la chair de sa chair, la bourgeoisie pouvait dire en désignant le premier :

« Voyez comme je suis vertueuse; » montrant le second: « Voyez comme je suis habile. — Hypocrite et bavarde, a répliqué la France. »

Il faut cependant noter une différence entre le rôle de M. Guizot et celui de M. Thiers; c'est qu'il est plus aisé de réussir par ses vices, de s'abandonner aux caprices de sa nature, d'aimer le plaisir et de s'y livrer, de voyager, spéculer, jaser à tort et à travers et écrire de même, de vivre, en un mot, en Panurge politique; que de rentrer les cornes, creuser les joues et jouer serré à toute heure du jour et de la nuit. En ce sens, M. Guizot a plus de mérite que M. Thiers. Mais le public tient moins compte des difficultés d'un rôle que du plaisir qu'il lui cause. Quoique moins pénible à coup sûr, le rôle de M. Thiers est plus amusant.

Il faudrait avoir l'humeur bien noire pour ne pas sourire en voyant ce godenot se trémousser avec un vif entrain sur les planches de la scène parlementaire. On croirait, en le regardant, que la Provence est voisine de Naples et que Pulcinella aurait pu naître à Marseille.

Les débuts de M. Thiers promettent tout ce qu'il a tenu. Il commence en tapageur à la Faculté de droit d'Aix, où il remporte le prix d'éloquence. L'Académie de l'arrondissement ayant mis au concours l'éloge de Vauvenargues, M. Thiers l'écrit deux fois, sous deux points de vue différents, et gagne le premier prix et l'accessit. Cette mystification, légèrement et habilement conduite, n'a-t-elle point la valeur d'un présage? Offrez à ce petit Provençal un plus grand théâtre, et vous le verrez donner carrière à son génie pour l'intrigue, se livrer à des roueries dignes de Figaro ou de Scapin.

La France créa Paris pour ces spirituels aventuriers ; elle imagina le régime parlementaire pour ces langues infatigables, pour ces subtils intrigants. Aussi M. Thiers, léger d'argent, d'embonpoint et d'habits, ne fut pas plutôt à Paris qu'il se sentit joyeux comme un poisson rouge dans le bassin des Tuileries. Il y a du Grimm dans ce nain sensuel, audacieux, que l'aspect de la grandeur étourdit, à qui un verre d'eau sucrée offert par une main quasi-royale cause les plus amusantes bouffées de vanité (1). Comme Grimm, il commence par habiter un taudis dans le goût de ceux que fréquentait le poëte Regnier, un hôtel garni des plus borgnes, non loin du Caveau Montesquieu et de ce fameux Palais-Royal, vaste clapier d'escrocs, de filles et de joueurs. Mais ne vous inquiétez point ; le seigneur Gil Blas n'est pas fait pour hanter longtemps un pareil taudion. Le Café de Paris, les Bouffes et les salons de la Chaussée-d'Antin seront bientôt ses lieux de fréquentation habituels. Pour y arriver, il sauta, comme une puce, dans la manche de Manuel, de là sur les épaules de M. Laffitte, de ce dernier au *Constitutionnel*, du *Constitutionnel* chez tout le monde. Ajoutez à ces manœuvres préalables la publication d'un gros livre : *Histoire de la révolution française* et la fondation du *National* ; associez à ces tentatives individuelles la

---

(1) Le verre d'eau fut offert par madame Adélaïde à M. Thiers, dans l'entrevue qui eut lieu entre les rédacteurs du *National* et la famille d'Orléans, le 29 juillet 1830.

marche des événements, le concours d'une providence complice, d'une révolution de juillet faite exprès pour de tels hommes et par de tels hommes, et vous ne vous étonnerez point de retrouver M. Thiers de Santillane métamorphosé subitement en grand officier de la Légion d'honneur, en membre de l'Académie, non plus des Bouches-du-Rhône, mais de Paris, en député, en ministre, en président du conseil ; que sais-je ? le petit jacobin ne s'arrête pas dans la carrière des honneurs.

Un jour M. le comte Jaubert, aigri peut-être par quelque souci de ménage ou pris d'un accès de fièvre chaude, s'écria singulièrement à la tribune : « Je suis » peuple ! » Ce n'est pas M. Thiers qui commettrait de pareilles incartades. M. Jaubert s'en tenait sans doute à la définition de Sieyès. Mais M. Thiers, quoique fils d'un ouvrier serrurier, n'oublie pas qu'il a fait ses humanités et son droit, qu'il porte un habit noir, que ses mains n'ont jamais manié la lime et le marteau paternels, que si son père est peuple, il est, lui, bourgeois, bien bourgeois. Ouvrez ses livres, et vous verrez ce qu'il pense des masses ; écoutez-le parler, c'est lui qui prononcera, au milieu de nos discordes civiles, ce mot que n'eussent jamais articulé M. de Broglie ou M. de Fitz-James : « la vile multitude ! »

Le développement du tiers état, la révolution de 1789 dans ses conséquences, la pensée du règne de Louis-Philippe ou, si l'on veut, son instinct, toutes ces choses majeures se trouvaient condensées dans ce mot tombé des lèvres d'un tel homme. Le jour où le fils d'un pauvre ouvrier, ou un petit plébéien, décrassé par la charité de l'État (1), put, du haut de la tribune française, renier en quelque sorte le sang qui coulait dans ses veines, cette grande révolution, dont on a fait tant de bruit, avait achevé son œuvre. Ironie des enseignements de l'histoire ! Il a fallu des échafauds, des fusillades, la famine, la guerre, des millions d'hommes écrasés sur la surface de l'Europe comme de vils insectes, un fleuve de larmes, un chœur de lamentations dont tressaillent encore les générations modernes, pour fonder, quoi? une classe de plus parmi les classes, une catégorie nouvelle, non moins vicieuse, non moins impertinente, non moins cruelle que les autres. Ah! l'on conçoit que l'âme de la jeunesse se soit soulevée de dégoût, qu'elle ait renié le passé, brisé toutes les idoles, qu'elle se soit réfugiée dans la solitude et la mélancolie du moi, non pour y développer des instincts cupides et sensuels, mais pour y chercher dans l'orgueil, dans le mépris, je ne sais quel amer courage à la lutte, le seul qui nous reste aujourd'hui.

M. Guizot, vis-à-vis de la société contemporaine, avait procédé par le contraste. M. Thiers se servit de l'assimilation. Tous deux ont réussi ; tous deux pourtant avaient l'un de l'autre la plus détestable opinion. Ils s'exécraient et se méprisaient. Tristan disait d'Olivier : « Ce n'est qu'un barbier. » Olivier de Tristan : « Ce » n'est qu'un bourreau. » Le pédagogue qualifiait son

(1) M. Thiers obtint, je ne sais à quel titre, une bourse au lycée de Marseille.

compagnon d'aventures de *fléau du pays*. Le fils du marchand de ferraille répliquait d'un ton de marquis ; *Ce n'est qu'un parvenu de mauvaise éducation*. Et le roi, se frottant les mains avec bonhomie, ajoutait classiquement : « Je divise et je gouverne. »

Je ne crois pas que ni l'un ni l'autre de ces deux hommes soit aujourd'hui en grande estime dans le pays. Le dédain et l'indifférence, comme une marée montante qu'aucune digue ne saurait entraver, enveloppe déjà ces naufragés et les recouvrira bientôt tout entiers. Le seul sentiment qui survit et s'attache encore à leur personne n'est peut-être qu'un sentiment de défaveur. On hait plus M. Guizot, on estime moins M. Thiers.

Cette cruelle alternative est d'ailleurs tempérée, chez deux espèces d'hommes assez nombreuses, par une sorte d'admiration qu'on rencontre toujours lorsqu'on occupe le public de sa personne. Le bénéfice de nos vertus est difficile à récolter ; celui de nos vices ne nous fait pas défaut. M. Guizot se sauve auprès des simples par sa morgue. Les corrompus pardonnent à M. Thiers en faveur de son esprit.

Là est surtout le secret de la fortune de M. Thiers. Dites d'un homme qu'il est un brigand, qu'importe? mais si vous le déclarez sot, il est perdu. On a publié partout que M. Thiers avait de l'esprit, il ira en enfer, mais en ce monde il est sauvé.

M. Thiers aime les arts, le luxe et les plaisirs ; voilà ses trois vertus théologales. Avec cela, on trouve partout des frères, des complices. Il n'y a point de franc-maçonnerie plus puissante que celle du plaisir, du luxe et des arts. Echangez des gravures, des tableaux, des bronzes, ou voyez lever l'aurore avec l'alouette matinale de Roméo à la fin d'une débauche ; le serment des Horaces n'est rien à côté du serment tacite que vos cœurs se sont prêté. C'est ainsi qu'entre tous les libertins, tous les artistes de Paris, de la France même, et M. Thiers, il existe un pacte secret, mystérieux, indéfinissable, mais profond, mais irrévocable. Ils diront du mal de lui, ils le mépriseront, ils s'écrieront qu'il est impossible de prendre au sérieux ce Mirabeau-mouche, ce Danton-puce ; ils lui infligeront une qualification terrible et cynique, ils le traiteront de *farceur*. Mais au fond de l'âme, une voix secrète s'élèvera, un rire intérieur dilatera doucement la fibre cachée, l'esprit de la chair communiquera à cet autre esprit son attouchement de courtisane ; le pardon sera dans le cœur de celui dont les lèvres vomissent l'injure, et dans cette injure même, dans le tour des mots, dans l'inflexion de la voix, vous reconnaîtrez d'évidents symptômes de mansuétude. Toutes ces âmes ont soupé ensemble chez Phryné. O vertu solitaire et froide, ô rêveurs de solidarité, honnêtes gens à qui les fripons font peur et qui voudriez vous liguer contre les coquins, vous ignorez le grand art de vous reconnaître. Comme à la danseuse de Faust, il ne vous sort pas de la bouche cette souris rouge à l'aide de laquelle on distingue les sorcières ; vos âmes ne se sont pas dissoutes en une tolérance équivoque. Vous marchez seuls à travers une foule hostile.

Ce n'est pas que, pour aimer les arts, M. Thiers soit un grand connaisseur ou un grand critique; en fait de critique d'art, il est à peu près de la force de M. Guizot. Il est capable de *diminuer* le moine et d'*ennoblir* le dragon. Mais par tempérament, par sensualité, M. Thiers a un goût véritable pour l'art. M. Guizot ne l'aime réellement que dans ses portraits.

Politiquement, M. Thiers n'a pas de système. C'est une girouette bien graissée qui tourne à tout vent de succès. Cette mobilité, dont le but, il faut bien le remarquer, ne change pas, ne ressemble guère à l'éclectisme, considérons-la plutôt comme un genre de fatalisme inconnu des Orientaux. Historien, M. Thiers ne peut s'empêcher de s'incliner devant le succès. Journaliste ou député, le succès l'entraîne encore. On se souvient de quelle façon il a rompu avec son parti pour soutenir le cabinet du 13 mars et la politique de Casimir Périer. Sans les circonstances qui ont brusquement changé les conditions politiques de la France, je ne doute pas qu'un beau jour nous eussions vu M. Thiers socialiste. Si la chronique ne ment pas, l'ex-habitué de la rue de Poitiers, sentant venir 1852 et voyant le parti avancé triompher à Paris dans les deux dernières élections partielles, songeait à se rapprocher des classes ouvrières. Il eut même, assure-t-on, quelques entrevues avec des chefs d'associations. A tort ou à raison, le bruit circulait dans la vile multitude que M. Thiers accueillerait volontiers ceux qui voudraient conférer avec lui.

S'il en fut ainsi, la fatalité du succès trahit son plus

fervent adorateur. M. Thiers avait mal flairé le vent. Aussi rien ne saurait décrire la stupéfaction de l'ex-ministre lorsqu'il se vit emprisonné : « Vous ici, monsieur Thiers ! lui dit un délégué des conclaves. — Vous y êtes bien, vous, Monsieur ! » répliqua-t-il. Le délégué aurait pu lui répondre : « Je n'ai jamais provoqué l'état de siége, je suis pur des embastillements, des lois qui ont flétri la presse, et d'une quantité d'autres éminents services rendus à la société par Votre Excellence. » M. Thiers manqua d'esprit à Mazas.

De bienveillants adversaires pardonnent beaucoup à M. Thiers, par la même raison qui fit pardonner à la Madeleine. Il a beaucoup aimé. Qui ou quoi ? La France, dit-on. Je ne m'en serais point douté. M. Guizot a aimé l'Angleterre et il l'a servie. Mais je voudrais bien savoir ce que M. Thiers a fait pour la France ? Il a prononcé d'interminables discours et fait la guerre en paroles plus que Napoléon ne la fit en action. C'est la plus vaillante langue de l'Europe et la plume la plus belliqueuse qu'on ait taillée depuis longtemps. Mais ôtez la plume et la parole, il n'y a plus de général. Produit du parlementarisme, il n'est pas étonnant qu'avec M. Thiers les combats les plus acharnés se passent en conversation.

Il faut voir Thiers-Picrochole arrivant au pouvoir : « Prinse Italie, voilà Naples, Calabre, Apoulle et Sicile toutes à sac, et Malte avec. » L'imagination du petit homme ne se contente pas de peu. Son désespoir est de ne pouvoir se coiffer d'un tricorne et s'habiller d'une redingote grise, afin de ressembler à Napoléon. Des généraux ont eu, dit-on, l'extrême rouerie de dire qu'ils serviraient volontiers sous les ordres de ce nain ridicule et vulgaire. Les officiers supérieurs sont plus forts diplomates qu'on ne l'imagine.

Comme ce capitaine dont Rabelais peut seul écrire le nom et qui fuyait six heures avant la bataille, M. Thiers alla passer les journées de juillet sous les cerisiers de Montmorency. Mais il faut ajouter que nous le retrouvons à Saint-Merry, à cheval, coiffé du petit chapeau, s'efforçant de suivre le maréchal Soult. Jamais homme ne s'est plus souvent et de plus de façons contredit.

Nul n'a fait autant de tripotages avec la presse que M. Thiers. On put un moment compter jusqu'à neuf ournaux sous ses ordres. Rien ne lui était donc plus facile, dans un pays où une mouche suffit pour éveiller l'imagination du public, que de mettre le vent de l'opinion à la guerre. M. Thiers put donc à son aise se livrer aux victoires et conquêtes picrocholines. Mais en songeant aux énormes bénéfices de bourse que cette manœuvre procura à ses amis, j'avoue que je ne suis plus aussi sûr de son caractère. Est-ce que ce grand amour de la guerre ne serait qu'une question de hausse ou de baisse?

En France, la malignité publique n'a pas de bornes. Il n'y a plus de héros possibles dans ce pays. On se raille de tout le monde. A la vérité, les enfants n'ont fait que suivre l'exemple de leurs pères. M. Casimir Périer insultait son maître. M. Thiers disait en pleine tribune des phrases comme celle-ci : « Louis-Philippe était dans son droit et j'étais dans le mien ! » — « Tout dissentiment a cessé entre la couronne et moi. » Et, sous le manteau, il se moquait de son roi, qu'il nommait le *papa d'Orléans*. Pourquoi n'insulterait-on pas Casimir Périer, s'il vivait encore ? Pourquoi ne se moquerait-on pas de M. Thiers, puisqu'il n'est pas mort ?

Tous ces gens-là voulaient un roi pour leur usage particulier, un Louis XIII, un roi mineur, ou un roi anglais. Richelieu et Mazarin les poursuivaient dans leurs rêves. N'ayant ni l'étoffe, ni le courage d'un Cromwell, d'un Robespierre ou d'un Napoléon, ils se seraient contentés de la destinée de M. de Metternich. Mais ils ne le valaient même pas. Il leur fallait un monarque imbécile et un portefeuille à vie. Tandis que la foule des béotiens s'évertuait à chercher la *pensée* de ces grands personnages, soit dans la fondation du gouvernement parlementaire, soit dans la restauration du gouvernement personnel, malgré le système représentatif, nos grands ministres pensaient uniquement à leurs petites ambitions et à leurs petites affaires. Comme journalistes ou comme orateurs, ils eurent des idées ; c'est assez commun en ce siècle. Mais je défie qu'on leur trouve une autre pensée que celle dont je viens de parler. Il est temps qu'enfin l'histoire se fasse réaliste et cesse de nous offrir des héros de théâtre et des dieux de comédie. L'existence d'un ministre se rattachant par la politique à une foule de fils qui font mouvoir des millions d'existences, il en résulte naturellement qu'on prête beaucoup d'importance aux actes, aux paroles, en un mot, à la conduite de cet homme, qu'on lui suppose une âme supérieure, un esprit détaché de tout intérêt personnel, ou du moins s'élevant le plus souvent au-dessus de ces mesquines considérations. Il n'en est rien. Un ministre, comme un simple maçon, n'agit qu'en vue de son propre intérêt, selon les conditions de son caractère. Il y a un raisonnement très-clair à se faire. S'il est ministre, c'est qu'il a désiré l'être ; nul doute qu'il ne fasse pour y rester tout ce qui dépendra de lui. On se dégoûte de tout, excepté du pouvoir ; car la puissance, a dit Locke, c'est la liberté. Aussi Charles-Quint est-il une monstrueuse exception. Les rois, abreuvés de soucis, entourés de dangers, accablés d'affaires, ne quittent cependant le trône qu'à la dernière extrémité. Donc, à moins que notre ministre ne soit le plus vertueux des mortels, Dieu sait quels moyens il emploiera pour ne pas lâcher le précieux portefeuille ! Et s'il est vrai que les actions des grands ont une si décisive influence sur l'existence des petits, combien le peuple ne doit-il pas souhaiter d'avoir des ministres assez honnêtes pour préférer les jouissances orgueilleuses de la vertu aux basses voluptés d'un pouvoir conservé à vil prix ; assez fiers pour rejeter le portefeuille, plutôt que de s'humilier comme M. Guizot devant Pritchard, car l'humiliation du ministre, c'est l'humiliation du pays !

Quant à M. Thiers, trop belliqueux pour garder ou pour conquérir le pouvoir à ce prix, il préférait l'emploi des petits moyens. Il se fortifiait dans la chambre, patronait de nombreux journaux et faisait le complaisant au château. Ses amis s'enrichissaient, et lui, poussant jusqu'au bout la plaisanterie de la guerre, nous donnait, sous ce prétexte, les fortifications de Paris. M. Thiers avait oublié ce jour-là le chapitre XIV du traité *du Prince*, où Machiavel considère les fortifications comme des moyens d'intimidation monarchique. Elles n'ont pas sauvé la monarchie de juillet, puissent-elles ne pas être cause un jour de quelque épouvantable désastre! Une ville ouverte, ne comptant pas sur ses murailles, combat en plaine et ne se laisse point entourer. Que deviendrait Paris, avec ses douze cent mille habitants, livré à un blocus de quinze jours?

Tels sont les accidents d'un régime où un petit avocat, parce qu'il avait la langue bien pendue, la patte d'un journaliste et l'esprit né pour l'intrigue, peut devenir premier ministre. Sully, Colbert, Turgot ne possédaient aucun de ces talents.

Et toi, pauvre Schubart, où étais-tu? Dans la tombe peut-être!

Deux hommes, frères par l'exiguïté de leur taille, ont fait brusquement leur fortune politique par un moyen analogue; ce sont MM. Thiers et Louis Blanc. M. Thiers était républicain comme M. Louis Blanc le fut, avec les modifications que le temps et les circonstances apportent à une opinion. Sous la Restauration, le socialisme n'existait qu'embryonnairement. M. Thiers ne fit donc pas de socialisme. Il se contenta de chanter la liberté et d'anathématiser le parti prêtre. M. Louis Blanc prit pour drapeau l'égalité et tourna ses armes contre le parti bourgeois. M. Thiers écrivit une histoire de la révolution de 1789 où il rendait hommage aux hommes héroïques de la première république française; M. Louis Blanc écrivit une histoire de la révolution de juillet où il exaltait les républicains de 1830. M. Thiers reçut les confidences d'une foule de vieux généraux, d'anciens fournisseurs, de débris du Directoire et de la Convention ; l'histoire de M. Louis Blanc fut en quelque sorte la gueule de lion dans laquelle les partis légitimiste et républicain vinrent jeter leurs accusations. Tous deux obtinrent un immense succès, un de ces succès qui ne viennent pas tout seuls. On fit un personnage de M. Louis Blanc comme on en avait fait un de M. Thiers. Mais il est indispensable de rendre justice à M. Louis Blanc, non parce qu'il a gardé ses opinions (une conviction n'est pas une vertu), mais pour n'avoir trahi personne.

Comme historiens, ils se ressemblent, en ce sens qu'ils ont tous deux, au lieu d'écrire une histoire, adressé une immense flatterie à leur parti. M. Thiers a caressé le ventre de la bête bourgeoise et M. Louis Blanc a frotté le dos de la bête populaire. Il ne nous manque plus qu'un troisième historien arrivant aux honneurs pour avoir gratté la tête du perroquet aristocratique. La flatterie aux partis a remplacé la dédicace aux grands seigneurs. Les partis, il faut le dire, sont infiniment plus généreux que les princes.

On a fait grand bruit de l'histoire de M. Thiers. Il en sera toujours ainsi des ouvrages qui flatteront les passions politiques du moment. Il est bon de noter que cette histoire parut sous Charles X ; que le rôle du comte d'Artois y est présenté sous les plus tristes couleurs, tandis que celui du duc de Chartres s'y dessine de la façon la plus avantageuse. M. Thiers se tournait du côté du soleil levant. Au milieu de ses admirations méridionales pour les jacobins, dans sa perpétuelle déification du succès, il n'oubliait pas de glorifier de temps en temps cette honnête, cette noble et éloquente gironde, asile de tous les talents et de toutes les vertus. Or, la gironde représentant la bourgeoisie et le parti des bavards, M. Thiers faisait ainsi sa cour au parti le plus fort, à celui qui allait triompher : et lorsqu'il se laissait entrainer plus loin, jamais son jacobinisme ne dépassait le milieu corrompu ; il s'arrêtait à Danton. Son instinct l'avertissait. Il sentait bien qu'avec la corruption il y a toujours des ressources. Soyez aussi révolutionnaire que vous voudrez, mais ayez des talents, et surtout des vices aimables.

Aussi lorsque M. Thiers arrive au comité de salut public, à Robespierre, à Saint-Just, etc., il atteint, sans s'en douter, le plus haut degré du comique. Jamais chat ne manifesta son horreur pour l'eau froide comme M. Thiers trahit celle qu'il éprouve pour la vertu. Lorsque cet appel à la vertu, fait par Robespierre à l'heure des plus grands dangers de la patrie, a retenti comme un mot d'ordre d'un bout de la France à l'autre, quand le bruit des fêtes se tait devant celui du canon, quand les mœurs s'élèvent à la hauteur des circonstances et que le salut de la patrie devient la seule pensée individuelle et publique ; l'historien se livre à des grimaces de singe de saltimbanque. On dirait qu'il a mordu à une pomme verte; ses dents sont agacées du mot qu'il est obligé de prononcer. Comme on était plus à son aise avec Danton! comme il était facile de lui donner la main derrière la coulisse, à celui-là! Mais avec un Robespierre que faire? Il est vertueux. Et ce jeune Saint-Just, si jeune, si éloquent, si beau, et vertueux... le fanatique! Mais, ô incorrigible méridional, ne vous enflammez donc pas, alors! Ce comité de salut public expédiait jusqu'à quatre cents affaires par jour; il pourvoyait à tout, aux armes, aux subsistances, à la police. C'est superbe, j'en conviens; mais il ne fallait pas le dire. Ce Robespierre, ce méchant robin, cet envieux, ce mauvais avocat, ce vaniteux, cet ambitieux, voilà que vous ne lui accordez même plus la grandeur de l'ambition, voilà qu'il a perfectionné un talent oratoire... qu'il n'avait pas, que vous en faites un homme de mœurs austères, d'une probité admirable, que ce lâche se tire un coup de pistolet [ce qui, par parenthèse, est faux (1)] qu'il reste en pleine connaissance pendant vingt-quatre heures, la mâchoire fracassée, sans donner un signe de douleur, que lui et ses compagnons meurent héroïquement, sans mots, sans phrases, non pas comme vos amis les girondins. Et vous ajoutez qu'ils ont coupé beaucoup de têtes, mais que sans cela ils n'eussent peut-être point sauvé la patrie. Voilà, voilà ce qu'il ne fallait pas dire! Imprudent, souvenez-vous donc de

---

(1) « Notre cher Maximilien disait il y a quelques années madame Lebas, méprisait trop ses ennemis pour leur épargner un crime. » Le mot a la couleur de l'époque et l'accent de la vérité.

la manière dont les légitimistes parlaient de M. de Buonaparte. Ah! les républicains pourront vous mépriser, mais, malgré Transnonain, ils n'auront jamais le droit de vous haïr. Sur les deux millions de républicains valides que l'on a comptés en France, ils vous en doivent plus de la moitié. Ce sont les pages de votre histoire, bien plus que celles du livre de Louis Blanc, qui enveloppaient les cartouches de 1848. Rongez-vous les poings jusqu'au coude, votre heure est venue. C'est vous qui avez mis FIN au bas de la page. On ne joue pas avec la plume comme avec la parole. Ce qui est écrit s'accomplit.

On dit que M. Thiers a beaucoup altéré ses dernières éditions de l'*Histoire de la Révolution*. C'est l'affaire des brochuriers et des pamphlétaires de relever ces misères, et ils n'y ont point manqué. Je les trouve bien bons de s'étonner de si peu. M. Thiers, ayant changé de parti et d'opinions, a dû chercher à mettre ses anciens ouvrages à l'unisson de ses nouvelles doctrines. J'admire, pour mon compte, ce naïf scrupule. Malheureusement, les nouvelles éditions ne détruisent pas les anciennes ; le présent n'efface point le passé. Quelle besogne pour M. Thiers, grand Dieu ! s'il veut revoir et corriger ses œuvres chaque fois qu'il change d'opinion.

Quoique M. Thiers fût enrôlé dans le parti de la vertu lorsqu'il écrivit son *Histoire de la Révolution*, le caractère véritable de l'écrivain s'y montre imprudemment. La grande prostituée de Babylone trouble la cervelle du démocrate. On aperçoit à chaque instant le *bout de l'oreille* du corrompu sous sa peau de républicain. Il s'oublie. On remplirait un volume ordinaire de ces étourderies de nature. En voici quelques-unes, assez divertissantes, qui donneront une idée de la moralité de l'auteur.

En parlant des premières divisions du parti populaire dans la Constituante, M. Thiers en attribue la cause aux agitations de la multitude. Ces troubles provenaient d'un bruit sinistre qui s'était subitement répandu. Les brigands marchaient, dit-on, vers Paris et coupaient les moissons encore vertes. Cette fausse nouvelle fut attribuée à tous les partis. « Il est étonnant, dit l'historien, qu'on se soit ainsi rejeté la responsabilité d'un stratagème plus ingénieux que coupable (1). »

On n'ignore pas que cet ingénieux stratagème donna des armes à tout le monde et que, grâce à lui, le refus de payer les droits féodaux fut accompagné d'actes atroces et inutiles, puisque la noblesse était déterminée à en proposer elle-même l'abolition, ainsi qu'elle le fit le 4 août, par l'organe du vicomte de Noailles et du duc d'Aiguillon.

M. Thiers a une façon pleine de nonchaloir d'excuser le crime. A propos du séditieux repas des gardes du corps, de cette orgie dans laquelle on foula aux pieds la cocarde nationale et dont les suites furent si funestes : « Le vin, s'écrie le convive de Grandvaux, le vin ne rendil pas tout croyable *et tout excusable* (2) ? » Cet aphorisme n'est-il pas, lui aussi, un petit chef-d'œuvre d'i-

---

(1) Page 66, édition de 1839.
(2) Tome 1, page 86, édition de 1839.

vrognerie ? Quelle douce philosophie dans l'expression qui termine la phrase ! Buvez et l'on vous pardonnera. Il paraît qu'on peut souper avec la Clio de M. Thiers.

Je ne sais rien de comique comme les pages où M. Thiers parle du petit marché de cinquante mille francs par mois, passé par-devant M. de Montmorin, entre Mirabeau et la cour. L'historien donne à cette épingle le nom de *traitement assez considérable*, « mais était-ce là se vendre (1) ? » Et comment qualifie-t-il cette honteuse subvention ? « des secours que ses grands besoins et ses passions désordonnées lui rendaient indispensables. » Et comme il s'indignera plus tard, quand la découverte de cette basse transaction fera chasser du Panthéon les cendres de l'orateur vendu ! M. Thiers est tout entier dans ces lignes. Son invincible horreur pour tout ce qui sent la rigide vertu, sa secrète sympathie pour les grands talents accompagnés de ces vices tolérés qui rendent l'homme bon compagnon, s'y traduisent aussi clairement, mais sous un autre aspect, que lorsqu'il parle de Robespierre et de Saint-Just.

La vertu est décidément l'écueil contre lequel vient se briser M. Thiers. Lafayette, dit-il à la page 126, « était résolu à n'être que citoyen, et, soit vertu, soit ambition bien entendue, le mérite est le même (2). « Je ne m'attendais pas, je l'avoue, à cette conclusion. Je m'explique difficilement par quelle raison l'ambition bien entendue et la vertu, qui sont deux choses différen-

(1) Tom I, page 107.
(2) Page 126, édition de 1849.

les selon la phrase de l'auteur et selon la vérité, peuvent engendrer un même mérite. J'avais cru jusqu'à ce jour que l'ambition bien entendue était une forme sage et rationnelle de l'égoïsme. A mes yeux, la vertu impliquait, au contraire, une idée de renoncement et de sacrifice qui élèvent le mérite de celui qui la pratique fort au-dessus des qualités estimables d'un ambitieux sensé.

Il serait par trop facile de multiplier les citations de ce genre. La convenance me fait une loi de ne pas pousser plus loin ; c'en est déjà trop pour juger de l'épaisseur du brouillard dans lequel se meut la morale de M. Thiers. L'histoire, à ce point de vue, est infiniment plus dangereuse que la politique. Il suffit à celle-ci de la pureté du but pour tout justifier. La morale sanctifie, la politique sanctionne. Aussi les politiques ne seront-ils jamais des saints.

Au point de vue littéraire, l'*Histoire de la Révolution* peut se lire en guise de feuilleton. C'est de l'Alexandre Dumas, moins le charme du dialogue. La peinture de M. Horace Vernet donne une idée assez exacte de ce genre de style. M. Thiers écrit et parle avec la déplorable facilité des gens de son pays. Son ouvrage est énorme, mais, comme dirait Diderot, c'est un peu feuillet ; les faits ne tiennent pas toujours la place qu'ils exigent. En revanche, lorsqu'il s'agit de jaser finances ou batailles, M. Thiers est inépuisable. Il ne se contente pas d'exposer les crises financières et les moyens mis en usage pour y remédier, il critique, il disserte, il combine. S'agit-il d'une bataille ; en exposer le plan, en faire le récit, c'est trop peu. M. Thiers blâme telle manœuvre, approuve telle autre. Il a toujours dans sa poche quelque petite batterie, quelque corps de réserve qu'il eût placé là, qu'il eût lancé dans cette direction. Au besoin, comme Mascarille, il ne se contenterait pas d'une demi-lune, il prendrait une lune tout entière. Vous croyez que le général Dumouriez s'en est assez bien tiré dans les défilés de l'Argonne? Si M. Thiers eût été là, l'ennemi en aurait vu bien d'autres! Bref, l'outrecuidance de ce petit homme a quelque chose de si amusant, que, n'était sa langue qui va le diable, on se plairait à ouïr ses turlupinades.

Outre l'*Histoire de la Révolution*, il a encore écrit neuf gros volumes intitulés : *Histoire du Consulat et de l'Empire*. J'avoue qu'il m'a été fort pénible d'aller jusqu'au bout. Le public n'a pas montré plus de patience que moi, et les éditeurs ont eu quelque raison de perdre la leur. Ils avaient payé ce colis cinq cent mille francs.

L'histoire du consulat et de l'empire fut écrite par M. Thiers dans un double but. Il avait déjà inventé le retour des cendres de l'empereur ; il espéra qu'en publiant un livre de nature à attirer l'attention sur l'empire il effraierait le roi. M. Thiers avait en outre un motif plus impérieux ; il s'agissait de payer cinq cent mille francs de dettes criardes. Le livre a été vendu, les dettes ont été payées, le tour est fait. L'*Histoire du Consulat et de l'Empire* reste une affaire de ménage. L'indifférence du public s'explique et se légitime ; elle est en rapport avec l'importance de l'œuvre et le but de l'auteur.

On sait avec quelle facilité les hommes parlementaires dissertent sur toute chose. M. Thiers passe pour le plus universel de la compagnie. L'économie politique elle-même, cette arche sainte, gardée par trente hommes pâles, doux et ennuyeux, n'a pas échappé à ses profanations. Je vous demande ce que M. Thiers allait faire parmi ces honnêtes gens, qui n'écrivent ni à la légère, ni légèrement, et qui pourraient le tuer d'un mot, en lui appliquant la qualification de M. le baron Dunoyer à M. Cousin : Vous êtes un *économiste amateur*.

Oubliant son passé révolutionnaire, M. Thiers s'effraya du mouvement des idées de 1848. M. Guizot écrivait un livre sur la démocratie en France, M. Thiers pensa qu'il devait, lui aussi, mettre ordre à de pareils débordements. L'Institut, comme une vieille école de théologie qui s'effraye des progrès d'une secte naissante, faisait appel à tous ses membres. Parmi ces moralistes-politiques jurés, on vit quelques vieillards se lever, et, au milieu d'eux, cet incorrigible petit brouillon qui a joué de si mauvais tours à la monarchie de juillet, en récompense des bienfaits dont elle l'a comblé. La célébrité de M. Proudhon offusquait M. Thiers. Il pensa qu'en répondant au pamphlet : *Qu'est-ce que la propriété?* par un livre didactique sur la propriété, il allait terrasser ce que les procureurs de la république nommaient élégamment l'hydre du socialisme. Il poursuivit dans ses rêves des lauriers économiques, et s'imagina peut-être ressaisir cet oiseau moqueur à jamais envolé pour lui, un portefeuille.

Tout échauffé de ces illusions séniles, l'ex-rédacteur du *National* s'écria : « Puisque la société française en est arrivée à cet état de perturbation morale, que les idées les plus naturelles, les plus évidentes, les plus universellement reconnues, sont mises en doute, audacieusement niées, qu'il nous soit permis de les démontrer comme si elles en avaient besoin (1). » Il s'adresse ensuite à la patience de ses contemporains, qui ont en effet besoin de cette vertu pour lire de pareilles billevesées.

M. Thiers éprouvait le désir de bavarder sur la propriété, la critique se voit obligée de le suivre sur ce terrain, où il s'est bien imprudemment engagé. A la vérité, il est plus difficile d'établir un principe économique que de raconter une bataille et de sténographier la conversation de quelques vieux généraux. Il y a des sujets dangereux pour les Provençaux. Celui-ci est du nombre. L'improvisation ne s'élève guère au-dessus de la tragédie ou de la discussion d'un budget. Le charlatanisme qui triomphe souvent à la tribune et dans le premier Paris, échoue honteusement lorsqu'il s'agit de déployer des connaissances réelles et une véritable intelligence de la matière que l'on traite.

Personne n'hésitera à déclarer que le livre de M. Thiers sur la propriété est un leurre scientifique indigne d'un homme sérieux. Quand de pareilles questions agitent le monde et le font trembler jusque dans ses fondements,

(1) *De la Propriété*, page 1.

de telles légèretés doivent être sévèrement qualifiées. Si l'Institut avait été animé d'un véritable sentiment de force et de dignité, il eût administré un blâme sévère à M. Thiers. Il est vrai qu'on pourrait d'abord se demander pourquoi M. Thiers est de l'Institut.

« Chapitre premier, écrit M. Thiers : Origine de la controverse actuelle. Comment il a pu se faire que la propriété fût mise en question dans notre siècle. » Voilà, certes, un beau titre de chapitre. Rechercher les causes économiques de ces vastes discussions qui depuis les sociétés anciennes jusqu'aujourd'hui agitent l'humanité ; suivre la filière de la question, non-seulement dans les rapports sociaux, dans la forme politique des États, mais encore dans les divers modes d'appropriation individuelle, dans leur lente et successive transformation ; préciser les droits de l'individu et ceux de la collectivité ; rechercher dans la mauvaise organisation économique des sociétés, dans les restrictions insensées apportées à l'industrie, aux échanges, au mouvement des capitaux, dans la misère qui résulte de ces grandes erreurs de l'esprit humain, comment il a pu se faire que la propriété fût mise en question et de nos jours et dans tous les temps (n'en déplaise à M. Thiers), — c'était là, sans doute, un beau début, une façon magistrale d'entrer en matière et d'éclairer la route qu'on nous conviait à parcourir. A cette grande étude, M. Thiers consacre *cent cinquante-six lignes* de gros texte, où il ne dit pas un mot de ce que promet le titre de son chapitre, mais où il se livre à une diatribe dans le goût de M. Véron, où il traite les systèmes de ses adversaires d'*insectes nés de la décomposition de tous les gouvernements*, façon expéditive de les rétorquer, et où il finit en réclamant de Dieu et de son lecteur une estime que je prie Dieu de lui accorder, ne pouvant la lui octroyer moi-même. Ce besoin d'estime, qui prend tout à coup M. Thiers sur le retour de la vie et des honneurs, n'est pas, du reste, la chose la moins singulière de ce livre, et mérite, en passant, qu'on la note.

Dans les chapitres suivants, M. Thiers cherche à nous prouver cette vérité de M. de la Palisse, que l'observation de la nature humaine est la vraie méthode à suivre pour démontrer les droits de l'homme en société. Il nous explique ensuite comment l'homme est né propriétaire, puisqu'il pense, boit, mange, etc. Rien de plus naïf que cette manière d'argumenter. M. Thiers ne s'aperçoit pas qu'en invoquant l'humaine subjectivité, il commet exactement la même faute que ceux de ses adversaires qui ne veulent pas sortir de l'objectif. Ceux-ci lui répondront : Les rapports de l'homme avec la nature prouvent qu'il n'a pas d'existence indépendante, et qu'une chaîne immense unit dans un irréfragable lien les êtres et les choses. L'homme est un animal sociable, il n'existe que par rapport à la nature et à ses semblables. Et dans cette nécessité même de sa condition gît le secret de cette solidarité que vous voudriez bien repousser, car, dès que vous l'admettez, le droit social dépasse le droit individuel, et la propriété reste soumise à des chances qui peuvent l'éloigner singulièrement des destinées que vous lui tracez. Votre philosophie est subversive, vous voyez le monde à l'envers. Votre doctrine de la propriété et de la liberté est absurde. L'homme n'est pas libre, puisqu'il est soumis à une foule de conditions qui bornent le cercle de sa volonté ; l'homme n'a droit qu'à la part de propriété afférente à chaque être créé, c'est-à-dire à la portion de choses, de sentiments et d'idées qu'il parvient à s'assimiler. Le reste est une détention arbitraire nuisible aux autres membres du corps social. Ils pourraient continuer longtemps ainsi, vous donnant de bonnes raisons et finissant, s'ils se nommaient Campanella ou Cabet, par faire de la société un régiment. Ils prouveraient que vous avez tort et eux aussi.

Connaissez-vous, Monsieur, une formule dont certains communistes plus intelligents se sont emparés, mais qui en réalité est un axiome d'équité sociale et naturelle au-dessus des sectes et des partis? « Il faut que chacun travaille selon ses forces et consomme selon ses besoins. » Moïse, Jésus-Christ, les plus grands législateurs, les plus grands philosophes n'ont jamais tracé en aussi peu de mots, d'une façon aussi lucide la double loi sociale et individuelle, le droit et le devoir. La propriété et la liberté telles que vous l'entendez étouffent dans cette sage et humaine maxime, qui pour un honnête homme vaut un code entier.

M. Thiers a une prétention qui pourra paraître exorbitante aux défenseurs du principe de la propriété, il en veut faire une *loi*, c'est-à-dire quelque chose d'immuable comme la gravitation, l'attraction, etc. Je crois, moi aussi, à la nécessité de l'appropriation individuelle, j'ai même proposé d'en étendre le principe en créant la *propriété intellectuelle*, mais je repousse de toute ma force l'immutabilité dont parle M. Thiers. La propriété n'est pour l'homme qu'un moyen et non un but. En s'assimilant les objets extérieurs, l'homme connaît, se développe, multiplie son être, augmente le temps, double ou triple son existence par la multiplicité des sensations et des idées. Une propriété stupide et immobile peut n'être plus en rapport avec mes mœurs, mes aptitudes. Il faudra donc la révolutionner. Je suis devenu voyageur, je veux emporter ma patrie à la semelle de mes souliers. Ces champs qui s'étendent au soleil étaient bons pour nos aïeux. Il faut un jour pour les parcourir, je veux d'un coup d'œil, d'un seul doigt, voir, palper ma propriété. Ces vignes, ces guérets, on ne peut pas les mettre dans sa poche, mobilisez-moi tout cela. L'Angleterre, qui a comme M. Thiers le respect de vieilles lois, n'a pas voulu changer celles qui chez elle régissent la propriété. Elle en est encore à Guillaume le Conquérant. Aussi, Londres appartient à *quelques* propriétaires; aussi, devant cette monstrueuse absurdité, la nécessité a débordé, et l'on a imaginé les baux emphythéotiques; aussi, Londres est une ville de carton!

En face d'une propriété hachée, morcelée, créditée, mobilisée, M. Thiers, s'il revient au monde dans cinquante ans, sera comme un habitué du coche d'Auxerre qui verrait passer une locomotive. Et ce n'est pas la seule transformation que subit la propriété, l'élément communiste, sans que M. Thiers paraisse s'en douter, agit aussi et transforme à sa manière, car la société est le produit de toutes les pensées qui règnent endémiquement dans l'humanité. Le communiste, aussi absolu que vous, Monsieur qui êtes membre de l'institut, vous dira : — Il faudra bien que la propriété se transforme, en dépit des économistes de l'école fataliste et végétative. Les lois *d'utilité publique* se font jour (Je prie M. Thiers de noter l'expression, et de remarquer combien ce communiste est captieux). La raison humaine a pris le dessus. On a fait du socialisme sous forme d'impôts, de chemins, de canaux, etc. On a socialisé les instruments de circulation (Quel jargon! cet homme parle des routes). On a dit à ce propriétaire qui au moyen âge eût usé de son droit et barré la rue aux trois quarts : Tu seras soumis à l'alignement. A ce constructeur : Ta maison ne s'élèvera pas plus haut que dans les proportions déterminées par la loi. A ce possesseur du sol : Ta propriété est utile à tous les citoyens, il faut que tu la leur abandonnes. — Mais j'y tiens ; mais mon père est mort ici, mon fils y est né ! — Tant pis pour toi ! Au nom de l'utilité publique, moi l'Etat, je te dépossède en t'indemnisant. Bref, on a rogné les ailes à l'ancienne liberté ; comment trouvez-vous si étrange ma prétention d'universaliser les idées que vous appliquez progressivement depuis des siècles? Eh quoi! vous mettez au nom de l'utilité publique un frein au despotisme de la propriété, vous enchaînez l'avidité du capital en fixant le taux de l'intérêt, vous préservez le passant de l'écroulement des maisons par des lois d'édilité, et vous ne vous occupez point de ses moyens d'existence! N'est-il pas tout simple qu'avant de me préserver des accidents éventuels, vous pensiez à me sauver de l'accident de tous les jours, la faim? Vous ne voulez pas, avec raison, que la sécurité des associés soit compromise, et vous laissez au hasard le soin de pourvoir à leurs premiers besoins. Voilà une grande et puissante nation qui permet à chacun de produire ou de ne pas produire, qui ne s'inquiète pas de savoir si la production sera proportionnelle à la consommation, s'il n'y aura pas pénurie de telle denrée, encombrement de telle autre, et, par conséquent, déperdition de forces et de capitaux (Ce communiste ne nous fait grâce de rien). Voilà des milliers de distributeurs (lisez : négociants) qui encombrent leurs magasins de marchandises, sans savoir s'ils les vendront. Voilà des millions d'hommes courageux et pleins de force qui ne savent pas s'ils trouveront le travail qui leur permettra d'acheter ces produits indispensables à leur existence. Singulière liberté, que ce chaos plein de ténèbres et de tortures, où l'homme ressemble à un pauvre sauvage dont le repas dépend du plus ou du moins de rapidité du cerf qui passe ou de l'oiseau qui vole! Mais en réglementant, vous tuez l'initiative individuelle, répondrez-vous. Comment! pour avoir ajouté l'égalité des conditions à l'égalité civile et politique, pour avoir mis chacun à même de produire en lui assurant le placement équitable de ses produits, comment de telles garanties seraient-elles de nature à tuer l'initiative individuelle? Vainement les économistes anciens se bercent de cette illusion, qu'en laissant tout faire, tout passer, qu'en abandonnant le navire social (le monstre veut nous enlever jusqu'au *char de l'État!*) au vent fatal d'une liberté sans morale, d'une liberté élémentaire comme l'eau ou le feu, qui n'a d'autre raison d'exister que son existence prétendue, d'une liberté qui pousse toute seule comme la première végétation venue, vainement les utopistes (il ose traiter les parlementaires d'utopistes!) s'imaginent que le monde, ainsi livré à l'aventure, trouverait son assiette, et que du conflit de tous les caprices, de toutes les tyrannies individuelles, surgirait cette heureuse condition qui permet à chaque citoyen de se développer dans la mesure de ses forces et de ses facultés. Rêve insensé! Voyez le monde depuis son point de départ, étudiez les lois, suivez leur épanouissement, depuis les temps où elles se vendaient, jusqu'à ceux où elles se piquent de rendre la justice, et vous verrez qu'il n'est pas une de nos libertés publiques qui ne soit le résultat d'une conquête sur la licence individuelle. La liberté vit des sacrifices de l'individu à la masse des associés; ou plutôt, ce que l'on prend pour sacrifice, n'est que la mise en commun d'une quantité de libertés capricieuses et personnelles pour en constituer une liberté publique, on pourrait dire la socialisation des libertés individuelles (Quel est ce galimatias?). Il y a développement et non amoindrissement. Je suis maître d'un champ. L'économiste anglais me dira que j'en puis user et abuser, *uti et abuti*. Plus tard, la raison me dira que je n'ai pas le droit d'en abuser sans nuire à la cause commune. Je renoncerai donc à cette dernière et stérile liberté, et ce renoncement passera dans la loi au nom de l'intérêt public. Plus tard, ma liberté de possesseur devra subir une restriction nouvelle. Il a été reconnu qu'une route tracée à travers mon champ faciliterait les communications de la commune à la commune voisine, et donnerait aux échanges une féconde activité. Nouveau renoncement qui prendra force de loi. Plus tard, il me sera interdit d'élever sur mon champ des bâtiments destinés à la fabrication de produits insalubres; plus tard encore, la forme et la hauteur des bâtiments que j'élèverai seront déterminées par la loi. Et c'est ainsi que la vraie liberté, la liberté publique ou collective marche de conquête en conquête sur la liberté individuelle. Ce que je perds en apparente liberté, je le regagne au centuple par le développement de mon intelligence et la satisfaction de mes besoins, ce qui est de la liberté positive. Comment ne comprendrais-je pas tout ce qu'a de défectueux ma faculté de posséder isolément? Comment ne renoncerais-je pas à cette faculté en faveur d'une propriété collective qui m'assurera des libertés et des garanties que je ne saurais trouver dans la possession solitaire et dans la liberté individuelle? N'est-ce pas le chemin qui conduit à la liberté parfaite, c'est-à-dire à l'union infinie de toutes les forces physiques, intellectuelles et morales?

Après ce long discours qui n'est qu'une théorie mise en regard d'une autre théorie, j'entends M. Thiers s'écrier avec moi : Cours forcé ! maximum ! queue du pain ! Sans doute, et pourtant je suis obligé de reconnaître qu'il y a une foule de vérités dans le discours de ce communiste. Je ne puis nier les tendances des communes et les grands actes de la voirie. Il m'est également impossible de me dissimuler que la propriété, telle que vous l'entendez, a subi un rude échec le jour où a été aboli le droit d'ainesse. Comment me dissimulerai-je que le crédit foncier, la mobilisation du sol, et je ne sais quelles autres inventions nouvelles sont encore des éléments de dissolution et menacent le système actuel de l'appropriation ? Vous cherchez l'origine de la controverse moderne, vous vous indignez qu'on mette la propriété en question. Mais comment en serait-il autrement ? Vous établissez vous-même que la propriété est indispensable à l'homme. Comment ceux qui en sont privés doivent-ils donc se trouver ? Voilà la cause de cette controverse dont vous cherchiez l'origine en accablant d'injures les *insectes produits par la décomposition des gouvernements*. La propriété est un besoin si réel que chacun se jette sur cette matière, la tiraille en tous sens, la brise, l'assouplit, invente mille moyens de la diviser et de la multiplier afin que chacun en ait sa part et apaise en partie cette inextinguible soif de posséder qui le dévore... Mais je crois, Dieu me pardonne, que j'ai parlé sérieusement à M. Thiers. Si vous voulez vivre en joie, lecteur, lisez en entier le livre sur la propriété. Je vous recommande les chapitres où M. Thiers, à l'instar des procureurs de la république, parle du communisme et du socialisme. Dans leur sainte ignorance, ces gens-là ont pris le socialisme pour une secte et le communisme pour une autre secte. En fait de communisme, M. Thiers est de la force de M. Saint-Marc Girardin, qui vous renvoie aux Mormons et aux frères moraves, savant homme! Ils sont tous deux forts sur la question de propriété comme le bon Cabet l'est sur celle du communisme. Ces adversaires ont été créés les uns pour les autres, au profit des divertissements publics. Nous sommes, nous, comme Henri IV, de la secte de la poule au pot.

M. Thiers sera considéré dans l'histoire comme un homme d'État *fantaisiste*; comme écrivain, il ne sera considéré d'aucune sorte; comme homme, on le résumera à la façon du maréchal Soult.

Que lui importe? Il est remis de la crise du 2 décembre et frétille gaiement en plein boulevard. Pauvres jeunes gens que les douleurs politiques conduisent presque au tombeau, ineptes conventionnels qui vous poignardiez de désespoir, suivez l'exemple de M. Thiers : il profite d'un livre sur la propriété pour nous apprendre qu'il est encore assez vert, quoique ayant passé la jeunesse et l'âge mûr. Après l'âge mûr vient ordinairement la vieillesse, M. Thiers n'en veut pas convenir. Pour lui, nous intercalerons une nouvelle olympiade « de l'âge mûr à cet âge qui dans peu sera la vieillesse (1). » Mais Schubart, comment se porte Schubart?

(1) *De la Propriété*, page 1.

Il faut pourtant que je vous dise ce que c'était que ce Schubart, l'envoyé de la Providence, l'ange protecteur de M. Thiers. Laissons parler un *homme de rien* (1), qui a caressé presque tous les gens de quelque chose. « Un obscur libraire allemand, nommé Schubart,
» s'attache à ses pas comme un génie bienfaisant, et le
» met en relation avec le baron Cotta, autre libraire
» d'outre-Rhin, devenu millionnaire et grand seigneur,
» lequel s'éprend pour M. Thiers d'un magnifique
» enthousiasme et lui fait cadeau d'une action du *Con-*
» *stitutionnel*, valeur un peu déchue depuis, mais fort
» productive alors. Une fois en possession de ce
» confortable titre de propriétaire du *Constitutionnel*,
» M. Thiers, descend de son quatrième étage, se fait
» dandy, monte à cheval tant bien que mal, et va au
» bois. *Quant au pauvre Schubart, on dit qu'il s'en*
» *retourne à pied mourir de faim dans son pays* (2). »

CHAPITRE IV.

Fables et comparses : MM. Molé, de Broglie, Jaubert, Rémusat, etc., etc.

Tout le monde sait qu'outre les étoiles définies, il existe des constellations embryonnaires désignées sous le nom de nébuleuses. Après avoir décrit les deux astres de la monarchie constitutionnelle en France,

(1) Cet homme de rien est, dit-on, M. de Lomenie, actuellement professeur au collège de France.
2) *Galerie des contemporains illustres*, par un homme de rien, tome I, page 11.

après avoir analysé leur densité, mesuré leur étendue, calculé la vitesse de leur rotation, de 1814 à 1848, je dois ajouter quelques mots sur les nébuleuses politiques du régime parlementaire. Cette agglomération d'étoiles inférieures, qui de loin ressemble à des coquillages, est considérable par sa masse. Jamais, en aussi peu de temps, aucun régime ne fournit un pareil banc de ministres. On en compte une soixantaine dont voici les noms : d'Argout, Bassano, Barthe, Bernard, Bignon, Bresson, Broglie, Cousin, Cunin-Gridaine, Cubières, Duchâtel, Dufaure, Dupin, Duperré, Dupont, Gasparin, Gautier, Girard, Girod, Gouin, Human, Jacob, Jaubert, Jourdan, Lannes, Laffitte, Lacave, Louis, Maison, Martin, Mérilhou, Molé, Montalivet, Mortier, Passy, Parant, Périer, Pelet, Persil, Rémusat, Rigny, Rosamel, Roussin, Salvandy, Sauzet, Schneider, Sébastiani, Soult, Teste, Tupinier, Villemain, Vivien, etc., et j'en oublie.

Il y a de tout dans cette liste ; il y a des individus flétris par les tribunaux et des caractères honorables, mais je défie le plus habile appréciateur d'y trouver un véritable homme d'État. Lorsqu'on rassemble dans le creux de sa main, comme nous le faisons en ce moment, ces cinquante et quelques noms, lorsqu'on les remue du bout du doigt, qu'on les tourne et retourne comme des petites choses curieuses, l'esprit tombe insensiblement dans une grande mélancolie. Voilà donc, se dit-on, ce qui a gouverné ou du moins administré la France pendant dix-huit ans. Pauvre France ! Mais non, je ne puis conclure d'un aussi bizarre assemblage d'individualités que la France épuisée n'avait plus d'hommes de génie, que ces soixante ministres aient été la suprême expression intellectuelle du pays.

La forme et l'esprit d'un gouvernement produisent, comme les conditions géologiques et atmosphériques sur les végétaux, des influences sur les destinées humaines. Chaque ordre engendre ses phénomènes : le gouvernement parlementaire étant contraire au tempérament de la France a engendré dans les régions du pouvoir des destinées ridicules et monstrueuses. La présence d'un grand nombre de ces hommes à la direction des affaires publiques était une calomnie contre le pays.

La plupart de ces personnages, y compris MM. Thiers, Guizot et le roi lui-même, avaient l'air de gouverner pour leur plaisir. On était sans cesse en quête d'hommes commodes et peu compromettants. Les ministères devenaient de petits arrangements de famille; la majorité, moyen arrangement de famille; les élections, grands arrangements de famille. On tâchait de s'entendre comme des héritiers qui voudraient à l'amiable se partager un bien non déclaré à l'enregistrement : la distribution se faisait après force débats. Le pays, les bras croisés, regardait faire. Le mécanisme électoral servait admirablement à cette manœuvre; les désordres dont il fut cause, le mal moral qu'il produisit, sont immenses, incalculables. On n'a jamais tout dit sur ce sujet auquel nous serons fréquemment obligé de revenir. Son action sur les mœurs s'est produite de mille façons dans toutes les classes de la société. Il est fâcheux pour la bourgeoisie que ce système soit étroitement lié à son nom, mais on ne saurait nier qu'il a été créé pour elle, qu'il a servi à son développement, qu'il a poussé à son extrême puissance la signification du tiers état. J'entends toujours parler des bienfaits de la révolution, de la continuation de cette glorieuse révolution de 1789, qui émancipa le peuple; non, non, cette révolution a accompli toutes ses phases. Constatons bien au contraire qu'elle est achevée, parachevée ; nous n'en voulons plus entendre parler; les faits la repoussent d'ailleurs. Vous ne retrouveriez plus le fil épais de sa destinée, sur la trame de la politique nouvelle ; il était déjà cassé en 1848. La Constituante! remerciez-la de vous avoir donné les biens de vos anciens maîtres, soit. Elle a fait tourner vos moulins et marcher vos fabriques; mais que nous a-t-elle donné à nous, excepté la liberté de mourir de faim? C'est votre révolution, glorifiez-la; ce n'est pas la nôtre. Nous n'avons plus ni opinion, ni parti ; notre opinion, c'est nous ; notre parti, nous encore. De cette façon, nous ne serons pas trompés.

La bourgeoisie en est arrivée à ce point où, ne pouvant plus monter, on est obligé de descendre. Le règne de l'industrie, qui entre à pas de géant dans le présent et dans l'avenir, la maintiendra sans doute pendant quelque temps au sommet de la société. Les capitaux dont elle dispose, le vaste réseau d'intérêts dont elle enveloppe les deux mondes, lui assurent pendant longtemps encore une prépondérance considérable. Mais, si sa puissance civile subsiste, il n'en est pas moins vrai que son rôle politique est fini. Elle rentrera dans ses comptoirs, où elle sera mieux à sa place ; elle reprendra sa robe d'avocat ou de professeur. Dépourvue de ce qui fait la grandeur, la puissance, la force, la profondeur, l'audace, l'héroïsme et le génie, dons providentiels qui ne sont la propriété exclusive d'aucune classe, elle cessera d'accaparer le pouvoir ; elle retournera aux modestes fonctions qui conviennent à son caractère paisible, à son génie timide et industrieux, à ses goûts domestiques et à son amour pour les richesses et les joies matérielles.

La décadence politique de la bourgeoisie ne se manifeste pas seulement dans les idées, elle se trahit dans la flagrante infériorité des contemporains ; elle a pu jouir de son triomphe sous la restauration et sous Louis-Philippe, mais sa gloire déjà ternie ne rayonnait plus que d'un reflet mourant ; elle fut grande le jour où, se nommant tiers état, elle osa dire aux deux autres ordres : Nous sommes le pays presque tout entier, nos délibérations peuvent se passer de votre sanction. Dans ce temps-là elle se nommait Mirabeau ; elle se nomme aujourd'hui Thiers ou Guizot ; dans ce temps-là on l'appelait tiers état, et c'est au nom des droits du peuple, de l'humanité opprimée qu'elle élevait la voix. Sous Louis-Philippe, au contraire, on l'appelait bourgeoisie, et c'est au seul nom d'une classe, en vue d'intérêts égoïstes et bas qu'elle a tant parlé, tant écrit, tant fatigué la France de sa domination.

Une lumière éclatante jaillit de cette différence entre le but, entre les hommes, entre les faits, entre les noms.

Les cinquante et quelques ministres dont nous avons eu la patience d'enfiler les noms les uns au bout des autres, comme les grains monotones d'un chapelet; ces hommes d'État *in extremis*, moins célèbres que les vaudevillistes du boulevard, ces délégués suprêmes de la classe bourgeoise sont les dernières vertèbres de la queue du tiers état. C'est la graine inférieure et dégénérée de la Constituante; semez-la, il ne poussera rien; passez-la au crible, il ne restera rien. Le souffle d'un jour, d'une idée, a déjà balayé cette poussière. Sans doute il y avait là des militaires, des marins, des financiers, etc.; mais en matière gouvernementale, la spécialité n'est rien. Ce qu'il faut pour gouverner, ce sont des caractères. Il n'y avait pas un homme d'État dans cette mélancolique traînée de nébuleuses parlementaires.

Que dire de chacun de ces hommes individuellement? La plupart d'entre eux sont aussi inconnus de la foule que les ministres actuels de l'empire du milieu. Le public ignore les Bernard, les Bignon, les Bresson, les Gautier, les Girard, les Girod, les Jacob, les Louis, les Parant, les Pelet, les Tupinier et tant d'autres non moins illustres. Grâce au Cirque, il connaît mieux les militaires; quant au reste, ses notions sont assez vagues : il se souvient du nez de M. d'Argout et mêle son nom à la banque de France; il a entendu dire que M. Barthe, ex-conspirateur, n'avait qu'un œil; que M. Dupin était d'une laideur abominable, et qu'il portait de gros souliers. Cent fois cette face à montrer aux enfants terribles, lui était apparue dans les journaux caricaturistes; on lui avait parlé des mœurs de paysan couard et madré de cet étrange magistrat, de ses mots de queue-rouge. Il connaissait M. Cunin-Gridaine à cause de ses excellents draps et aussi parce que, selon l'expression d'un poëte, il joignait

Le beau nom de Cunin, au grand nom de Gridaine.

Il connaissait M. de Montalivet comme une manière de maître d'hôtel, un gros factotum, sévère dans les cuisines et rude au marché. Il connaissait M. Gouin pour avoir perdu une portion de ses économies dans sa caisse, et il dut s'étonner qu'on eût fait jadis un ministre des finannances d'un aussi mauvais banquier, et surtout que la république l'attachât au comité des finances, après la déplorable liquidation de 1848. Il connaissait M. Martin par les bruits étranges qui avaient couru sur le garde des sceaux, ministre de la justice[1]. Il connaissait M. Teste, président à la cour de cassation, ministre de la justice ; M. Cubière, général de division, ministre de la guerre, parce que les tribunaux les avaient traduits à leur barre sous prévention de faits dignes du duc de Lerme ou du duc d'Olivarès du roman de le Sage. Les moyens mnémotechniques de la foule ne sont pas choisis, mais ils manquent rarement leur effet, car ils s'attachent au côté saillant des choses. Aussi le peuple attache-t-il toujours aux noms leur véritable signification. A défaut de signe particulier, il confondra M. Human, le ministre des finances, avec le tailleur Human, popularisé par les romans de Balzac; et il ne prendra jamais MM. Cousin et Villemain pour des ministres, quoique ces deux personnages aient réellement détenu pendant quelque temps le portefeuille de l'instruction publique ; mais il ne peut voir en eux autre chose que des professeurs. Nous trouvons, qu'en ce sens, le bonhomme public a raison et selon sa méthode, qui est la méthode naturelle, nous parlerons de MM. Villemain et Cousin lorsque nous en serons à l'enseignement.

Mais il y a parmi cette foule de ministres quelques personnages qui ne repaîtront bientôt plus dans les pages contemporaines. A mesure que l'aurore d'une jeunesse nouvelle apparaît à l'horizon, les constellations nocturnes pâlissent ; bientôt elles s'éteindront tout à fait. Le temps fuit, le vaste océan de l'histoire monte sans cesse, et les nageurs répandus sur le gouffre deviennent de plus en plus rares. Quelques-uns seuls échapperont au naufrage. Avant que la double tombe de l'oubli se referme sur les autres, envoyons un adieu éternel à ces agonisants, dont quelques-uns sont déjà morts selon la chair, sans que nous les distinguions des autres. Cela nous importe si peu à nous autres public. Quand ils ne nous amusent plus ou qu'ils ne nous font plus souffrir, ils n'existent plus. Leur mort n'afflige personne ; on espère toujours que les autres vaudront mieux ; et plus il en disparaît, plus on est content.

Envoyons donc un adieu à M. Casimir Périer. Celui-là, je le sais, est bien mort. Il est mort étouffé par l'or, la peur et la colère. Avec la guillotine comme moyen d'action, il eût été, sous la monarchie de juillet, le Marat de la bourgeoisie... Mais il me répugne d'éparpiller sur mon papier les cendres de M. Casimir Périer. Elles n'exhalent que de mauvais souvenirs.

En quittant cette face contractée par les mauvaises passions, l'œil se repose... dois-je dire se repose? non, l'œil s'arrête sur la physionomie de M. le comte Molé. Étrange figure ! De quelle propriété singulière est-elle donc douée, pour refléter aussi docilement les changeantes couleurs de l'arc-en-ciel ? Comment le fils de Mathieu Molé, le petit-fils de la marquise de Lamoignon, a-t-il pu se résigner à servir tous les gouvernements qui se sont succédé en France depuis 1806 jusqu'en 1848? Je croyais la noblesse de robe plus fière. Il était si facile à M. Molé de ne pas devenir ministre des affaires étrangères le 15 avril 1837? Ses biographes auraient pu arranger sa vie politique d'une façon à peu près convenable. A ceux qui lui auraient reproché d'avoir été conseiller d'État, préfet, directeur général des ponts et chaussées, puis grand juge, ministre de la justice sous l'empire, ils auraient rappelé l'adresse furieuse que M. le grand juge adressa à Louis XVIII contre l'empereur ; ils auraient invoqué le vote de mort contre le maréchal Ney ; le lecteur, concluant comme Napoléon à Waterloo, en parlant de M. de Bourmont, se serait dit : « Les blancs seront toujours les blancs. » Mais M. Molé, ministre de la marine sous Louis XVIII, forme sous Louis-Philippe le cabinet du 15 avril ! Le biographe n'a plus alors qu'à jeter sa plume au feu.

C'est à M. Molé qu'on doit cet apophtegme de comédie bourgeoise : *A côté de l'avantage d'innover, il y a le danger de détruire.* La coalition eut beau jeu d'un politique de cette force. M. Molé succomba. La haine qu'il en conserva contre M. Guizot aurait pu le rendre populaire. On a trop oublié les délicieuses brochures qu'il faisait écrire contre son adversaire. A la vérité, la présidence du conseil était le prix du combat. Donnez à la haine l'ambition pour cause, elle ressemble à l'amour intéressé; c'est très-inférieur. M. Molé aurait dû s'en tenir, pour sa gloire, à l'organisation des cantonniers. Il eût fait un bon chef de division au ministère des travaux publics; il n'a été qu'un ministre sans physionomie, sans habileté, qu'on a malmené comme un cerf de parc royal.

Il est bon de constater d'ailleurs que ces hommes, ennemis ou amis, se détestaient comme des artistes dramatiques. On se souvient du mot de M. Royer-Collard, protecteur de M. Guizot, contre son élève : *C'est un austère intrigant.* Et comme on lui demandait s'il était réellement l'auteur de cette méchanceté : *Je n'ai pas dit austère*, répliqua-t-il.

L'amitié de M. de Broglie pour le dernier chef de la doctrine ne fut pas toujours charitable. Peut-être eut-il lieu de se repentir de l'asile qu'il avait donné à ces bourgeois ambitieux. Ce gentilhomme, né, selon le mot de Talleyrand, *pour n'être pas ministre des affaires étrangères*, a couvert de la grandeur de son nom et de la pureté de ses mœurs une foule d'hommes dont le souvenir de ses aïeux et la marche des événements auraient dû le tenir éloigné. Il est une preuve éclatante de la dégénérescence de l'aristocratie de race. Comment un pair de Louis XVIII a-t-il pu servir Bonaparte, quoique ne l'aimant pas, et plus tard Louis-Philippe, quoique l'estimant peu? J'ai peine à représenter le petit-fils du maréchal de Broglie se faisant une réputation d'helléniste et s'habillant comme Dominie Sampson. M. de Broglie est un maniaque, un excentrique. L'anglomanie l'a jeté dans le parlementarisme. Il a oublié sa nation, son origine, le caractère de son siècle, et il a passé sa vie à se figurer qu'il était, non un gentilhomme français, mais un whig, c'est-à-dire un personnage froid, plein de morgue, distrait ou taciturne jusqu'à l'impertinence, plus fier qu'un prince du sang et en même temps plus négligé dans sa tenue que le dernier bourgeois de la Cité, en un mot un être hybride qui, heureusement, s'acclimate et se reproduit dans la seule Angleterre. Vous représentez-vous l'ambassadeur de France à Londres marchant dans la crotte, son parapluie sous le bras, et M. le duc de Broglie entrant à la chambre, avec son vieux chapeau mis en arrière à la façon des Anglais de vaudeville? Si ces personnages n'ont pas éprouvé cent fois l'envie de se rire au nez lorsqu'ils se rencontraient ainsi affublés, c'est qu'ils possédaient beaucoup d'empire sur eux-mêmes. M. de Broglie restera dans la mémoire de ses contemporains sous l'aspect qu'il a choisi lui-même : une contrefaçon française du whig. Son emploi dans la comédie politique de ces trente dernières années, se résume dans le rôle d'amphitryon de la doctrine.

Ce petit bataillon si compacte, si bien discipliné, a pourtant eu, lui aussi, ses transfuges. Des habitués du salon de M. de Broglie, MM. Jaubert et de Rémusat acceptèrent un portefeuille sous M. Thiers. On sortait, il est vrai, de la coalition. Les hommes s'amoindrissent dans ce genre de compromis qu'on décore des noms les plus honnêtes, mais qui se font toujours aux dépens des principes. M. Jaubert, voyant sans doute venir le commencement de la fin, eut le bon sens, à la chute du ministère Thiers, de se retirer complétement du théâtre des affaires. Quoique M. de Cormenin ait bien voulu l'admettre dans sa galerie d'orateurs parlementaires, son rôle a été si peu important, et son nom est aujourd'hui si parfaitement oublié, que je n'intéresserais personne en parlant de cette étoile filante qui a brillé l'espace d'une minute.

Il n'en est pas ainsi de M. de Rémusat. Celui-là ne veut pas mourir. C'est une araignée qui refait sa toile autant de fois que l'emporte le vent. Mais il faudrait des mouches bien étourdies pour s'y laisser prendre. Il est très-fâcheux, pour les hommes du genre de M. de Rémusat, de ne pas rester éternellement ministres, car, n'exerçant aucune influence personnelle sur leur pays, ne rayonnant qu'à l'état de réflecteur, comme la lune, en perdant leur emploi, ils rentrent dans les ténèbres. La prose que cet écrivain amateur file abondamment à la *Revue des Deux-Mondes* ne lui sert qu'à remettre pour la millième fois sous les yeux du public un nom qui l'importune ou le fait sourire.

M. de Rémusat n'est pas un personnage odieux. Il représente au contraire le *gracioso* de la compagnie. Son aspect inspire la gaieté. Il s'offre aux regards sous la physionomie d'un monsieur à tête pointue. Son extérieur, ses talent de mime et de chansonnier libéral et badin, ont singulièrement contribué à sa fortune politique. Il apporta dans la doctrine l'élément gai, qui y manquait absolument. Un service de cette importance valait bien le fauteuil de M. Royer-Collard à l'Académie française.

M. de Balzac a d'un mot caractérisé M. de Rémusat : *C'est un gamin sérieux.*

A peine sorti du collége, M. de Rémusat s'abandonna à son goût pour la chanson, dans le genre de Béranger. On cite de lui : *Dernière chanson,* ou *le Vingt novembre* (1815), *le Vaudeville politique, le Guide, le Néophyte doctrinaire*, etc. Ce futur ministre se rendit de bonne heure agréable. Nul n'ignore qu'il fit les délices du salon de M. de Broglie, où il imitait à ravir le geste et le parler de la plupart des grands personnages du temps, et notamment de Louis-Philippe. Il est à remarquer que tous ces ingrats se moquaient du roi, même M. de Rémusat ! Comment exiger dès lors le respect de l'opposition pour un monarque dont les ministres commençaient par se gausser ?

M. de Rémusat jouait avec succès les proverbes de M. de Musset. Bientôt il composa des drames, de ces drames qu'on lit entre deux bougies et qui obtiennent à huis clos de prodigieux succès. C'est ainsi que grandissait sa carrière littéraire. Je ne doute pas que s'il se fût abandonné à sa vraie destinée, il n'eût fait une redoutable concurrence à MM. Bouchardy et Anicet-Bourgeois. Un de ses biographes, son collègue de l'Institut, nous apprend que M. de Rémusat a écrit deux pièces en cinq actes, c'est-à-dire *dix actes, en douze jours*, « ce qui fait, dit le bon collègue, un acte par jour, et après chaque drame, un jour pour se relire. » Se relit-on, quand on écrit avec tant de facilité?

En même temps qu'il se livrait par goût, mais sous le manteau, à des compositions légères, il avait soin de contrebalancer, par des publications graves ou prétendant à l'être, le déplorable effet des fredaines de son esprit. Il cherchait à se souvenir de sa vocation politique et à imposer silence à sa vocation de vaudevilliste. Sa muse, pour se donner un air ministériel, réparait le désordre de sa toilette et prenait l'austère figure d'une prude femme. C'est une fille de théâtre qui veut poser en personne de condition. La vie de M. de Rémusat s'est ainsi partagée, le jour à se compromettre, et le soir, en se couchant, à se dire avec des sueurs froides : « Me suis-je compromis? » Son visage, mi-partie, rit d'un côté, pleure de l'autre. Il me fait l'effet d'une dévote égrillarde ou d'une femme galante transformée en dame de charité. Ah! s'il osait! mais il n'ose. Il n'a pas le courage de ses opinions de nature. Je préfère à ces faux hommes d'État un joueur ou un aventurier qui a le courage de sa profession. L'esprit de M. de Rémusat ne saurait enlever à sa physionomie ce qu'elle a de contraint. En publiant ses chansons et ses drames, il eût conquis des succès de boulevard et de dessert bourgeois; en écrivant des livres sérieux et poursuivant la haute carrière pour laquelle la nature ne l'avait point formé, il a excité l'étonnement du public et fait hausser les épaules aux gens qui le connaissent.

M. de Rémusat a signalé son court passage au pouvoir par un acte de jalousie d'auteur dramatique; il a interdit *Vautrin* le lendemain de la première représentation. Cette mauvaise action, qui ruina M. Harrel et sa troupe, ne sera jamais oubliée du monde réellement littéraire. M. de Rémusat aurait dû se souvenir du métier de son père, qui dirigeait les théâtres de la cour impériale.

Aujourd'hui, cet homme, d'humeur si agréable, est tombé dans la mélancolie. « Nous sommes du parti des hommes sans progrès et que les événements n'éclairent pas, » écrivait-il dernièrement dans un article sur le père Ventura. Ce ton boudeur convient mal à la physionomie de M. de Rémusat. Que ne retourne-t-il à ses chansons? Les temps sont assez favorables d'ailleurs aux productions inédites.

Le rôle politique de M. de Rémusat n'est pas assez important pour qu'il soit utile de le caractériser. En accordant quelques instants à la silhouette de ce personnage, notre unique but a été d'ajouter un échantillon de plus aux variétés de ministres, engendrés par le régime parlementaire. Les réflexions, qui naissent en foule à la suite de ce rapide examen, ne sont pas consolantes. En dépit de son passé politique et religieux, du caractère national et de l'état des mœurs, il est évident que la France, entraînée par les imitateurs de l'Angleterre, tend à renouveler sans cesse l'expérience du parlementarisme. Nous savons ce qu'il produit, livré aux mains de la bourgeoisie ; devons-nous prendre pour la suprême expression du pays les cinquante ou soixante hommes d'Etat dont nous avons cité les noms? Je ne crois pas qu'un tel résultat eût beaucoup satisfait les importateurs du système ; qu'en dirait aujourd'hui M. Mounier? qu'en penserait M. de Lally-Tollendal ou M. Necker?

Pour n'être pas apparents, comme ceux d'une simple administration, les rouages de la politique n'en ont pas une action moins directe, moins immédiate. Dans cet ordre de faits généraux et supérieurs, les conséquences naissent des prémisses avec une infaillible précision. C'est en s'élevant à ces hauteurs qu'on s'aperçoit de l'importance décisive, de l'universelle influence des principes ; une foule de nécessités, engendrées les unes des autres, dominent la situation, s'en emparent, et descendent jusque dans les derniers vaisseaux du corps social. Le pays tout entier est en quelque sorte enveloppé d'un vaste réseau de ressorts articulés ; à peine le grand moteur s'est-il mis en mouvement, qu'aussitôt la vibration se communique à tous les ressorts ; le mouvement se répercute de rouage en rouage ; tout se meut à la fois, courbant les populations sous une implacable nécessité, les broyant quelquefois ou se brisant à la manœuvre.

Nous avons vu les hommes d'Etat, les ministres, les représentants, je ne dirais pas de l'opinion officielle, mais des applications du système. Il sera curieux d'examiner si les traducteurs de ce qu'on nommait l'opinion publique, c'est-à-dire la presse, offrent une expression plus exacte des sentiments de l'intelligence du pays, ou si les conséquences du système triomphent encore sur un terrain qui semble lui échapper, sur le terrain d'une industrie apparemment libre.

CHAPITRE V.

La presse sous Louis-Philippe. — Pourquoi elle a joui d'une certaine liberté. — Pourquoi elle ne représentait pas plus l'opinion publique que la chambre élective. — Comment elle devint un instrument exclusif à l'usage de la bourgeoisie. — La presse industrialisée. — Aveuglement de la démocratie.

Je commence par constater, pour n'avoir pas à y revenir, que la presse a joui sous le règne de Louis-Philippe d'une grande somme de liberté, si l'on entend par liberté la facilité de dire ce qu'on veut lorsqu'on a préalablement satisfait à une foule d'exigences fiscales difficiles à remplir. Cette liberté conditionnelle a eu diverses causes d'un ordre évidemment inférieur et qu'il faut attribuer beaucoup plus aux personnes qu'aux principes. Le roi était, par caractère, assez indifférent aux écarts de la presse. Il endurait la calomnie sans daigner user du *Moniteur* pour rectifier les assertions mensongères qu'on se plaisait à répandre sur son compte ou sur celui de sa famille. Les ministres et les personnages influents avaient de leur côté des rapports trop fréquents avec la presse qu'ils inspiraient ou subventionnaient en grande partie, pour se montrer d'une grande sévérité. Comme les ministres renversés passaient généralement dans l'opposition, ils se servaient des journaux pour combattre le ministère régnant. La lutte entre le gouvernement personnel et le gouvernement parlementaire favorisait les intempérances de la presse. Il est dans la tendance des assemblées délibérantes, nous en avons fait l'expérience, d'empiéter continuellement sur le pouvoir exécutif ou sur le pouvoir monarchique : la Convention a démembré le comité de salut public à l'heure où il rendait les plus immenses services au pays, où il sauvait la France de la famine et de l'invasion. La monarchie anglaise est réduite à assister au spectacle de l'élaboration des lois. Louis-Philippe, quelque rusé qu'il fût, n'a été définitivement qu'un objet d'exploitation, un instrument de fortune pour les bourgeois habiles, pour les phraseurs, les ambitieux, les intrigants et les gens d'argent; comment tous ces personnages, qui faisaient les lois, qui occupaient les emplois publics, se seraient-ils montrés d'une grande sévérité contre la presse? En attaquant le roi, n'était-elle pas leur fidèle commère? il leur suffisait de la mettre à l'abri de la démocratie par le timbre et le cautionnement. Tacitement ou non il a dû exister des compromis que l'indifférence du roi sur ces matières rendait faciles. Deux des principaux ministres du règne, M. Casimir Perrier et M. Thiers, ont donné, nous l'avons vu, l'exemple, l'un des injures, l'autre des impertinences.

Laissons donc de côté cette liberté de contrebande, tolérée par la faiblesse du pouvoir, secrètement encouragée par les pêcheurs en eau trouble et les vaniteux parlementaires, mais ne reposant sur aucune base : elle fut le produit éventuel des hommes et des circonstances et non le normal développement d'un principe ; l'élasticité de la loi, la rigueur des mœurs fiscales, le démontrent surabondamment. Ce dernier fait nous ramène incidemment à la hauteur où nous étions placé afin de mieux envisager les conséquences du système.

La pièce principale du mécanisme, celle que l'on pourrait nommer la roue motrice, est incontestablement la loi électorale. Rien ne donne mieux la mesure morale d'un gouvernement que la loi destinée à déterminer les conditions de l'électorat et celles de l'éligibilité. C'est là où vous trouverez sûrement le principe du pouvoir. Or, nous l'avons dit et nous le répéterons souvent, et toujours avec raison, toute loi électorale, basée sur le cens, peut engendrer une politique d'intérêts, mais non une politique de principe. Nous avons vu le *principe argent* dans ses plus hauts résultats, en même temps que dans sa plus noble représentation (Voir la liste des Dupin, des Gridaine, etc.) ; il sera curieux de le suivre successivement dans chacune des institutions de la monarchie de juillet, de le surprendre partout, pliant toutes choses à sa convenance, se glissant jusque dans cette libre presse dont on a si haut chanté les louanges, exerçant enfin un despotique empire sur ce que l'homme a de plus passionné, sur les sentiments. Mais n'oublions jamais, car ceci explique et jusqu'à un certain point justifie aux yeux de la philosophie, et les hommes et les mœurs, et le roi, et le règne, n'oublions pas, dis-je, que cet agent corrupteur, dissolvant, est en même temps un des éléments les plus puissants qui aient contribué à la constitution de l'individualisme. C'est grâce à lui qu'on entrevoit le libre et superbe citoyen de l'avenir, se dressant au-dessus des ruines de toutes les utopies et de tous les systèmes.

Suivez ce simple rapprochement : le cens ou l'argent fait l'électeur, le député, doublement censitaire et produit direct du cens, fait une loi sur la presse ; c'est une loi d'argent. Le pouvoir, c'est-à-dire la classe bourgeoise, cherche sa garantie dans les conditions de fortune, voilà pour l'électeur ; il veut ensuite s'assurer doublement de l'éligible, il exige de lui une garantie proportionnelle, voilà pour l'éligible. Ainsi créé, le pouvoir représentatif se dit : Puisque la couronne cherche sa garantie contre le mandat et contre le mandataire dans des conditions de fortune, imitons-le, prenons notre garantie contre la presse dans des mesures fiscales, voilà pour la loi. Quoi de plus logique ?

Jamais l'intelligence et la matière ne se combattirent de plus près ; la pensée fut entourée d'une muraille qui la rendait inaccessible. Le parquet pouvait demeurer tolérant ; que risquait-il ? puisqu'il fallait cent mille francs de cautionnement, il était sûr que les journaux ne seraient pas fabriqués par les pauvres.

Une révolution et deux gouvernements nouveaux separent de l'heure actuelle l'époque dont je retrace les caractères et les mœurs. Mais quoique ne quittant pas le domaine de l'histoire, je me garderai bien de mêler la moindre passion à cette étude sur une des plus irritantes questions de la politique moderne. Chaque homme jouit aujourd'hui d'une liberté spéciale, singulière : il est délié de la chaine des partis. La sottise des groupes a émancipé l'esprit individuel. Que le bon sens et la sincérité profitent de cette rare circonstance.

En suivant l'histoire de la presse, depuis son origine jusqu'au règne de Louis-Philippe, la première observation que l'on peut faire est celle-ci : la presse n'a été complétement libre que sous la première république, alors que l'échafaud devenait le dernier argument de la discussion. Cette liberté reposait sur une loi de principe, mais les hommes en rendaient l'exercice plein de périls. Nous avons signalé une situation absolument inverse sous Louis-Philippe où le péril venait de la loi ; la tolérance, des hommes. La révolution prit donc aussi ses garanties, d'où je conclus que la presse n'a jamais joui d'une effective liberté. Je ne puis considérer comme d'une possibilité normale l'émeute de journaux qui suivit février. L'inondation dépasse les échelles du repère et ne saurait être considérée comme cours moyen d'un fleuve.

J'ai toujours vu, je le confesse, en toute humilité, le vaincu réclamer à cor et à cri la liberté de la presse, mais invariablement, j'ai vu le vaincu, devenu vainqueur, abjurer ses principes en se retranchant dans la nécessité. Aussi faut-il beaucoup se défier des lamentations libérales ; le règne de Louis-Philippe offre de nombreux enseignements sur cette matière. Au résumé, quand toutes brides furent lâchées, quand la plume et la parole purent s'ébaudir à cœur joie, ceux des républicains qui avaient l'instinct gouvernemental et quelque pensée politique, gémirent en secret des clameurs du club et des folies de la presse. En pareille matière, je suis de l'avis du jeune Saint-Just, je pense qu'il faut chercher au fond de son cœur ce qu'on a de vertu, pour connaître ce qu'on mérite de liberté ; et je crois avec un autre jeune homme, Etienne de la Boétie, que les esclaves font les tyrans.

Certes les écrivains qui, sous Louis-Philippe, soutinrent avec le plus de sincérité, de sérieuse conviction, le principe de la liberté de la presse, furent les économistes de l'école anglo-américaine. Voués pour la plupart au culte assidu de la science, remarquables par la froideur et en même temps par la pureté de leurs mœurs, assez indifférents à la forme gouvernementale, ou inclinant sans passion vers la république ou la monarchie constitutionnelle ; de tels hommes ne semblaient-ils pas faits pour résister aux entraînements du pouvoir ? M. Duchâtel, M. Passy étaient de ces hommes ; qu'ont-ils fait pour la liberté ? M. Léon Faucher sortait de cette compagnie ; par quelles violences n'a-t-il pas marqué son passage au pouvoir ?

La première république, comme si elle avait voulu donner aux peuples à venir un profond enseignement, inscrivit dans la loi le principe de la liberté de la presse, mais elle accumula les dangers sur l'exercice de cette belliqueuse liberté. Elle ensanglanta la libre plume du penseur; la monarchie de juillet la mercantilisa, l'avilit par des lois d'argent. — Voyez, en passant, de quel pas ferme l'industrie s'avance et comme elle marche sur toutes choses! — En se plaçant au point de vue de la grandeur morale, en dehors des hommes, et de l'époque où nous vivons, combien il y a d'élévation, d'héroïsme dans la politique révolutionnaire! Le gouvernement tue ses ennemis, mais il ne viole pas la loi, cette loi qui est son principe; il laisse aux grands cœurs les dangers de la lutte. Comprenez-vous ce que devient la plume alors? — « il écrit ses articles avec la pointe d'une baïonnette, » écrivait sur mon compte un malin feuilliste. Que ne disait-il vrai! quel écrivain n'a brisé sur le pupitre cette misérable plume tombée, comme par raillerie, de l'aile d'une oie stupide? que de fois, au prix des périls que la gloire attire, l'homme organisé pour le maniement des affaires n'a-t-il pas éprouvé l'amer désir de sentir ce ridicule fétu prendre entre ses doigts la forme d'une épée, afin d'en frapper l'ennemi du bien public! Les lois de presse, sous le gouvernement de Louis-Philippe, ressemblaient à un mauvais piège à loups. Le péril n'était pas grand; mais on y pouvait tomber par mégarde. Un écrivain de quelque fierté dédaigne d'encourir une condamnation sans gloire qui aboutit à quelques mois de prison ou à une amende. Les paroles ne valent et n'ont d'action d'ailleurs qu'en raison de la responsabilité qu'elles assument.

On ne saurait se le dissimuler, il faudrait que les

mœurs et le caractère français changeassent du tout au tout pour qu'il fût possible d'y acclimater la liberté absolue de la presse. Considérée au point de vue philosophique, cette liberté apparaît comme un droit naturel ; elle est liée au développement de l'esprit humain. Mais de même que dans les applications qui en sont faites, les lois de la science doivent tenir compte des résistances de la matière ; dans l'ordre politique, les lois de l'esprit, appliquées à la société, sont obligées de se plier aux circonstances.

Lorsque les démocraties réclament le libre exercice d'un droit, on peut être certain que, dans leur bouche, les formules de liberté impliquent toujours celles de l'égalité. Or, à moins de faire de la presse un instrument public, défrayé par l'État, jamais la liberté complexe dont nous parlions ne pourra se produire. La presse, débarrassée de toute entrave fiscale et considérée au point de vue de la spéculation, est pleine de dangers et dévore autant de capitaux qu'une grosse opération industrielle. Louis-Philippe n'avait donc pas à craindre qu'en la délivrant du timbre et du cautionnement elle tombât dans les mains du peuple. L'excès de concentration de la presse fut pour la couronne un mal chronique, dont elle ne se rendit même pas compte, et qu'il est facile de signaler.

En thèse générale, il n'y a point de gouvernement qui puisse mépriser assez complétement l'opinion publique pour ne pas daigner s'en rendre compte. Cette nécessité de connaître la pensée du pays s'accroît ou diminue selon la nature du pouvoir. Sous un gouvernement républicain où tout citoyen a une importance politique, où l'opinion règne et se substitue à l'individu, il faut que cette opinion puisse se produire dans sa plus entière plénitude, par des moyens à la portée de tous. Sous une monarchie, tempérée comme le règne de Louis-Philippe, sous un régime parlementaire où la politique pleine de bruit fait sans cesse appel à l'opinion, une presse très-développée et surtout très-indépendante est encore indispensable au pouvoir. Mais il n'en est pas d'une monarchie représentative comme d'un gouvernement despotique. Celui-ci diminuera la presse et étendra les attributions de la police. Il lui importe bien moins en effet de sonder l'opinion publique que de surveiller ses fonctionnaires civils et militaires.

Louis-Philippe, intéressé par la forme même de son gouvernement à laisser l'opinion se former et se produire, eut tort, deux fois tort de se montrer tolérant envers la presse en même temps qu'il la rendait inaccessible aux entrepreneurs et au public par la rigueur des mesures fiscales. Ainsi concentré, ce puissant instrument de propagande tomba entre les mains des coteries, qui abusèrent de la faculté d'insulter le pouvoir. Il n'y a pas eu d'opinion publique en France sous le règne de Louis-Philippe, ou du moins cette opinion n'a pu se faire jour qu'à de rares intervalles et d'une façon très-incomplète. Aussi Louis-Philippe, roi constitutionnel, qui aurait dû être l'homme le mieux informé du royaume, est-il tombé comme tombent les monarques sans voir venir la crise.

Les journaux sont censés représenter l'opinion, l'exprimer, la traduire. Mais n'est-il pas juste d'ajouter qu'ils deviennent aussi de commodes instruments pour la masse des gens qui ne pensent pas? Et n'en peut-on pas inférer que ces passifs interprètes de l'opinion se transforment en véritables manipulateurs de consciences. Que deviendra donc l'opinion publique lorsque nous verrons, sous Louis-Philippe, le seul M. Thiers enrégimenter : *Le journal de Paris* (1), *le Constitutionnel, le Courrier Français, le Nouvelliste, le Messager, le Siècle, le Temps, le Commerce* et *le Capitole,* ce qui fait neuf journaux, neuf corps d'armée sur quinze qui existaient au moment de cet accaparement? Et que penser de l'impéritie de la couronne en matière de presse, quand sur les sept journaux restants, nous trouvons : *Le National,* ennemi de M. Thiers, il est vrai, mais encore plus hostile au pouvoir; *la Quotidienne, la Gazette, la France, l'Echo Français,* journaux légitimistes retournés à Coblentz et vivant depuis 1830, aussi étrangers aux affaires de la France que des volontaires de Loyal-Emigrant. Il restait donc au roi deux journaux : *Les Débats* et *l'Univers.* L'opposition de toute nuance en comptait treize, le seul M. Thiers en dirigeait neuf, quatre n'étaient plus au jeu, il n'en restait donc qu'un, *le National,* pour représenter l'opinion

(1) Le vétéran des journaux. Il a eu pour rédacteurs, avant 1789, Dussieux, Sautereau, Corancez, etc. Il passa ensuite à Garat, Condorcet, Saint-Jean-d'Angély, André Chénier, puis à Roederer, Villeterque, Dusaulchoy, Aubert, de Vitry, Belmondi (1763). Acheté et supprimé en 1827 par M. de Villèle. Sous Louis-Philippe, MM. Léon Pillet, Fonfrède et d'autres essayèrent vainement de le reconstituer. Il a sans doute disparu pour jamais. *La Gazette de France* et *les Débats* sont actuellement, avec l'immortel *Moniteur,* les trois plus anciens journaux de France.

publique ; le reste appartenait à une coterie et à la couronne. *Le National* aurait eu fort affaire pour accomplir une pareille tâche, que lui interdisait d'ailleurs l'exclusivisme de ses doctrines.

Le roi Louis-Philippe n'a donc jamais pu se rendre compte de la hauteur de l'opinion publique, au repère de la presse. La liberté dont les journalistes ont joui a été profitable aux coteries, nuisible au pouvoir qui n'a pas su en faire un moyen de s'éclairer sur les véritables sentiments du pays. Une absolue liberté, tenue en respect par des lois répressives, nettes, vigoureuses, proportionnelles aux circonstances et à la forme du pouvoir, serait peut-être sous tous les gouvernements possibles la plus habile en même temps que la plus équitable méthode de régulariser les fonctions de cet élément nouveau, dont les tâtonnements jettent un si grand trouble dans la politique moderne. La presse est trop complexe de sa nature, trop variable dans ses manifestations, pour qu'on puisse lui appliquer une loi fixe. Elle est purement morale. La répression contre le crime envers les choses ou les personnes, quoique s'appuyant sur le fait matériel, a bien admis les circonstances atténuantes! L'unité simplifie les codes, il est sage de la poursuivre. Mais il n'y a point de complète assimilation possible entre le physique et le moral. Les délits de presse, faits moraux, ne peuvent être soumis à un régime de répression. Changez la forme du gouvernement, changez les circonstances politiques, le Code criminel reste le même, parce que l'importance du crime contre les personnes et les choses ne varie point. En peut-on dire autant des délits de presse? Un journal qui exciterait à la sédition quand l'étranger menace les frontières, doit-il être puni aussi légèrement qu'il le serait en temps de paix pour un crime analogue?

En jetant un rapide coup d'œil sur les soixante ans qui viennent de s'écouler, on s'aperçoit aisément que la presse périodique doit son développement au tiers état, c'est-à-dire à la bourgeoisie. Elle a fait de cette arme puissante un instrument d'élévation (1) à son usage presque exclusif. La plupart des notoriétés de ce temps doivent leur fortune à la presse. Le reste la doit à la parole. La robe, la plume et la finance, mènent le pays depuis 1789. Ce sont les trois grandes puissances réelles de ces temps parlementaires voués au charlatanisme, à l'intrigue et à la vénalité.

Louis-Philippe, dont le rôle a été de seconder les grands instincts de son temps, a imprimé à la presse qu'il comprenait mal en tant qu'instrument politique le véritable caractère de son règne, le signe indélébile dont il a marqué profondément les mœurs françaises. Malgré mon indifférence pour ce roi de circonstance, je ne puis m'empêcher d'admirer à chaque pas la force d'expansion de ce simple et tranquille monarque. Avec quelle facilité, avec quelle candeur il précipite son peuple vers ce mouvement industriel qui entraîne l'humanité civilisée ! Certes, si l'esprit révolutionnaire consiste à seconder les parturi-

(1) La presse a fait deux gouvernements : celui de 1830 et celui de 1848.

tions de la Providence, à renouveler les surfaces dans les sociétés, à accélérer, car on ne saurait l'arrêter absolument, la gravitation d'un peuple vers une idée, Louis-Philippe a été, de fait, le plus grand révolutionnaire que nous ayons eu depuis la Convention. Il fut un révolutionnaire tranquille et de bonne foi, un révolutionnaire pratique.

Sous son règne la presse périodique est devenue une industrie considérable. La littérature mercantilisée s'est associée à la politique et a élevé par ce moyen la publicité des journaux à un chiffre jusqu'alors inconnu. L'annonce s'empara de ces faciles instruments de vulgarisation. De là naquirent les grands tirages et le bon marché. La *copie* (1) se débitant avec autant de régularité que le pain, prit une valeur de marchandise. Les lettres devinrent dès lors une véritable profession. L'économie publique dut ranger les écrivains dans la classe des producteurs. L'industrie enrégimenta définitivement l'intelligence sous sa bannière; admirable résultat auquel l'intelligence devra un jour sa réelle émancipation et son droit de cité; assimilation précieuse au point de vue philosophique et humain; véritable conquête de l'esprit sur la matière qui est à elle seule le germe d'une révolution immense dans les relations sociales et dans la répartition de la richesse. Il est utile de constater que la démocratie, encore imbue des idées de Rousseau, l'imagination remplie d'imitations antiques, de réglementa-

(1) Terme d'imprimerie signifiant manuscrit.

tions arbitraires, ne se rendant pas compte des formes nouvelles de l'idée démocratique et de son développement par les voies de l'individualisme et de l'industrie, ne comprit absolument rien à cette révolution dans l'ordre intellectuel. Elle s'en affligea beaucoup. Louis-Philippe n'en passa que pour plus corrompu. Telle était sa destinée. Quoiqu'il ne valût ni plus ni moins que la plupart des hommes politiques de son temps, ayant comme eux fait des promesses qu'il s'est bien gardé de tenir, il fut le bouc expiatoire de toutes les fautes du troupeau.

Un drôle qui a trouvé des imitateurs, un des méprisables adversaires du seul gouvernement possible qu'il y eût alors (le Comité de Salut public), Hébert a vendu en quelques mois un million de *Père Duchêne*, à deux sous et réalisé dans ce court espace de temps plus de 50,000 livres de bénéfice. Camille Desmoulin a répandu cent mille *Vieux Cordelier*, à un franc. Et la presse ne serait pas une industrie! la démocratie contemporaine, en en retranchant la mauvaise queue, dont parlait M. Caussidière, se distingue sans doute par la grande probité dont elle a donné des preuves au milieu des innombrables maladresses politiques du gouvernement provisoire; mais dénuée depuis Louis-Philippe de relations financières, pauvre, acculée dans la petite bourgeoisie et les classes souffrantes, écrasée par la fatalité de sa situation, et surtout par l'inintelligence de ses chefs, entre les rouages de l'industrie, elle commit la faute de la combattre, de la nier, lorsqu'il eût fallu s'immerger en elle, prendre position sur la place afin de compter dans la balance des intérêts. L'Amérique fut pour elle une lettre close, un inutile exemple. La France est encore trop catholique pour devenir vraiment industrielle. Son caractère trahit ses aspirations. Il va donc sans dire que la démocratie, tout en faisant tant bien que mal du journalisme, s'effraya des tendances industrielles de la presse. Elle fit des journaux des autels de la patrie dont les journalistes étaient les sacrificateurs. La vénalité des lettres attira ses foudres. Elle déclara que l'écrivain était un apôtre. N'est-ce pas comme si elle avait dit : Nous ne tenons pas à l'argent, mais nous voulons la gloire et l'influence. Théorie creuse, car de quoi que l'on traite, il est impossible d'abstraire le capital. — Il ne sera pas sans intérêt de passer en revue les desservants et les paroisses de cette nouvelle église.

CHAPITRE VI.

La presse crée une politique nouvelle. — *Les Débats*, *la Presse*. M. de Girardin. — *Le Globe*. MM. Théodore Le Chevalier, Granier de Cassagnac. — M. Veuillot. *Les Libres penseurs*. — M. de Genoude. — *Le Commerce*. M. Lesseps. — *Le Corsaire*. M. Saint-Alme. — *Le Journal du peuple*. MM. Dupoty, Godefroy Cavaignac. — L'espion Delahodde. — *La Réforme*. MM. Flocon, Ribeyrolles, Pyat, Louis Blanc. — *Le National*. MM. Carrel et Marrast. — *Le Courrier français*. MM. Châtelain, Léon Faucher, Durrieu, Bastiat. — *L'Atelier*. M. Corbon. — *Le Populaire*. M. Cabet. — *La Fraternité*, etc.

La statistique des productions de l'esprit est une des occupations les plus décourageantes que puisse s'imposer un écrivain. Il résultera peut-être de la lecture d'un catalogue choisi un sentiment d'enthousiasme qui, en vous rappelant les chefs-d'œuvre des maîtres, vous excite à lutter avec eux; mais lorsque vous parcourez les pages mornes du *Journal de la librairie*, lorsqu'à la fin de l'année le ministère de l'intérieur vous livre le relevé des ouvrages publiés dans les trois cent soixante-cinq jours qui viennent de s'écouler, vous restez écrasé sous cette montagne de phrases; il faut, pour se remettre, ou la philosophie de l'économiste qui s'applaudit du développement d'une branche d'industrie encore soumise à tant d'entraves, ou l'orgueil démesuré du poëte dont la tendance est de superposer à toutes choses sa propre individualité.

On n'a jamais tant imprimé que sous le règne de Louis-Philippe. L'exemple des Guizot, des Thiers, de tous les bourgeois parvenus par les lettres enflammait l'imagination de cette classe envahissante; et la plume qu'on achète pour un sou, qu'on exerce sans port d'armes, est bien le plus petit, le plus simple outil (sinon le plus facile à manier) dont un ambitieux puisse se servir. Il n'y a que la parole qui coûte moins cher, du moins dans un pays libre, car, sous Louis-Philippe, il fallait, pour en user publiquement, être député, c'est-à-dire payer cinq cents francs d'impôt. A cette cause prise dans l'orbe inférieur des passions, il faut ajouter que l'imprimerie a ouvert à l'esprit humain un moyen de satisfaire à son perpétuel besoin d'expansion, que l'exercice de cette faculté ayant élargi les institutions a, par ce fait même, trouvé plus d'espace pour se mouvoir et pour s'étendre. Nous devons attribuer à ce développement la plupart des phénomènes qui se produisent dans la politique moderne. Aujourd'hui la tradition est rompue ; la statue de Machiavel cesse d'être complète, et dans peu ce beau génie ira rejoindre Aristote et Platon : il servira plutôt à marquer une des grandes étapes de l'esprit humain en politique qu'à dénouer le nœud des complications nouvelles. Nul mieux que M. de Bonald n'a compris cette transformation profonde, radicale, imprimée à la politique par l'extension de la presse. Ce penseur fut l'expression logique des légitimistes sincères ; il put sans honte, et non pas avec faiblesse, comme M. Guizot, s'asseoir au comité de censure ; mais en repoussant les rigoureuses mesures que cet austère royaliste voulait appliquer aux écrits anciens et nouveaux, le gouvernement légitimiste prouva qu'il n'avait plus foi en son propre principe ; il oublia sa religion, reconnut implicitement le droit d'examen, et prouva par l'absurde que la presse était indestructible comme les facultés naturelles de l'homme.

La presse, examinée dans son ensemble dans le seul espace des dix-huit années du règne de Louis-Philippe, deviendrait l'objet d'un immense labeur. Quel homme dans ces temps d'excessive spécialisation posséderait des connaissances assez multiples, un génie assez divers pour porter son jugement sur chacune des parties de cette colossale encyclopédie? Force est donc aux penseurs du xix⁰ siècle de s'élever de plus en plus dans les hautes régions de la synthèse ; et comme tout ce qui s'écrit, tout ce que l'esprit imagine aboutit toujours à la politique, aux mœurs, à la constitution de la pensée, il importe de saisir la presse sous celles de ses manifestations qui se rapprochent le plus du but et qui syncrétisent le mieux l'ensemble des connaissances humaines. Les journaux et la littérature proprement dite doivent donc trouver place dans ce tableau d'un peuple et d'un règne si profondément remués par les idées. Nous commençons par les journaux, parce que la politique est le plus majestueux, le plus grand de tous les arts. S'en douterait-on en voyant défiler les grimaçantes physionomies dont nous avons déjà donné quelques portraits? D'un côté de la galerie on a pu apercevoir ces figures maladives, troublées, reflétant toutes les joies et toutes les tortures du pouvoir, l'orgueil, l'humiliation, l'anxiété, le désespoir de n'être pas éternel, le vertige, l'illusion, le stupide ennui qui naît de la pléthore intellectuelle. De l'autre côté de cette galerie, que l'ordonnance de notre dessin nous permet seulement de montrer en raccourci, il convient de placer les libres partisans, ces princes insolents qui vivent dans les combats et dans les querelles, et qui tous voudraient épouser la Pénélope; ou plutôt nommons-les de pâles soupirants de la capricieuse hétaïre dont nous avons compté soixante amants en dix-huit ans. C'est là un spectacle propre à plonger les âmes tendres dans l'effroi et la mélancolie, et qui fait à ce livre comme un frontispice hérissé de chimères, de dragons et de tarasques. Hélas! pourquoi faudra-t-il qu'en quittant cette première enceinte nous ne puissions pas dire avec Dante et Virgile franchissant les derniers degrés de l'enfer : « Enfin nous sortimes pour revoir les étoiles ! »

De l'avis de tous, à quelque parti qu'on appartienne, le journal français le mieux fait est le *Journal des Débats*. On n'ignore pas que cette feuille a été fondée en 1800 par MM. Bertin frères, qui eurent pour devanciers Barrère et Louvet, créateurs du *Journal des Débats et Décrets*. L'âme de Barrère resta collée aux pages de ce journal, et c'est à cela qu'il faut attribuer sa singulière flexibilité. Sous le Consulat, le *Journal des Débats* partagea avec la *Clef du cabinet des souverains*, *la Décade philosophique*, le *Citoyen français* et quelques autres, l'avantage de paraître pendant la durée de la guerre. Il devint avec l'Empire *Journal de l'Empire*, compta trente-deux mille abonnés dus aux feuilletons de Geoffroy, le plus adulateur des critiques; il n'en compta plus que treize mille sous la Restauration, et pourtant il fut soupçonné, sous l'Empire, de favoriser les émigrés de Londres et les Bourbons (1). Après 1830, avec quinze mille abonnés à une époque où la presse prit de si grands développements, le *Journal des Débats*, malgré l'infériorité de son tirage, n'en fut pas moins le plus riche et le plus influent des journaux : il avait conservé son prix. Mais, il faut l'avouer, le plus important des journaux n'était qu'un journal entretenu : il touchait cent quarante-quatre mille francs de subvention par an. Il lui était facile d'exercer un double ascendant sur le public et sur le pouvoir, dû à la haute po-

(1) L'histoire de ce journal a paru assez importante pour que M. Nettement lui consacrât deux volumes.

sition de ses rédacteurs. Dès lors il avait atteint son apogée; il n'aspire plus qu'à décliner; une restauration orléaniste ne le sauverait même pas, car elle apporterait avec elle, et en dépit d'elle, l'effluve des idées nouvelles. Et pour que les *Débats* s'animassent une troisième fois du souffle de la vie, il faudrait qu'un troisième frère, un Bertin *junior*, se trouvât prêt, tout pétri de la chair et des os de son temps, avec un réflecteur au front en place de cerveau. Mais la nature a des limites. Les journaux sont faits par des hommes; les hommes meurent et avec les hommes les journaux. Ils représentent des idées, les idées disparaissent et font place à d'autres; elles tombent comme des feuilles de cet arbre sans cesse verdoyant qu'on nomme le génie humain; et quand sur cet arbre de vie passe le vent des révolutions, il a bien vite desséché les feuilles inutiles qu'il emporte le lendemain dans un tourbillon.

Si j'avais à rechercher, sous le régime parlementaire, cette vision cornue qu'il plaisait aux censitaires romantiques de décorer du titre de « pensée du règne, » je feuilleterais le *Journal des Débats*. A défaut de cette unité de vue, de cet étroit et irréfragable enchaînement dans la doctrine et surtout dans la conduite, qui constituent la *pensée d'un roi* et qui éclatent avec tant de force sous Louis XI, sous Louis XIV ou sous Pierre le Grand, je trouverais du moins l'effigie en relief et admirablement moulée de la classe bourgeoise sous son aspect le plus intelligent et le plus élevé. Tout ce que peuvent l'esprit, la science, le talent, moins la grandeur politique, moins l'humanité vraie, absolue, moins la noblesse dans les idées et les sentiments, a été fait dans ce journal. Ce qu'il faut le plus admirer en lui, c'est une mesure parfaite dans le ton dont lui seul possède le secret. Il a poussé au suprême degré cette moyenne qualité faite pour les moyennes âmes, les moyens esprits, les moyennes classes. Ce tact dans l'expression, cette convenance dans le dire ont quelquefois permis au *Journal des Débats* de se montrer courageux. Il a inspiré presque du respect après février; mais il s'est montré presque ridicule avec M. Saint-Marc Girardin dans l'examen des immenses questions enfantées par cette génération grosse d'idées inconnues à Voltaire. Sortez le *Journal des Débats* de ce milieu, de cette moyenne région des sphères éclectiques, il redevient, de simple bourgeois qu'il est au fond, l'individu d'encolure épaisse, mesquin d'allure, de sentiments et de pensées, doué de cet esprit qui consiste à tirer à soi, à pêcher en eau trouble, à grogner avec le peuple contre les grands, avec les grands contre le peuple; parlant sans cesse de l'ordre et de la propriété, suscitant sans cesse le désordre pour accroître sa prospérité; conservateur quand il possède, révolutionnaire quand il ne possède pas; le bourgeois que nous voyons au moyen âge avec les rois contre les nobles, en 1789, avec le peuple contre les rois; l'éclectique, comme il dit, c'est-à-dire prenant partout sa proie, éclectique à la manière d'un polype qui, de ses mille branches, pompe mille aliments à son seul profit; en un mot, il redevient cet histrion prompt à changer de costumes, que nous avons vu passer dans les communes, dans la fronde, dans la Constituante, dans la monarchie de juillet et jusqu'au sein des deux assemblées de la seconde république; utile quelquefois et par hasard au mouvement général, invariablement utile à lui-même. Nous devons d'ailleurs au *Journal des Débats* cette justice d'avouer que, s'il eût été possible de rendre une telle classe sympathique, de lui assurer le gouvernement du peuple français d'une manière positive et durable, aucun organe ne pouvait plaider une telle cause avec plus de chances de succès. Ce qu'il faut surtout reconnaître, c'est l'appui intéressé, mais prépondérant, que la classe moyenne et son organe le *Journal des Débats* ont prêté à l'industrie, l'Isis encore voilée des sociétés futures.

Nonobstant, le *Journal des Débats* fut surtout un organe de diplomatie et de cabinet. Au point de vue de l'industrie, le plus important journal du dernier règne est *la Presse*; je regarde son fondateur, M. Emile de Girardin, comme une des plus saillantes physionomies industrielles de ce temps. Il eût fait en Amérique une fortune colossale et un chemin politique considérable; en France, il ne fournira qu'une demi-carrière en toutes choses. C'est un rôle de pionnier qu'il a joué ici. Son influence politique est peu importante, mais il en est tout autrement de son influence philosophique et morale. Il n'y a pas d'hommes, y compris les rédacteurs du *Journal des Économistes*, il n'y a point de publicistes qui aient industrialisé les intelligences françaises autant que l'a fait M. de Girardin. Il est le héraut d'armes de l'industrie. N'était la crainte de pousser trop loin l'esprit de symbolisme, je me plairais à voir dans le mortel coup de pistolet dont il frappa M. Carrel la démocratie de l'avenir écrasant la république formiste de l'antiquité, à laquelle les démocrates français s'attachent depuis soixante ans avec un désastreux esprit d'imitation. Nous ne redoutons pas d'évoquer des ombres sanglantes, quand déjà nous avons fait appel à celles des traîtres pour constater l'approche de l'industrie victorieuse.

Revenons à M. de Girardin. Je me plairais à m'arrêter longtemps devant ce masque pâle, doué de peu d'expression, immobilisé en quelque sorte et surtout effacé comme une pièce de monnaie qui a passé par beaucoup de mains. Rien ne forme accident sur les cendres de cet impassible visage, excepté la mèche du front qui dramatise singulièrement le haut de la tête et indique un homme très-préoccupé de ses facultés intellectuelles. Il est évident que M. de Girardin a une parfaite connaissance de sa force. Tant de pâleur sur les traits peut annoncer la fatigue des luttes passées, mais tant d'immobilité n'est-il point le signe de grandes résolutions intérieures? J'y vois l'ambition et l'audace se faisant un front de marbre. — Tel m'apparaît M. de Girardin physique et militant.

Ce calme n'est, à mes yeux, qu'une attitude de duelliste. J'emploie cette expression à dessein, car M. de Girardin a mille raisons de répéter le mot d'un homme très-calomnié, lui aussi, et chez lequel il est aisé de remarquer un air de famille industriel avec le directeur de *la Presse ;* il pourrait, dis-je, répéter avec M. Beaumarchais : « La vie est un combat. » Il y a quelque chose de dur dans ce courage désespéré, dans cette laboriosité que rien ne lasse. Oh ! non, le calme ne s'allie pas à une si violente activité ; il cache, au contraire, une âme troublée... le dirais-je? me croira-t-on?... une âme troublée par l'insuccès, mais déterminée à lutter jusqu'à la mort. Le mot d'insuccès accolé au nom de M. de Girardin paraîtra fort paradoxal aux gens qui chiffrent le bonheur et chevronnent les carrières politiques. M. de Girardin a réussi au milieu de la mêlée de trente-six millions d'hommes, dont vingt millions rêvent l'opulence, cinq cent mille des préfectures de première classe et dix mille le pouvoir royal, impérial ou dictatorial ; il a réussi, dis-je, à conquérir d'abord l'instrument, c'est-à-dire la toison d'or. Il vit en homme riche ; il a donné à son nom cette notoriété double qui fait qu'on existe au delà de la banlieue de Paris, qu'on est en même temps compté pour quelque chose par les quatre ou cinq cents personnes qui représentent (je ne dis pas constituent) la société française à Paris, en France, en Europe. Il a épousé une femme belle comme Marie-Antoinette, une femme à qui M. de Balzac reconnaît *un esprit supérieur en politique surtout,* et qui, avec cette beauté, cet esprit de toutes sortes, est restée (qu'on nous passe le mot) bonne enfant. Il a créé un journal qui a industrialisé, démocratisé la presse périodique, réuni la distinction au bon marché ; un journal toujours amusant, même quand il n'a rien à dire ou plutôt quand il ne peut rien

dire ; un journal jeune, vivant, capricieux, singulier, plein d'audace et de ruse, tenant les amis en défiance et les ennemis en éveil ; dont la stratégie voltigeante vous intéresse et vous délasse, au besoin, de la monotonie des autres feuilles ; un journal, en un mot, qu'on lirait sur les ruines de la société, sans pourtant lui accorder trop de confiance dans les moyens de la reconstruire.
— Pour un homme qui se serait contenté de prendre du ventre, en voilà plus qu'il n'en fallait. M. de Girardin n'était pas de ceux qui se contentent du bonheur. Cette insatisfaction, réprouvée par les moralistes à la Jean-Jacques et les bourgeois à groin, élève, selon moi, le caractère de ce publiciste. Le duc de Saint-Simon et l'auteur de la *Comédie humaine*, les deux plus grands artistes qui aient existé dans l'art d'observer la vie et le caractère des hommes, se seraient complus à suivre un sujet aussi intéressant que M. de Girardin. Ce n'est pas du bonheur qu'il fallait à cet Emile industriel, c'était du pouvoir, beaucoup de pouvoir, non pour l'amour du galon, je suis sûr qu'il le méprise ; non par l'orgueil de dominer l'humain troupeau, de se faire adorer, élever des statues, je gagerais qu'il ne s'en soucie point ; mais pour l'amour d'agir, ce besoin terrible, insatiable de tous les êtres animés, ce besoin qui fait que, même en cage, les hommes et les bêtes se meuvent ; ce besoin que les époques transitoires et révolutionnaires poussent à l'extrême chez les fortes individualités. On peut le dire sans exagération, tant qu'un homme comme M. de Girardin n'arrive pas au pouvoir, il n'a pas eu de succès ; or

il est probable qu'il n'y arrivera jamais, et cela pour plusieurs causes dont quelques-unes sont assez singulières à expliquer.

Je n'entends nullement faire allusion aux mauvais bruits qui ont pu courir sur le compte de M. de Girardin, je les crois calomnieux. Il est impossible qu'un homme s'élève par le journalisme et l'industrie sans déchaîner une multitude de rivalités, sans faire crier tous ceux que sa plume a blessés. Quand on parcourt cette rude carrière, on n'accepte plus de duels et l'on sort avec un pistolet dans sa poche, et pour cela il faut un grand, un très-grand courage. En retranchant les duels du commencement, qui furent une faute, M. de Girardin a eu ce courage supérieur. Alors ne pouvant bêtement le tuer dans un coin du bois de Boulogne, ce qui est un commode procédé pour briser la carrière d'un homme et le réduire au silence, ses ennemis s'acharnèrent après son être moral. Mais le temps n'est plus où l'on refusait de donner un portefeuille à Mirabeau à cause de sa mauvaise réputation. Ce n'est donc pas pour cela que M. de Girardin ne sera point ministre.

Tandis que les uns attaquaient sa moralité industrielle, d'autres lui reprochaient son inconstance en politique. Il y a encore à Paris des êtres assez naïfs pour reprocher à un homme politique les variations de son opinion, des êtres qui ne s'aperçoivent pas que les consciences humaines errent dans les limbes, qu'une incertitude immense enveloppe depuis un siècle le monde civilisé, et que, dans cet interrègne de la certitude et de la foi, l'intérêt devient la grande loi sociale. Comme les socialistes qui, eux aussi, ont été parfois les amis du pouvoir ou plutôt ses solliciteurs, M. de Girardin répondit qu'à travers tous les gouvernements, qu'il eût ou non trouvé bon de défendre ou d'attaquer le pouvoir, il était resté fidèle au principe de la liberté, et que ce principe dominait d'une hauteur immense les questions de forme gouvernementale. Nous n'aborderons pas ce beau sujet de controverse politique. On voit, rien qu'en posant abstraitement la question, à savoir : un principe politique implique-t-il une forme gouvernementale absolument déterminée? une forme gouvernementale exclut-elle tout principe qui n'a pas présidé à sa formation? on voit, dis-je, où entraînerait un pareil examen. Cette prétention à une conséquence parfaite me paraît presque puérile. M. de Girardin n'eût-il pas mieux fait de dire qu'au milieu des incertitudes politiques de sa carrière et de l'entraînement plus ou moins fatal des circonstances, il avait toujours conservé le culte de la liberté et souvent combattu pour elle? Cette modération ne l'eût-elle pas mieux servi qu'une affirmation excessive? Il n'importe guère, au surplus, de pousser plus loin cet examen de conscience. Les changements d'opinion n'ont jamais empêché personne d'arriver au pouvoir, bien au contraire; et ce n'est pas encore pour cela que M. de Girardin ne sera point ministre.

M. de Girardin passe pour un homme à idées. Comment toutes ces idées s'enchaînent-elles? par quel procédé se concilient-elles de façon à fonctionner simultanément? Voilà ce que j'ignore et ce qu'il ne m'importe guère de savoir en ce moment. Toujours est-il que *la Presse* et son rédacteur en chef, M. de Girardin, ont émis plus d'idées qu'il n'en faudrait pour gouverner et administrer vingt royaumes. Or, la pire chose qui puisse exister dans un monde comme le nôtre serait un ministre à idées. Il ne faut pas d'idées pour être ministre : l'idée appartient au pouvoir dirigeant quel qu'il soit, roi ou peuple; les idées sont à leur place au conseil d'État. Mais un ministre à idées met en branle l'opinion, comme l'a fait M. de Calonne; ou la pousse à la révolte, comme le fit M. de Polignac. Le premier avait eu l'idée de la convocation des notables, le second celle des ordonnances. M. Necker formula aussi une foule d'idées qui ne sauvèrent pas les finances, et M. Thiers a eu un jour l'idée des fortifications de Paris. Sous le régime parlementaire, il était permis d'avoir des idées à la tribune : autant en emportait le vent. Mais un ministre qui aurait des idées, avec le pouvoir de les exécuter, annulerait tous les genres de dictature. Il est évident qu'un ministre est avant tout un fonctionnaire, un homme d'exécution et non de conception. Les temps, l'état des idées, des coutumes et des lois ne permettent plus qu'il y ait des ministres comme Colbert et Richelieu. Le caractère français est devenu trop méfiant, trop sceptique, trop passionné dans le doute pour seconder un grand ministre; il ne pourrait que le subir. Mais on ne trouverait pas en France une assemblée assez confiante pour accorder à Son Excellence 25 millions dont elle ne rendrait aucun compte ; le parlement les octroya à M. Pitt. L'Angleterre et les Etats-Unis, très-différents de la France par la complexion et les antécédents historiques, accueillent avec empressement les idées. Le *rappel* trouve dans un pays affamé 1 million et demi par an (pendant quatorze années) qu'elle remet aux mains de son agitateur, M. O'Connell ; la *ligue* dépense 10 à 12 milions pour envahir la chambre des communes et briser les *corn-laws*; elle offre 2 millions 500 mille francs de récompense à l'homme qui a imaginé cette grande idée, à M. Richard Cobden, le promoteur et l'organisateur du *free-trade*.

En Angleterre, les idées industrielles trouvent des capitaux, les idées politiques des esprits à la fois flegmatiques et enthousiastes qui savent agiter sans révolutionner, des masses qui se meuvent sans ébranler le pays, des gros sous intelligents qui se groupent au premier appel et ne liardent pas avec la pensée. En Amérique, vous trouvez, outre ces deux grands éléments, l'espace que vous offre la mère-nature, et le droit primordial d'y édifier depuis une hutte jusqu'à un temple. Mais ici il n'y a point de place pour l'utopie ; dans quel département la nicherait-on ? L'invention passe pour une folie et force Fulton à chercher ailleurs l'hospitalité du génie. Quant à l'idée, comme au lieu de trouver des orateurs et des gros sous, elle ne trouve que des cartouches et des fusils, elle devient un objet d'épouvante pour tous les pouvoirs, pour la masse agricole et marchande, pour la multitude des rentiers et des fonctionnaires, et rassure médiocrement ceux en faveur de qui elle se produit. Voilà comment la sainte idée, cette émanation céleste, ressemble dans notre beau pays de France à la déesse de la discorde ; voilà comment cette patrie de la poésie et de la science, qu'on a superbement nommée le cœur et le cerveau du monde, est devenue une terre maudite où l'idée sera longtemps encore considérée comme un ange rebelle. En faut-il plus pour que M. de Girardin, esprit américain, caractère entreprenant, pour tout dire homme à idées, ne devienne jamais ministre ?

Où trouver un gouvernement qui depuis le Régent eût laissé agir un ministre du caractère de M. de Girardin ? Pas même sous la première révolution : les congrès de la paix n'auraient pas eu plus de succès que les rêves d'Anacharsis Clootz. Sous la seconde république, ce fut à grand'peine que le directeur de *la Presse* put se faire nommer à la Législative. Comme le pouvoir, le peuple, en France, repousse M. de Girardin. La multitude anglaise le porterait en triomphe ; le peuple de Paris, tout en admirant le polémiste, se méfiera éternellement de l'homme, par cette profonde raison qu'il ne comprend rien à ce génie industriel, à ce caractère éminemment moderne. C'est là un fait historique plus important qu'il n'en a l'air ; la lumière qu'il jette sur le caractère du peuple en France, nous engage à nous y arrêter.

Mettons les acteurs en scène.

Dans une rue déserte, au fond d'un hôtel inhabité, la nuit, à deux heures du matin, M. Emile de Girardin fut admis à parler devant une de ces réunions de grands électeurs de la démocratie qu'on nommait des conclaves (1). Je n'ai pas besoin de dire qu'il n'existait nul mystère dans cette réunion nocturne. La séance avait commencé la veille et s'était prolongée (2). Mais l'heure, le lieu de la réunion (une longue galerie mal éclairée), l'attitude des assistants, donnaient à cette assemblée un aspect un peu solennel. Les délégués, au nombre d'environ deux cents, étaient assis sur des banquettes. On avait ménagé au milieu de la galerie et dans toute sa longueur un passage qui conduisait de la porte au bureau et à la tribune. M. de Girardin attendait depuis un temps considérable. Lorsqu'on l'introduisit, il dut être frappé du silence qui régnait dans la salle, mais surtout de la dédaigneuse immobilité de l'assemblée. Pas une tête ne bougea, c'est à peine, tandis qu'il traversait cette longue galerie, si un regard pressé de voir la figure d'un homme célèbre se permit un furtif coup d'œil. Le candidat put juger en ce moment du caractère dur et insociable qui altère les belles qualités de la démocratie française. Il faut attribuer au goût de l'antique qui poursuit les imaginations, non-seulement dans les lettres et dans les arts, mais encore dans la politique, ce maniérisme farouche du républicanisme français. L'industrie n'a pas encore

---

(1) Ces grands électeurs, dont on fit un épouvantail, procédaient de l'élection, et leur origine politique était certainement plus respectable que celle des anciens censitaires.
(2) Elle dura, je crois, trente à trente-six heures. *La Voix du peuple* publia une sténographie un peu partiale de cette séance. Ce qu'elle ne pouvait en donner, c'était l'aspect moral et physique, la couleur et la pensée, en un mot, la signification vraie.

tué la tragédie : la démocratie, comme la tragédie, vit trop en dehors du monde et des affaires.

M. de Girardin monta à la tribune et tourna vers l'assemblée ce masque pâle dont nous avons esquissé les traits. Il put alors jouir du spectacle de deux cents regards malveillants fixés sur lui. « Citoyen Girardin, faites votre profession de foi, » dit la voix sèche d'un maître d'école qui présidait l'assemblée. Agréable parole! Une profession de foi au temps où nous vivons! M. de Girardin eut l'esprit de faire la sienne fort courte. Il offrit ensuite de répondre aux interpellations qui lui seraient adressées. Le cartel était accepté d'avance; mais le conclave avait imaginé une combinaison véritablement ingénieuse par laquelle M. de Girardin qui était là, lui, en chair et en os, ne rencontrait sur le terrain qu'une ombre. Le président lui faisait passer les questions sur des petits morceaux de papier, sans que l'orateur sût même de quelle part ils venaient. De sorte qu'un esprit, une abstraction entrait en lutte contre un homme. On écoutait M. de Girardin sans lui donner le moindre signe d'approbation ou d'improbation. Il parlait seul dans le morne silence d'une salle chargée en quelque sorte d'une hostile atmosphère. Là, pas d'échange de regards entre le candidat et l'interpellateur, pas d'interruption maladroite, nul fluide magnétique entre l'orateur et l'assemblée par la communion du verbe. Les questions se succédaient les unes aux autres et de la même façon : question de principe, question de finance, question de politique étrangère, république, suffrage universel, impôt progressif, Rosas, etc. ; quant aux questions personnelles, on n'en souffla pas un mot. Quelle comédie d'un intérêt puissant, la politique! M. de Girardin attendait ; à chaque morceau de papier il espérait trouver le messie, le sauveur ; il aurait pu attendre le retour d'une saison. Alors, sentant la profondeur de cette admirable tactique, il désespéra de vaincre, et, fouillant des yeux l'assemblée, il demanda, il implora, sans pouvoir l'obtenir, ce combat singulier dont il savait bien devoir tirer avantage. On fit silence. La voix brisée de rage ou de fatigue, il parla quelques instants sur ce qu'on ne lui demandait pas, sur des attaques fictives. Ce système, au lieu de le sauver, retomba comme le rocher de Sisyphe. Les feuillets continuèrent ; enfin il se retira, ayant parlé en ministre et en homme d'affaires à des gens de sentiment. Don Juan sous les traits de M. de Girardin fuyait, poursuivi par les morceaux de papier, par les spectres. Comment un esprit aussi militant, un homme qui mieux que tout autre sait que la vie est un assaut de ruses, ne sentait-il pas qu'aux ruses de la démocratie il fallait en opposer de plus audacieuses? L'adversaire, l'opinion, chancelait ; il fallait la dompter d'un dernier coup : on l'accusait d'ambition (la vieille accusation de toutes les démocraties), il fallait hautement renoncer à toute candidature, prendre l'éternel engagement de ce renoncement, se retirer dans son journal comme dans une place forte, et grandir dans cette enceinte purifiée les armes à la main. Qu'importe avec quel instrument l'on gouverne le monde, pourvu qu'on le gouverne, pourvu qu'on puisse le précipiter dans la voie du progrès! Dans les temps de révolution la dictature intellectuelle peut appartenir à la plume, à la parole, au silence lui-même. Les esprits supérieurs ont le droit de se passer de délégations officielles et galonnées. M. de Girardin est du nombre.

Si j'ai raconté cet épisode qui enjambe d'une année sur le règne dont j'étudie les hommes, c'est que M. de Girardin s'y complète; c'est que la démocratie française, mise en face de l'idée nouvelle, de l'industrie personnifiée dans un homme, s'y révèle avec quelques-uns des traits de son caractère. Elle s'y révélait plus profondément encore dans la préparation de cette singulière scène où les délégués n'étaient en réalité que les instruments des volontés du peuple. En effet, dans la plupart des assemblées primaires, où l'on nommait les grands électeurs, on avait posé à tout citoyen aspirant à faire partie du conclave cette question préalable : « Nommeriez-vous un candidat à la représentation nationale qui mettrait le droit des majorités au-dessus de la République? » Comme M. de Girardin, homme à idées, mais réalisateur, avait donné dans son journal raison au nombre contre l'abstraction, cela voulait dire : « Si vous voulez faire partie du conclave, il faut d'abord jurer de ne pas nommer député M. de Girardin. » Mais ne voyez-vous pas la merveilleuse révélation qui résulte de ce fait? n'apercevez-vous pas le trait de lumière qui jaillit de cet appel au ciel, et qui motive enfin ce long épisode? La démocratie, c'est-à-dire l'homme devenu souverainement bon, c'est-à-dire l'humanité détrônant Dieu, la démocratie en plein xixe siècle, après la réhabilitation de la chair, après le culte de la raison, la démocratie qui a fumé sa pipe dans les églises et brûlé l'archevêché, le peuple de Paris, le peuple de Voltaire, voilà que tout d'un coup, en pleine révolution, ce peuple, cette démocratie redevient naturellement, sans y songer, quoi? le peuple catholique du moyen âge! Car, qu'est-ce donc enfin que cette formule : « la République est au-dessus du droit des majorités, » sinon une question de pure théologie, un axiome digne de la théocratie presque républicaine du moine Campanella? Ceci n'explique-t-il pas bien des désastres, bien des fautes? Pourquoi faut-il répéter sans cesse qu'un chemin de fer est le modèle embryonnaire des sociétés futures? Pourquoi faut-il revenir toujours à cette industrie incomprise dont les républicains n'ont pas su le premier mot après soixante années d'enseignements, après dix-huit ans d'école spéciale sous Louis-Philippe?

A ce point de vue *la Presse* fut le premier journal du règne. Nous ne retrouverons dans aucune autre feuille une aussi haute intelligence de l'avenir ; mais il faudra beaucoup d'hommes du tempérament de M. de Girardin (et malheureusement le nombre en est rare) pour opérer la transformation morale de ce pays.

Pour la plupart des feuilles spéciales, l'industrie n'était qu'un prétexte à spéculations plus ou moins hasardées. Quant aux grands journaux, ils vendaient souvent une question aux industriels intéressés à la soutenir : l'industrie vinicole, les fers, les houilles, le sucre indigène, avaient leurs organes. Singulière façon de comprendre et d'étudier l'industrie ! L'impudeur alla si loin dans ce genre de transactions qu'à Paris, au centre des idées libérales, en plein foyer de civilisation, il s'imprimait une gazette qui soutenait effrontément l'oppression contre l'opprimé, qui s'était fait l'apôtre de la traite, l'avocat des marchands d'esclaves. Pour mieux circonvenir le public, sans doute, il avait pris le nom d'un journal dont le nom est lié à l'histoire de la philosophie moderne : *le Globe*.

Je voudrais ici placer un petit tableau d'intérieur, un sujet de famille comme les affectionnent les peintres de genre : le pinceau ne doit rien dédaigner de ce que lui offre la nature. Quelque pénible qu'il soit de descendre dans ce septième cercle de l'enfer, on gagne à s'y résigner. La rédaction du *Globe* ne ressemblait guère à un paisible cabinet destiné à l'élaboration de la pensée. Un gros homme à cou de taureau, sans cravate, la poitrine découverte, les deux coudes sur la table, représentait le directeur du journal. Il avait le regard cynique et dur des gens qui ont fait la traite ; sa parole, son geste, sa physionomie inspiraient une profonde répulsion : il fumait et crachait éternellement. Le bruit courait dans la rédaction qu'il avait coulé trois cents nègres pour échapper à un croiseur anglais. Je l'ai entendu se vanter d'avoir commis des actes d'un caractère véritablement odieux. « Ah ! si je faisais des feuilletons, disait-il, c'est moi qui en aurais à raconter ! » Cet étrange personnage, nommé

Théodore Lechevallier (il faut bien se garder de le confondre avec Jules Lechevallier, homme honorable et écrivain de mérite), ce Théodore, dis-je, écrivait des articles à coups de trique. Il était secondé dans ce genre de littérature par un homme que je vois encore entrer le chapeau sur la tête et posé à la fois en arrière et de côté, à la façon des casseurs d'assiettes, des piliers d'estaminet; l'homme était boutonné jusqu'au menton et portait une grosse canne. Alors, entre le directeur et le nouveau venu s'engageait, coupé de jets de salive et de bouffées de tabac, un dialogue qui avait l'air de sortir d'un bocal de prunes à l'eau-de-vie. Le coadjuteur de Théodore Lechevallier était M. Granier de Cassagnac. C'est quelque raillerie du destin d'avoir mis du talent à la disposition d'un personnage qui paraît fait pour les aventures bien plutôt que pour la discussion des grands objets de la société. Je ne sais rien de plus écrasant pour la beauté, pour l'intelligence, pour la pauvreté, pour tout ce qu'il y a de noble, de délicat en ce monde, de souffrant et de méconnu, que la rencontre de M. Véron et de M. Granier de Cassagnac passant bras dessus bras dessous sur le boulevard. La violence de l'argent et celle de la plume étalant leur triomphe au soleil, il y a bien de quoi épouvanter la foule. Chaque fois que ce groupe trivial et sinistre s'est trouvé sur mes pas, il m'a laissé dans l'âme une amère mélancolie.

En attendant que M. Granier de Cassagnac vînt un jour exciter la colère des vainqueurs, déchaîner ce qu'il y a de mauvais dans les partis triomphants, couvrir de bave la victime avant de l'avaler, insulter aux vaincus comme s'il avait eu son jour de peur, comme s'il avait senti trembler sa tête sur ses épaules; en attendant, disje, qu'il se dressât tout entier devant la foule stupéfaite, il se révélait dans le Globe, où il faisait de son talent le plus triste usage : avant de se déchaîner contre les esclaves blancs, il s'exerçait contre les nègres (1).

Depuis les belles années du Globe, la fortune de M. Granier de Cassagnac a grandi; il la doit à un paradoxe soutenu avec l'audace qui caractérise son style. A une époque où l'esprit humain applique les puissances de son génie à rechercher les moyens d'émancipation des classes laborieuses; quand les droits politiques sont conférés aux derniers des citoyens, et que, non contente de l'égalité devant la loi, la société cherche avec ardeur les moyens d'effacer le plus possible l'inégalité des conditions, M. Granier de Cassagnac se fait l'apôtre de l'esclavage. Il sait bien qu'en secouant toute pudeur, qu'en se constituant défenseur de ces droits despotiques, qui sont la honte de l'humanité, il se fera des amis puissants; il caresse l'orgueil, la cupidité, la férocité, tous les instincts sauvages des hommes; il n'ignore pas que l'opulence est d'un côté, la misère de l'autre, et il soutient le plus fort. Grâce à lui, l'oppression d'un maître

---

(1) La rédaction littéraire du Globe était dirigée par le beau-frère de M. Granier de Cassagnac, M. Rosemond de Beauvallon, qui tua M. Dejarrier pour un propos de table. M. de Beauvallon, que j'ai rencontré chez le maître d'armes Grisier, avait de si longs bras et de si longues jambes que c'eût été folie de se battre avec lui à armes d'égale dimension. Au pistolet, il était aussi fort habile. Il a tué M. Dujarrier à quarante-cinq pas mais il paraît résulter du procès qu'il a visé trop longtemps. Le Globe, on le voit, entendait la polémique.

d'esclaves s'élève en quelque sorte à la puissance d'une doctrine ; on ne fera plus d'hypocrisie, on relèvera hautement la tête. Les articles de M. Granier de Cassagnac iront s'inscrire en traits de sang sur la chair des noirs ; le fouet du commandeur se chargera de traduire cette philosophie nouvelle. Pourquoi donc cet homme a-t-il le droit de produire au soleil du XIXe siècle, en pleine France, en plein Paris, des doctrines aussi abominablement attentatoires à la morale et au principe de nos lois? Il a compté sur deux classes d'hommes dont l'assentiment ne lui a pas fait défaut : les loups cerviers et les farceurs. Les premiers l'ont soutenu par intérêt, les autres par dégoût de toute idée reçue, de toute pensée juste, de toute morale, parce que pour ces beaux esprits alambiqués la morale et l'équité sont *poncines* et *chauvines*. Ils sont une poignée de drôles, de gobe-mouches, de Cadet-Roussel qui ne savent comment se bistourner pour paraître spirituels et délectables et à qui la fameuse page sur le bourreau, écrite par M. de Maistre, dont ils n'ont pas lu les œuvres, fait pousser des cris d'admiration. Ces pauvres diables qui dînent d'un sonnet raté, qui flânent les coudes percés sur les boulevards et troussent leurs trois poils faute de parure, se plaignent amèrement de l'inconvénient de n'avoir pas d'esclaves.

Mais il faut se souvenir du temps où M. Granier de Cassagnac, accroupi dans *le Constitutionnel* comme dans un lieu d'embuscade, grognait l'injure et la calomnie, soutenu par les monotones accompagnements de M. Véron. Quel tapage fit ce vieux papier public, vrai gâteux du journalisme qui laissait aller sa prose! A chaque défaite de la démocratie, au lieu d'invoquer le Dieu du pardon et de la conciliation, ces deux trappeurs se mettaient à la fenêtre de leur trou et criaient de toute leur force : « Tue! tue! A sang! à sang! » Et derrière eux piaillaient à l'unisson et de leur mieux un avocat bossu, un économiste jauni dans le protectionisme, sans compter l'illustre Cucheval et Boniface l'ancien, ce père noble des collationneurs.

Au milieu de ces douces occupations, l'idée de l'esclavage des blancs s'était durcie dans le crâne de M. Granier de Cassagnac. A côté du journalisme de chaque jour, il improvisait l'histoire. Il se mettait à la queue de tous les malades de la colique qui ont infecté le plus colossal monument des temps modernes, la grande Révolution. Il écrivait une *Histoire des classes ouvrières et des classes bourgeoises*, et une *Histoire des classes nobles et des classes anoblies*, devant servir d'*introduction à l'Histoire universelle*. De sorte qu'avant de lire Bossuet on lira d'abord M. Granier de Cassagnac!

La prétention de M. Granier tend simplement à créer la science politique. Jusqu'à présent on n'a fait que de l'alchimie politique. Aristote et Machiavel n'y entendaient rien. M. Granier sera le Lavoisier de cette science. A ses yeux « l'histoire n'est pas encore faite (1). » Et c'est avec l'histoire faite comme l'entend M. Granier qu'on peut, pour me servir de son langage, charger le

---

(1) *Histoire des classes ouvrières*, p. 14.

fusil de la politique. Avec l'histoire, M. Granier se fait fort de changer une science conjecturale en science exacte. Le fusil de la politique nous rendra ce que nous lui aurons « mis dans le ventre (1). » M. Granier y mettra indubitablement des balles contre la démocratie, les balles entreront dans le ventre des démocrates, et la politique sera devenue une science exacte comme la charge en douze temps. Les socialistes se plaignaient aussi de l'instabilité de la politique, ils en maudissaient le nom et ont bien prouvé qu'ils n'en connaissaient pas l'usage. Voilà comme de toutes parts chacun voulait réformer la politique et la remplacer par une méthode positive. Les philosophes étudièrent dans l'homme l'être moral. La déclaration des droits de l'homme dont M. Granier de Cassagnac ne parle qu'avec mépris, est la pierre angulaire d'un siècle de philosophie. Le siècle suivant appartient aux économistes, pour qui l'homme n'est qu'une machine à produire et à consommer. Ceux-ci pénétreront dans le mécanisme physique de la société, ils définiront la valeur, la formation de la richesse, le capital, les échanges, les services, ils feront, eux aussi, un certain jour leur déclaration des droits de l'homme par A $+$ B. L'esprit positif, je dirai presque scientifique, a pénétré les masses. Qu'est-ce que le procédé historique à côté de la philosophie et de l'économie ? Eh quoi ! je devrai retourner à Machiavel quand Adam Smith est né ! Non pas, car les hommes ont tiré politiquement de

(1) *Histoire des classes ouvrières*, p. 13.

l'histoire tout ce qu'ils en pouvaient tirer. Le rapprochement des faits ne saurait plus servir à tirer des conclusions dans le temps présent. N'aurions-nous que cette raison que, depuis soixante ans, des faits moraux d'une nature inconnue (l'intervention de la presse par exemple), des phénomènes politiques qui n'ont pas encore trouvé leur application normale, cette raison suffirait. M. Granier de Cassagnac n'est guère inventif, et la belle découverte qu'il s'imagine avoir faite a eu son jour d'éclat à Florence au xvi° siècle, sous les Médicis, mais l'humanité a tari cette coupe profonde. Nous puiserons à quelque source plus claire. L'autre était troublée de sang comme le ruisseau qui traverse un champ de bataille.

L'homme est éternellement le même; les sociétés humaines ne se ressemblent point; les faits se modifient sans relâche. C'est pourquoi les philosophes et les économistes ont eu quelque raison, ce nous semble, de rechercher dans les facultés morales et dans les besoins matériels de l'homme la base d'une politique nouvelle. Que M. Granier relise la déclaration des droits de l'homme, tout imparfaite qu'elle est, qu'il rapproche de ce monument incomplet de la philosophie les formules éparses de l'économie publique, il sentira qu'une politique inconnue se dégage de la société contemporaine, et peut-être son intelligence comprendra-t-elle alors le sens de ce qui s'accomplit à travers le sang et les larmes de ces générations révolutionnaires.

Il suffit d'avoir relevé cette lourde erreur sur laquelle M. Granier a échafaudé son œuvre historique. C'est de là que découle la chimie politique dont il nous a donné de si nombreux produits que la presse en fut presque empoisonnée. La belle découverte! Comment tant d'esprit pour si peu? Voilà ce que c'est que de ne pas croire à ce qu'on fait. Jamais un soldat de fortune ne sera un grand général. Pour avoir de véritables vues politiques, il faut sentir bien chevillée en soi-même une foi politique quelconque. L'esclavage flatte la brutalité de M. Granier de Cassagnac, mais dans le fond, sa conscience hoche comme une vieille qui parle de vertu : « Encore ne sait-on? » Souvenez-vous, M. Granier, comme dirait, non plus Béroalde, mais M. Veuillot, votre frère, souvenez-vous de votre âme immortelle !

Je laisse grignoter à d'autres, qui ne s'en priveront point, la multitude des inepties historiques. Est-ce pour marquer son mépris du pauvre que M. Granier, traçant l'histoire des classes ouvrières et des classes bourgeoises, a compris dans ces deux estimables catégories de citoyens les *mendiants*, les *bandits* et les *courtisanes?* Quelque laborieuses que puissent être ces professions excentriques, elles n'ont jamais formé classe.

M. Granier dédie son livre à M. Guizot ; quelle faute pour un homme habile ! Il lui donne du *prince des historiens*, le mot est galant. Comme il le devait, M. Guizot, non moins habile, répondit par ce mot cruel et fameux dans lequel M. Granier est traité de *Roi*. C'est le comble de l'art de répondre à des flatteries par des insultes.

A côté de M. Granier de Cassagnac se place naturellement un journaliste qui par la violence de son talent, très-remarquable d'ailleurs, a beaucoup fait parler de lui sous le dernier règne et qui continue d'occuper nos loisirs par les plus bouffons intermèdes. M. Veuillot est d'une laideur repoussante. Je n'estime pas ce caractère politique, mais j'avoue qu'il amuse par ses méchancetés, sa lubricité, sa vinosité, le tout mêlé de piété. C'est quelquefois à mourir de rire. Quand il ne dégoûte pas, je confesse qu'il égaye. Il a un style de complexion sanguine qui donne à sa phrase une animation singulière. Mais cette phrase ne saurait se tenir et fait à chaque instant des pétarades horrifiques et épouvantables. Ce style pue le cabaret et la sacristie, il y a du chantre et du paillasse en lui, il est ivre, rouge et à grosse voix comme le chantre, il a retenu du paillasse les mots choisis du *boniment*. C'est un miracle que ce truand soit méchant, je l'aurais cru goinfre, paillard, *fort en gueule*, mais point méchant. Je le croyais capable d'être ramassé par le guet, de se battre à coups de poing dans les foires, de tirer le briquet au régiment, de mettre sens dessus dessous la maison de madame de Saint-Phar et de ses nièces, d'être, au besoin, pendu comme François Villon, mais point méchant. Il l'est pourtant; les nécessités de l'hypocrisie ont aigri son heureux caractère. Il faut avouer, me direz-vous, que l'Eglise a choisi là un singulier défenseur.

On ne sait comment qualifier ce monsieur qui s'est permis de traiter lord Byron de drôle... et M. de Rémusat de navet (navet est la grande injure de M. Veuillot). Je le vois arrivant à Rome et s'adressant aux cardinaux : « Roussinez-vous point quelque peu céans? » S'il préchait, ce serait dans le goût de ce terrible frère Maillard (1) qui s'écriait du haut de la chaire : « Et vous, femmes, qui montrez votre belle poitrine, votre cou, votre gorge, vous êtes des... à trente mille diables! etc. »

Frère Veuillot des Entommeures a voué une haine particulière aux *libres penseurs* (il désigne ainsi tous les gens qui ne pensent pas comme lui). Se gausser du libre penseur est devenu pour lui non-seulement un plaisir, mais encore une *profession*. Le libre penseur n'est qu'un navet poussé dans la poudrette parisienne. Vous ne comprenez pas? Le tout est de s'y faire. Souvenez-vous des belles litanies de frère Jean et de sa compendieuse éloquence en matière d'épithètes. Il est impossible de lire la kyrielle jusqu'au bout sans éclater de rire à double râtelée. Comme son frère aîné, M. Veuillot des Entommeures se distingue par une grande richesse d'imagination dans l'injure et le sobriquet. On dirait qu'il a bu tous les canons de l'Église. Je vois sa lèvre violacée pendre sur son menton luisant; il fluctue comme une marée montante, et entre deux hoquets il dégoise ses avanies :

— Navet-Cacombo,
— Piedbot,
— Brindavoine,
— Brindosier,
— Poussart,
— Robinard,
— Gobinet,
— Greluche,
— Natalre.
— Galupel,
— Godard,
— Ravet,
— Bouzier,
— Rousset,
— Palu,
— Diafoirus.
— Goblet,
— Robinet,
— Pataud,
— Gonjat,
— Pigeot,
— Brute,
— Limousin,
— Fripon,

(1) Prédicateur du XVe siècle.

— Eunuque, — Gredin, — Cuistre,
— Vermine, — Menuisier, — Drôle,
— Gourgandine, — Loutre, — Babouin,
— Femelle, — Celleri, — Canaille,
— Pecora, etc., — Epicier, — Cocher de fiacre,
— Coquin, — Portier, etc.

J'en passe et des meilleurs.

Ce n'est pas tout, il chante; écoutez :

> L'aimable Galuchet
> Fait l'aimable projet
> De s'régaler bientôt
> D'la tête des aristos.
> Larifla, fla, fla, larifla, fla, fla,
> Larifla, etc. (*Revue des Deux-Mondes*, 1849.)

Il retrousse ensuite sa robe et se livre probablement à une danse devant l'arche, puis, muni de force jambons et bouteilles de vin, il part pour Rome, afin de demander au pape sa bénédiction.

Cette littérature catholique apostolique et romaine commence-t-elle à percer la croûte de votre entendement? Pas encore. En voici un autre échantillon. Ceci est un portrait. Comme Théophraste et la Bruyère, M. Veuillot affectionne les portraits. J'en veux tracer un de fantaisie en me servant le plus possible des procédés du rédacteur de *l'Univers*.

Filoche, Greluche ou Crapoussard... le nom n'y fait rien. Il s'agit d'un *gredin*, ou d'un *cuistre*, ou d'un *drôle* qui n'a pas de linge et qui ne se lave jamais les mains. Le monstre, l'*eunuque*, la *vermine* (au choix), semble avoir volé ses habits à un bedeau de village. Il est plus laid qu'une ogresse. Sa face suinte le vice. Notre homme a la gale, et il faut qu'il se gratte. Cette gale, *cette démangeaison* n'est autre chose qu'un besoin d'écorcher *la beauté*, l'intelligence, la science, *le talent. C'est son occupation, c'est sa maladie, c'est son plaisir.* Il a débuté par faire des vers qui sont bien vite allés *au quai* où ils charment les loisirs des *cochers de fiacre.* Puis il a écrit des romans qui n'obtiendront jamais les honneurs de *la reliure en veau.* Filoche, Greluche ou Crapoussard s'aperçoit bientôt que ces *rogatons* ne suffisent pas aux *ventrées* de sa *femelle* (quel aimable style!). Sa mère a porté plusieurs petits, il a une sœur, il ne fait qu'une bouchée de la dot de cette drôlesse de sœur. La misère développe son génie naturel pour l'injure, il loue *sa plume scélérate* à un pieux journal de Carpentras, ou de Brives, ou de tel endroit que vous voudrez. Dès lors *un écu, s'il n'est le prix* d'une insulte, *lui semble mal gagné.* Tout en louant le Seigneur il vit dans la crapule. Il écrit à un ami : Prête-moi vingt francs pour aller m'amuser, tandis que ma *gourgandine* (sa femme) est en partie avec un confrère. Le soir, il tonnera contre l'impiété, la philosophie, les mauvaises mœurs. *Je ne m'étonne pas qu'une sorte de verve immonde éclate parfois dans ces pages.* Sa bouche écume, les mots les plus hideux se heurtent sur ses lèvres tout à coup : *Seigneur, j'ai voulu, selon mes humbles forces, travailler à votre gloire, pour récompense accordez-moi le ciel !* Et il date cet article du jour de la Pentecôte ou de l'Annonciation.

Je me suis hâté d'ébaucher la physionomie. Si cette figure fantastique vous cause des nausées, prenez-vous-en à M. Veuillot. J'ai tracé une silhouette de journaliste catholique avec le style chargé qu'il emploie contre ceux qu'il nomme *libres penseurs*. Que vous semble du ragoût? Je ne conseillerais jamais à M. Veuillot, si j'étais d'église, de peindre une figure de coquin. Je ne sais comment il s'y prend; mais quand on a lu le portrait, ce n'est pas le coquin qui dégoûte le plus.

Le monde est moins hostile que M. Veuillot le pense aux gens qui se convertissent. Il n'a point de mépris pour la vraie religion. L'homme convaincu se fait respecter par la puissance de sa bonne foi. Mais on doutera de la sincérité d'une conversion en voyant le néophyte prendre un ton de menace, insulter le prochain et vomir d'ignobles railleries contre l'incrédule au lieu de prier pour lui. M. Veuillot, dans cette fureur, qui paraît devenue une maladie, s'est oublié jusqu'à morigéner une portion du clergé. Il est devenu dans l'Eglise un élément de discorde, un agent de désorganisation. Ce n'est pas à nous, libres penseurs, d'envenimer, en les retraçant, ces querelles qui se font à notre profit. L'Eglise est punie par où elle a péché. Au lieu de se renfermer dans la prière, l'exhortation et le silence, on veut répondre à la raillerie par la raillerie, et l'on prend à haut gage des *bravi* littéraires qui finissent par faire la loi. Quant à corriger ces gazetiers de leurs venimeuses habitudes, c'est impossible. Dès que M. Veuillot parle de Dieu, il n'a plus de talent. Aussi préfère-t-il médire du prochain. Otez à Juvénal ce fier accent de vertu indignée qui enflamme son vers, il ne reste qu'un métrique ordurier, habile à se jouer avec les plus odieux mots de la langue latine. Malgré les invocations, génuflexions et adorations qui entrecoupent bizarrement les dégoisades de M. Veuillot, je ne reconnais pas le simple langage de la sagesse. Il y a dans la vertu quelque chose qui ressemble à du fer. L'œuvre qui en est pénétrée acquiert une indestructible solidité. Celui qui sent en lui-même la révélation de la vertu, éprouve le sentiment d'un homme qui vient de revêtir une forte armure. Le livre d'un tel écrivain réjouit l'âme d'un tel lecteur jusqu'au fond des entrailles. Mais il n'en est pas ainsi de ce feuilliste chassieux. Et lorsque, faisant de la morale en style de vidangeur, il dit : « Le mariage est un désinfectant, » il ne réussit qu'à inspirer aux honnêtes gens l'horreur du mariage. Lorsqu'on est pur de toute corruption, les désinfectants infectent.

Ce n'est pas de parti pris, parce qu'il fait profession de ferveur catholique, que nous jugeons ainsi M. Veuillot. L'ancien rédacteur de *la Gazette de France* était, lui aussi, bon catholique. Devenu veuf, comme M. Veuillot, il ne se borna pas à broyer du noir, il prit la soutane ; il ne fut pas seulement bon catholique, il resta constant (je ne dis pas conséquent) dans ses opinions. Il fut un journaliste, un catholique, un légitimiste honorable, il sera honorablement traité dans les esquisses et les mémoires du temps. Quiconque, au contraire, sème l'injure, recueille le mépris.

Il y a des cervelles voyageuses qui, après avoir parcouru toutes les provinces de l'utopie, finissent par s'abattre avec force cris et battements d'ailes, comme des corneilles en belle humeur, sur le dôme de l'Eglise catholique, apostolique et romaine. Tel est M. Raymond Bruker, l'auteur de l'*Ode à Raspail*, du *Testament d'Alibaud*, le fouriériste, l'oweniste, le saint-simonien, l'humanitaire ; il n'est pas encore Mormon, etc. Ces âmes en peine, outre qu'elles divertissent le spectateur, sont assez inoffensives. M. Raymond Bruker sera ordiné demain, il n'en deviendra pas plus méchant. Il faudrait museler M. Veuillot si pareille aventure lui advenait. M. de Genoude, prenant les ordres, ne souleva aucun doute sur sa bonne foi et ne devint pas un objet de récréation.

M. de Genoude fut un des hommes les plus actifs du parti légitimiste. Il possédait deux grandes qualités dont il eût tiré avantage au service de toute autre cause : il était généreux et habile à persuader, qualités à peu près inutiles dans un parti riche et dépourvu de soldats. Sa conversation charmait et entraînait. Il manquait peut-être un peu d'humilité chrétienne, mais la personnalité n'était en quelque sorte chez lui qu'un élément d'action. Il en poussait plus loin le dévouement. Sa constance dans l'exécution d'une idée ne se lassait jamais. Il poussa à l'extrême l'immense paradoxe du refus de l'impôt et laissa vendre jusqu'au portrait d'une personne à jamais perdue et dont le souvenir vivait toujours dans son cœur. Certes, si l'opposition avait disciplinairement suivi le mot d'ordre de M. de Genoude, l'Etat se trouvait placé dans la plus embarrassante des situations. Mais aux yeux d'un homme véritablement doué du sens pratique, le refus de l'impôt ressemble à ces inventions diaboliques dont le régime militaire ne saurait accepter l'application aux armées. Le refus, une fois organisé, se réorganiserait à tout propos, et l'Etat se trouverait ainsi à la disposition d'une minorité de gros contribuables. Comme tous les néo-légitimistes, M. de Genoude fit profession de libéralisme et de parlementarisme, c'est-à-dire qu'il fut inconséquent, s'il était de bonne foi ; profondément habile, s'il ne se servait du suffrage universel que comme d'un moyen pour reconquérir un trône impossible à enlever à la baïonnette. C'eût été, en effet, le seul et le plus ingénieux moyen de rétablir la branche aînée. Il est facile ensuite, quand on dispose de la police, des armées et du Trésor public de revenir à son vrai principe. Si telle a été la pensée secrète des légitimistes libéraux, il faut admirer leur merveilleuse tactique ; s'ils ont réellement renié les doctrines de MM. de Maistre et de Bonald, c'est un parti perdu avec lequel il n'y a plus même besoin de compter, puisqu'il ne se connaît plus lui-même ; avec lequel il est inutile de raisonner, puisqu'il est tombé dans l'inconséquence.

La plupart des journaux étaient situés il y a dix ans dans de petites rues tortueuses et infectes qui avoisinent la rue Montmartre. Quiconque a franchi le seuil de ces bouges, asile de l'impolitesse et de la malpropreté, doit avoir perdu la meilleure partie de ses illusions. Pour ne pas devenir méchant dans le journalisme, il faut avoir la bonté d'un sot. Il n'y a pas de profession où il soit plus difficile de conserver sa dignité. Le jeune homme qui pénètre dans cet enfer avec ses rêves de gloire et portant encore dans ses cheveux la senteur des pâturages, est, au bout de six mois, brisé comme un gant passé aux baguettes, terni, fané, humilié. Ce n'est pas de l'amour qui couve dans son cœur, c'est de la haine. Il pourra devenir insolent ou flegmatique, il ne retrouvera jamais sa fierté et sa simplicité de premier homme. Quel ulcère au cœur le métier de journaliste ! Ne semblerait-il pas qu'une malédiction de Dieu s'attache à certaines professions. — Ah ! si j'avais l'âme d'un laboureur, s'écrie le plumitif, de quels bras vigoureux je remuerais ce sol qui produit le blé ! Combien la vapeur d'un mets grossier charmerait mes narines ouvertes ! De quel bon sommeil je dormirais sur la paille à côté des bœufs ! Mais vous avez mis en moi, Seigneur, l'orgueil d'un ange et l'ambition d'un Titan, vous! allumé dans ma poitrine la soif de toutes les voluptés, et vous me laissez loin de toute splendeur ! en proie à la triviale misère, à l'humiliation plus amère que la mort. Jamais flèche plus aiguë ne perça le cœur d'un homme ! — Dans le silence de la nuit, il ferait beau voir le penseur, se promenant dans sa cage et poussant des cris stupides et profonds. O douleur ! douleur armée de milles pointes !

Rue Saint-Joseph, à côté d'un égout, il y avait un journal, disparu depuis, le *Commerce*. On pénétrait communément dans la rédaction par un escalier boiteux, orné d'une corde en guise de rampe. Les murs étaient devenus noirs et huileux, de ce noir d'encre d'imprimerie qui colle aux habits. On se heurtait le front à chaque marche dans cette manière de tuyau de cheminée, comme si le plafond eût voulu apprendre au jeune homme arrivant droit comme un hêtre de sa vieille province, qu'en entrant dans la noble carrière des lettres il faut courber les reins. Au premier, dans une vilaine chambre servant de cabinet de rédaction, on trouvait un homme maigre qui se promenait en agitant une petite canne. Il portait des lunettes d'or posées de travers sur le nez, quelque chose de fou dans l'expression du visage donnait à sa figure un aspect assez baroque. Tel était M. Charles Lesseps, rédacteur en chef du *Commerce*. Il n'avait pas beaucoup de talent, mais il s'est donné beaucoup de peine. Il a fait pendant six mois des articles contre les fortifications de Paris. Après vingt ou trente ans de journalisme, il est arrivé éreinté à la Chambre et n'a plus trouvé dans sa poitrine un souffle suffisant pour faire entendre sa voix. La République en a fait un conseiller d'Etat dans un temps où les conseillers d'Etat vivent ce que vit la fleur du prunier. Aujourd'hui, qui le connaît? qui est-il? qui s'en souvient? S'il vit encore, allez lui demander ce qu'il souffre et ce qu'il a souffert.

Quand le soleil permet aux valétudinaires de sortir, vous rencontrerez sur le boulevard un vieux bonhomme au crâne dénudé, à la mâchoire dégarnie, aux yeux affaiblis. Il cause d'un ton brusque, amer, frappant de temps en temps l'asphalte de sa canne, aboyant comme un vieux chien qui ne peut plus mordre. C'est un débris du journalisme, qui florissait encore, il y a peu d'années, l'aucien rédacteur du *Corsaire*, M. Lepoitevin-Saint-Alme. Ce brèche-dent, ce myope, ce goutteux a fait trembler le Paris éclatant des courtisanes, des artistes et même des gens du monde. Il tenait sous ses ordres, comme un maître d'école armé de sa férule, une douzaine de jeunes gens qu'il traitait de *petits crétins*. Il les formait dans l'art d'aiguiser le poignard de l'esprit et de frapper au bon endroit. Il les rudoyait avec une dure paternité. Je ne sais rien de plus bouffon que ses disputes avec un Alsacien, nommé Weil (1), dont l'accent tudesque mettait M. Lepoitevin-Saint-Alme en fureur. L'histoire de ce journal formerait un poëme. La jeunesse littéraire trouvait dans ce bouge trente sous par jour à gagner. Pauvres enfants! C'est à cette dure école, je ne dirai pas que s'est formé, mais qu'a vécu quelque temps l'un des romanciers les plus extraordinaires de ce temps-ci, un jeune écrivain qui est arrivé à une originalité profonde par la recherche du vrai, par un sentiment particulier du comique joint à un bon sens devenu très-rare en France. Nos lecteurs ont eu plusieurs fois occasion d'apprécier la manière de M. Champfleury.

M. Lepoitevin-Saint-Alme ne manquait certainement pas de talent. Il a été bon auxiliaire pour les partis qu'il a servis. Aucun ne s'est occupé de sa position et de sa fortune. Un de ses prédécesseurs au *Corsaire*, Louis-Reybaud, mauvais journaliste et critique ignorant, qui écrit des niaiseries sur les réformateurs, a trouvé au con-

(1) Auteur d'un remarquable volume de nouvelles intitulé : *Histoires de village*.

traire les portes de l'Institut et celles de la Chambre ouvertes à deux battants. Si M. Lepoitevin-Saint-Alme s'était contenté de rester un bourgeois bête, il eût fait son chemin. Les petits journaux mènent souvent à de graves fonctions. M. Altaroche, qui a joui (en province) d'une colossale réputation d'esprit, a longtemps dirigé le *Charivari*. La république en a fait un commissaire général et le suffrage universel un représentant du peuple. Mais, une fois sorti du journalisme, le prudent Auvergnat a eu bien soin de n'y pas rentrer.

Après les petits journaux, dont l'histoire demanderait un narrateur qui ne craignît point de pénétrer dans les familiarités d'un pareil sujet, il faut placer en première ligne les organes de l'idée républicaine. Il faudrait ici, pour ces figures, quelque crayon héroïque et trivial comme celui de maître Jacques Callot. Des couleurs chaudes et sombres, empruntées à la palette de Rembrandt, feraient d'excellents fonds à ces braveries du journalisme moderne.

L'intérieur des journaux franchement républicains accusait la pauvreté du plus militant et du plus opprimé des partis. Les vêtements négligés, la rudesse des formes, l'air de mécontentement et d'énergie mal contenue qu'on remarquait sur la physionomie des rédacteurs donnait à ces officines, d'où devait sortir un gouvernement, quelque chose de plus sérieux et de moins paperassier qu'aux autres journaux. La plus avancée de ces feuilles, vers le milieu du règne, était le *Journal du peuple*, logé à un entre-sol de la rue Coquillière. M. Dupoty, qui le dirigeait, était un petit homme cordial, à bonnet grec et à chaîne d'or, chantant volontiers la chanson de Béranger, quoiqu'il ne se gênât pas pour constater la faiblesse du poëte devant les gendarmes. La noble figure de M. Godefroy Cavaignac tranchait à côté de cette physionomie bourgeoise. C'était un grand jeune homme d'aspect beaucoup plus sympathique que M. Carrel, dont il n'avait point l'arrogance et la dureté. M. Godefroy Cavaignac, avec ses longues moustaches, avec l'air de courtoisie et de loyauté répandu sur ses traits déjà couverts de la pâleur du tombeau, représentait parfaitement l'idée que nous nous faisons d'un paladin. Entre ces deux honnêtes gens se tenait, la pipe aux dents, un individu de haute taille et d'épaisse encolure. Ses cheveux crépus, son teint bistré, luisant, mais surtout l'expression ignoble de sa figure, l'inquiétude de son regard, la brutale violence de son front attiraient les yeux. Si vous avez vu l'espion Delahodde, vous devez reconnaître ce portrait.

Ce n'est pas pour la satisfaction d'étonner, mais dans le but sérieux de rechercher le caractère de l'époque dont nous étudions l'esprit et les mœurs, que nous établissons quelquefois des rapprochements entre les hommes des partis les plus opposés. M. Flocon, rédacteur en chef de la *Réforme*, comme M. Guizot, ci-devant président du conseil, a dû sa fortune politique, bien courte, il est vrai, plutôt à sa pose qu'à son talent. Mauvais écrivain, esprit borné, M. Flocon avait réussi à conquérir un certain ascendant sur son entourage par une austérité étudiée qu'il a eu la fermeté de ne jamais démentir. Sauf la pipe et les opinions, c'était un véritable doctrinaire. Il vivait avec une sobriété dont il avait soin de tirer parti, le cas échéant : on lui apportait, d'un restaurateur voisin, son dîner au bureau même du journal. Ce repas se composait d'un seul plat, de pain et d'eau. « Voyez, disait-il à ses visiteurs, voilà comme doit dîner un républicain. » Un mot peindra mieux encore cet homme jaune dévoré d'un besoin d'autorité qui ne trouvait pas matière à s'exercer dans les faibles attributions de journaliste. Un rédacteur parlant, dans les *faits divers*, d'une médaille ou d'une pièce de monnaie, avait écrit : « Cette pièce, marquée à l'effigie du souverain... » M. Flocon entra dans une grande colère : « Apprenez, monsieur, s'écria-t-il en présence de toute la rédaction, que nous n'avons pas d'autre souverain que le peuple... ! » Nous ne devons point oublier, pourtant, que, malgré ces ridicules et ces moyens de comédie poussés à l'extrême, M. Flocon, dans son bref séjour au ministère des travaux publics, a laissé d'assez bons souvenirs administratifs.

Il ne manquait pas, d'ailleurs, de personnages remarquables à la *Réforme*. Je citerai M. Ribeyrolles, petit homme d'une laideur extrême, maigre, noir, louche, sale, malingre, rongé de maladies intestinales, mais doué d'une âme virile, d'un style retentissant et enflammé qui promettait un journaliste bien supérieur à MM. Granier de Cassagnac et Veuillot. Je citerai encore et surtout M. Félix Pyat que je veux peindre en deux mots : beau et bon. Ceux qui l'ont connu aimaient sa grande simplicité de mœurs, son amour des arts et des lettres, sa philosophie d'une douceur athénienne. Comme beaucoup d'esprits révolutionnaires, il chérissait la campagne. Au temps les plus passionnés de la constituante et de la législative, il ne cessa jamais d'habiter sa petite chambre de vingt-cinq francs au bord du bois à Nogent-sur-Marne. Quoiqu'il rentrât fort tard et partit de bon matin, c'était encore une satisfaction pour lui de se savoir aux champs. Une nuit d'été, au clair de la lune, en nous promenant dans les bois, il me parlait de l'avenir avec une mélancolie dont je fus frappé. Il y a des âmes amoureuses de la patrie pour qui l'exil est une lente mort. Pressentait-il qu'il faudrait un jour quitter cette patrie aimée?

M. Louis Blanc appartenait aussi à la *Réforme*, non pas en qualité de collaborateur actif mais au moins comme adhérent. Il y a présentement peu de choses à dire sur ce jeune homme dont la fortune politique est due en quelque sorte à l'adoption d'un parti. M. Louis Blanc a joué sous Louis-Philippe le rôle de secrétaire de l'opposition. Il a un style académique dont furent charmées la masse bourgeoise et la démocratie, flattées de parler aussi bien. L'orgueil et la sensualité qu'on remarque sur la physionomie de ce petit gentleman jurent avec l'exiguïté de sa taille; un de ses amis l'a vu pleurer pour avoir manqué son effet dans une réunion électorale. M. Louis Blanc a joué dans la révolution un rôle très-personnel et très-ambitieux qu'il sera curieux d'étudier un jour.

Le journal de l'opposition républicaine qui a occupé, sous le dernier règne, le rang le plus important est sans contredit *le National*. Cette feuille, plus mondaine que sectaire, a été jusqu'en 1848 littérairement très-remarquable; elle a eu pour rédacteurs, sous la Restauration, MM. Thiers et Mignet; sous Louis-Philippe, MM. Carrel et Marrast.

Il y a des types heureux, des physionomies faites pour les romanciers de l'avenir, pour l'imagination des femmes et des poëtes : tel est M. Carrel, grâce à sa courte existence, tragiquement terminée : on fait toujours bien de mourir. Le grand bon sens des anciens avait trouvé une maxime pour exprimer cette pensée : « Ceux qui meurent jeunes sont aimés des dieux : » Il n'est jamais trop tôt pour la mort, car la mort grandit l'homme ; elle est l'achèvement des œuvres imparfaites de notre volonté; elle les revêt de cette merveilleuse idéalité, de ce reflet divin qui n'appartiennent point à l'écrivain tant que sa chair palpite.

M. Carrel, comme lord Byron, eut le bonheur de mourir jeune. Prolongez ces deux existences selon les probabilités que l'observation de leur caractère peut suggérer, où cela les conduit-il ? Les hommes du caractère de M. Carrel arrivent au pouvoir; ils ont été formés pour l'exercer ; mais le pouvoir est l'écueil de la gloire : il est comme la trentième année pour la vertu des femmes. On compte sur les doigts les hommes qui n'ont pas succombé à cette rude épreuve et qui, portant le monde sur leurs épaules, n'ont pas courbé les reins comme des portefaix. M. Carrel, nature despotique et violente, n'eût pas souffert l'injure et la contradiction; il n'eût jamais possédé la souplesse des Mazarin et des Guizot. Au milieu des complications de la politique contemporaine, sa fibre irritée l'eût poussé dans les extrêmes. Au pouvoir, M. Carrel se fût fait barre de fer et peut-être pis que cela; il est douteux que sa complexion eût longtemps résisté aux amertumes d'une conscience troublée par le pouvoir, aux luttes d'amour-propre de la vie parlementaire. Je le vois d'ici malade, épuisé, se battant en duel sur une chaise, comme Benjamin-Constant, ou mourant de fureur, comme Casimir-Périer : cela ne valait guère la peine de vivre. Et Byron, l'homme le plus romanesque de l'Angleterre ! vous serait-il agréable de nous représenter ce vieux gentleman, la trogne rougie par l'abus du vin des Canaries, l'estomac débilité, l'œil terne, étendant sa jambe goutteuse sur les banquettes de la chambre des lords? Que bénie soit la mort qui m'a laissé Byron le libertin, Byron le diabolique, Byron que Richardson semble avoir pressenti en traçant le grand type anglais de Lovelace, Byron le gentilhomme chargé du mépris public, à qui cette jeunesse contemporaine folle d'ambition et de mélancolie, perdue de vices, repue de raison, abrutie de talent et d'esprit, ressemble sous plus d'un rapport ! Ah ! n'allez pas nous retrancher cette fin merveilleuse antique, cette grande aventure de Missolonghi ! Laissez-le fréter son vaisseau et partir comme un prince grec s'en allant au siége de Troie ! Il a compris qu'il reste à l'homme deux moyens d'expiation, l'apostolat ou le combat, et il a choisi le dernier. Voyez saint Augustin : après avoir traîné sa jeunesse dans les fanges de Carthage, après avoir épuisé la coupe des saturnales du corps et de l'esprit, joui à satiété des succès du rhéteur et du poëte, il s'éveille un jour au seuil de sa trentième année. « J'errais, dit-il, emporté par mon orgueil et ballotté par tous les vents. » La foi l'arrête enfin dans cette course effrénée. Il arrache de son front cette couronne de poésie qu'un vieillard avait posée sur sa tête malade ; ses yeux s'ouvrent et plongent sur le néant des gloires et des vanités humaines. L'homme-cadavre se ranime ; le grand amour universel rallume les cendres de son cœur ; le débauché devient à la fois un saint et un savant ; il lègue à l'humanité ce beau livre de science psychologique qu'on nomme les *Confessions*. Lord Byron et saint Augustin sont frères. Les vierges de la démocratie peuvent donc jeter indifféremment des fleurs sur la tombe de l'aristocrate Byron et sur celle du républicain Carrel. Le premier a plus mal commencé, le second a moins bien fini. Ici, je ne puis m'empêcher de remarquer cette pointe d'ironie que la Providence mêle aux choses héroïques afin de bien faire sentir à l'homme qu'il trempe par le pied dans cette boue vulgaire. Au lieu de succomber sur un champ de bataille, ces deux militants personnages meurent, l'un dans un duel obscur, comme un viveur qui aurait donné un soufflet à son camarade en sortant d'un tripot, l'autre de la fièvre avant d'avoir pris part à la bataille.

Il y a en France une classe de républicains fort peu nombreuse, mais éminemment distinguée, ce sont les républicains par orgueil. Connaissant d'instinct leur valeur, ils consentent à ne se distinguer de la multitude par aucun insigne officiel du commandement, par aucun privilége hiérarchique, à se contenter des prérogatives du mérite personnel; en un mot, ils veulent bien n'être civilement pas plus que les autres, à la condition que nul ne sera plus qu'eux. On retrouve du gentilhomme vénitien et du baron du moyen âge dans ces vigoureuses organisations. M. Carrel appartient à la singulière catégorie de républicains que nous caractérisons. Le mot de César est cousin de ce républicanisme-là. Comme on sait fort bien que le destin et l'adultère confient quelquefois à d'incapables mains le droit de gouverner, on préfère occuper par son propre mérite, dont on ne saurait douter, cette sinécure du premier citoyen qui plut à Washington et à Lafayette ; que si le pouvoir suprême pendait comme un fruit d'or à portée de la main, peut-être le saisirait-on, mais ce qu'à nul prix on n'accepterait, c'est cette seconde place dans Rome après César.

Les admirateurs de M. Carrel ne sauraient exprimer une plus haute opinion sur son compte. Mais le portrait de ce républicain par orgueil ne serait pas complet si je n'ajoutais pas qu'il haïssait et méprisait le peuple. Ce fut la contradiction de cette courte carrière. En irritant son caractère, elle le conduisit bien plus sûrement au tombeau que toute autre cause. Déjà la balle du pistolet de

M. de Girardin ne me paraît qu'un résultat prévu. L'intraitable caractère de M. Carrel étouffait dans la géhenne démocratique ; le mot de citoyen lui agaçait les lèvres ; la fraternité lui paraissait trop familière (1) ; ses hésitations pendant la révolution de juillet prouvent qu'il ne croyait même pas à la bravoure du peuple ; il regarde les insurgés comme une bande de criards qu'on dissiperait aisément avec une compagnie de grenadiers. Telle est du moins sa pensée intime autant qu'on peut l'entrevoir. M. Carrel a été sous-lieutenant, il raisonne comme tel.

Cette contradiction entre l'homme et son parti était très-fréquente en France sous Louis-Philippe. La jeunesse grandissait dans le mécontentement. La restauration et les d'Orléans n'ont rien fait pour elle. Aussi un jeune conservateur était-il une sorte de monstruosité politique. Ajoutez à cette cause réelle de mécontentement l'enivrement des utopies généreuses, les surexcitations de la colère, de l'amour-propre et de vagues espérances ; car chacun sait que, depuis soixante ans, le pouvoir est à qui possède la force et l'audace de le prendre. Au sein de la fièvre des principes, le jeune homme obéit à l'intérêt, cet universel et profond moteur des actions humaines. Cela explique comment des caractères absolus, comme M. Carrel, doués de puissants instincts gouvernementaux, se sont fourvoyés dans les

(1) Les ouvriers compositeurs du *National*, excédés de veilles prolongées, prièrent M. Carrel de vouloir bien donner son article une heure plus tôt. Il les renvoya durement, en leur disant qu'ils étaient payés pour veiller. Et il continua à écrire ses articles à des heures indues.

rangs du libéralisme qu'il n'ont pu parvenir à organiser. Chaque révolution nouvelle engendre des phénomènes moraux de ce genre.

Le rôle de M. Carrel comme journaliste ne me paraît pas aussi grand qu'on l'a voulu faire. Après juillet, il se permet contre les républicains des diatribes que j'ai peine à concilier avec son républicanisme ultérieur. Il a donc entassé, comme tout ce qui écrit politiquement, la contradiction sur la contradiction et brûlé ses dieux les uns sur les autres. Il en aurait bien brûlé d'autres avec le temps ! Il a, lui aussi, chanté la liberté sur la trompette du général Foy et sur les pipeaux de Camille Jordan. La science et la philosophie du temps n'avaient que ce mot, et le public s'en contentait. On a aussi voulu faire une réputation d'historien à M. Carrel. D'où vient que personne ne lit son *Résumé de l'Histoire de la Grèce moderne*?

Son épée lui servit au moins autant que sa plume; il y a des gens couverts de honte qui se sauvent par là. Un homme du caractère de M. Carrel, qui joint au mérite personnel la bravoure et l'habileté aux armes, paraîtra donc plus qu'il ne vaut à cause de l'immense quantité des efféminés.

M. Marrast, l'un des successeurs de M. Carrel, n'a pas laissé dans l'histoire de ce temps une physionomie aussi vigoureusement accusée. Beaucoup plus artiste qu'homme d'épée, il imposa moins à son parti; son esprit ironique et acéré séduisait plus les classes lettrées que le peuple. Simple et affable dans la vie privée,

M. Marrast manquait du despotisme de caractère ou de l'imbécillité jésuitique indispensables pour s'emparer des masses. Il ne joua ni la comédie de la vertu ni celle du tranche-montagne. La malicieuse fibrille d'or qui étincelait dans ses yeux noirs dut toujours inquiéter la portion bête de la démocratie, et dans cette portion bête il y a de grossiers charlatans qui ne pardonnent point à qui les divine. M. Marrast ne fut certainement ni un héros, ni un apôtre, ni même un sectaire ; mais ce fut un galant homme, de beaucoup d'esprit et de beaucoup de talent. Je ne crois pas que cette modération d'opinions et de caractère ait été utile à la révolution qui appelait en vain de plus grands courages et des âmes plus fortes, mais je constate qu'il n'a péché ni par mauvaise volonté, ni par paresse, ni par sottise. Tous ceux qui ont vu M. Marrast soit à l'hôtel de ville, soit dans le monde, soit même au bureau de son journal, savent avec quel à-propos, avec quelle précision il répondait à toutes les questions, à toutes les demandes. Auprès des républicains bêtes, M. Marrast a eu un grand tort, il aimait l'élégance et les arts ; la musique, le plus spiritualiste des arts, plaisait surtout à cet homme finement organisé. On lui en fit un crime. Tandis qu'il présidait avec un rare talent cette Constituante si agitée ou qu'il remplissant les laborieuses fonctions de maire de Paris, la calomnie le représentait comme un parvenu, *un marquis*, uniquement occupé du soin de sa fortune et de ses plaisirs. Il y a quelque satisfaction à tenir une plume lorsqu'on trouve l'occasion de rendre hommage à la mémoire d'un homme comme il faut maltraité par les cuistres. M. Marrast a répondu victorieusement à toutes ces calomnies en laissant à peine de quoi se faire enterrer. Cet aimable républicain fut pauvre et honnête avec esprit, c'est-à-dire sans en parler. M. Guizot, ce colosse de vertu, laissera trente mille livres de rente à ses héritiers.

Parmi les journaux républicains, il faut encore citer *le Courrier français*, qui fut républicain le 24 février.

Le Courrier français est célèbre pour avoir gardé vingt ans son rédacteur en chef, ce bon Chatelain qui, pendant ce long bail, refit chaque jour le même article. Il eut pour successeur un économiste bilieux qui depuis a trouvé moyen de se rendre impopulaire en quelques jours de pouvoir, M. Léon Faucher. Le spirituel M. Blanqui a donné des articles d'économie pendant la direction de son confrère, M. Guyot. Il a écrit des articles de théâtre dans ce goût bourgeois qui, sous le dernier règne, a fait fortune en France. A force de changer de mains, *le Courrier français* finit par trouver son rédacteur en chef fantastique dans la personne de M. Xavier Durrieu. Mais ce journal devait toujours être heureux en économie politique (1). Environ deux ans avant la révolution de février, *le Courrier français* publia des lettres sur le libre échange. La question était neuve en France ; ces lettres, signées d'un nom inconnu, se faisaient remarquer par ce grand sens et cette lucidité qui tout d'abord assignent à un écrivain un rang distingué dans les lettres. Tel fut le

(1) Les articles d'économie politique étaient ordinairement rédigés par un écrivain de mérite, M. Molinari.

début de M. Frédéric Bastiat, l'une des figures les plus naïves, les plus originales de ce temps.

Vous savez qu'il est d'usage en France, depuis la grande révolution, de faire acte de virilité intellectuelle dès l'âge le plus tendre. A vingt ans on écrit indifféremment des sonnets, de la politique ou de la philosophie. Que ce soit un bien ou un mal, là n'est pas la question ; le fait en lui-même est une preuve d'émancipation. Nos grands-pères ont mis sur le compte de notre suffisance et de la corruption de l'esprit cette tendance d'une jeunesse dégénérée. Je le dis avec respect, nos grands-pères se sont trompés. La jeunesse profite des lois de la constituante. Elle n'a pas plutôt atteint sa majorité, qu'un instinct puissant la pousse à constater son indépendance. Mieux vaut, en somme, faire de mauvais vers et de plus mauvaise prose que d'être exposé au sort de Mirabeau (1). Mais il est résulté de cette liberté laissée à la jeunesse et de l'usage hâtif qu'elle s'empresse d'en faire, un préjugé dangereux. Le jeune homme se figure qu'à trente ans il doit avoir atteint la mesure de sa puissance. De là ces efforts inouïs, insensés, cette production fiévreuse, ces dépenses déréglées des ressources de l'esprit ; de là tant d'œuvres inutiles. Et dans cette course folle, dans cette lutte haletante, on se figure qu'on n'aura jamais assez de temps pour arriver. On suppute qu'il faut tant d'années pour *faire son chemin*, et que

(1) On sait que Mirabeau, depuis longtemps marié, père de famille, âgé de vingt-huit ans, fut enfermé par ordre paternel au donjon de Vincennes, où il contracta sans doute le germe du mal qui l'emporta.

passé tel âge il n'y a plus de chemin à faire. Quarante ans apparaissent aux jeunes générations contemporaines comme les bornes d'Hercule aux navigateurs de l'antiquité. Et voilà pourquoi, disent-elles, il faut commencer jeune.

M. Frédéric Bastiat, qui arriva à Paris avec sa grosse redingote, ses cheveux plats, sa mine grave et ses quarante ans passés, vint donner au préjugé de la jeunesse une trop belle leçon pour que nous n'en fassions pas notre profit. Ce juge de paix des Landes, demi-monsieur, demi-paysan quant à l'extérieur, modeste d'apparence et en réalité, cette figure de bedeau maigre, s'exprimant d'une voix faible, brisée, mais persuasive, convaincue, dans un français pur et abondant, avec un enthousiasme tranquille qui perçait dans le tour de la pensée, dans l'incisif de la raison, ce bonhomme, ce sage, laissait une impression profonde dans l'esprit. Il était de ces hommes dont on ne devient jamais entièrement l'ami, parce que leur intimité honore trop pour qu'on ne garde pas toujours à leur égard une déférence marquée dans les rapports de la vie. Un très grand nombre de poëtes et d'artistes sont doués d'une personnalité qui est, dit-on, nécessaire à leur art, mais qui se fait sentir de la façon la plus importune dans la conversation. M. Bastiat, quoique artiste et poëte en son genre, était justement le contraire de ce type ; son *moi* ne se faisait jamais sentir dans ce qu'il disait, et il semblait à peine que ce fût à *vous*, être isolé, que s'adressait sa parole. C'était une idée parlant à tous. Rien de plus curieux que cette nature impersonnelle professant l'individualisme ou du moins les doctrines économiques anglo-américaines dont l'intérêt individuel est la base. De tels caractères sont particulièrement aptes à former une secte ou un parti. Les esprits personnels étonnent plus qu'ils ne charment. Les âmes fières ou seulement indépendantes s'écartent de ces pontifes qui me paraissent manquer à la plus essentielle des facultés politiques, l'art de grouper les intelligences. Quand l'homme disparaît, au contraire lorsqu'il s'abîme dans l'idée et que la pensée brûle d'une flamme pure, chacun s'approche avec confiance de ce généreux foyer. Prouvez-moi qu'en militant c'est pour moi-même que je prends les armes ; démontrez-moi seulement qu'il s'agit du bien général et non de la gloire et de la fortune de votre propre personne, monsieur l'apôtre, et je marche avec vous. C'est par cette puissante faculté, par cette modestie vraie du croyant qu'un obscur manufacturier de Manchester a su remuer de fond en comble les vieilles institutions anglaises, organiser une *ligue* puissante soutenue d'une liste civile de douze millions en gros sous et briser aux mains des landlords l'instrument d'oppression le plus terrible, les corn-laws, au moyen desquels l'aristocratie affamait le peuple et se gorgeait d'or. Voilà ce que fit M. Richard Cobden, cet homme, dit M. Robert Peel, « d'une éloquence d'autant plus admirable qu'elle était moins entachée d'affectation et d'ornement. » Les circonstances aidant, un tel rôle pouvait convenir à M. Frédéric Bastiat, que la mort enleva prématurément, comme s'il n'eût pas été fait pour ce peuple bruyant et belliqueux et pour ces temps de désordre.

La question du libre échange fut loin d'obtenir en France le succès qu'elle remporta en Angleterre. Il est juste de dire que son importance était bien moindre ici. Elle ne rencontrait ni dans nos lois, ni dans notre tarif douanier les monstruosités de la prohibition anglaise. Il est toujours facile de passionner les masses à propos des lois sur les céréales ; on n'agite pas la France avec les lins, les houilles et la métallurgie. Les séances de la Société du libre échange, dont M. Bastiat fut le créateur, attirèrent un nombreux auditoire, mais un auditoire plus studieux qu'enthousiaste. La querelle se concentra entre quelques industries, entre les hauts fourneaux et les vignes, et les choses en restèrent où elles en étaient. Très-propre à mener une agitation pacifique à la manière anglaise, M. Frédéric Bastiat n'était apte ni à la polémique, ni aux coups de main à la française. Cette douceur de caractère et de formes, cette politesse de tempérament qu'il apportait dans la discussion, se brisaient contre la verve brutale d'un journaliste sanguin. Dans sa grande dispute économique avec M. Proudhon, quoique la raison fût de son côté, il passa pour vaincu aux yeux d'une multitude qui n'entendait rien à la question. M. Proudhon mêlait à la discussion des saillies de pamphlétaire auxquelles M. Bastiat ne répondait point ; il ne comprenait même pas que l'on pût descendre à ce ton en traitant de si hautes matières. J'appris de lui-même l'impression qu'il en ressentit ; importuné, blessé de la tournure personnelle que prenait ce débat, il était résolu à répondre par le silence à la première incartade de son adversaire. Nous aimons à croire que si M. Proudhon avait eu l'honneur de connaître le noble caractère de M. Bastiat, il eût donné à sa polémique une tournure plus convenable.

En trois ans, M. Frédéric Bastiat avait conquis la notoriété que tant d'autres chasseurs, partis dès l'aube de la vie, poursuivent en vain. Il avait publié les *Sophismes économiques*, petit livre écrit avec tant de grâce et tant d'esprit qu'il se lit aussi aisément que des fables; plus tard, il traçait l'*Histoire de la Ligue*, non pas de cette ligue scandaleuse de notre histoire, mais de la ligue positive qu'un petit nombre d'hommes convaincus entamèrent de nos jours contre la prohibition. Le nom de Frédéric Bastiat n'a pas eu le temps d'acquérir son entier développement. Dans un temps d'agitation morale et de calme effectif, dans un pays de libre discussion comme l'Angleterre ou l'Amérique, M. Bastiat eût fourni une grande carrière ; mais ici, où nous ne saurions discuter longtemps sans courir au fusil, dans ce pays catholique et monarchiste, c'est-à-dire intolérant et absolu, plus passionné que rationnel, réclamant la liberté et ne pouvant soutenir la contradiction, les hommes de cette trempe n'ont rien à faire. M. Bastiat est mort ; il a eu raison de mourir. Qu'eût-il fait parmi nous ? il nous eût répété sa belle formule : *Les services s'échangent contre des services*, parole presque tendre, presque évangélique appliquée à la science politique la moins sentimentale qui soit au monde, à l'économie. A quoi nous aurions, nous, répondu : Un coup de fusil s'échange contre un coup de fusil, une insulte contre une insulte, jusqu'à ce qu'un plus fort et plus rusé mette le holà en tirant sur les uns et sur les autres. Pauvre homme ! il mourut en écrivant un livre intitulé : *Harmonies économiques!*

On ne saurait d'ailleurs laisser indifféremment passer un fait aussi singulier que celui que nous venons de signaler dans la formule de M. Frédéric Bastiat : son originalité en économie politique est là tout entière. Il a cherché l'harmonie dans une science qui préside au jeu des intérêts, c'est-à-dire à un antagonisme permanent ; il a fait descendre je ne sais quel humain sentiment dans une doctrine aussi implacable que l'algèbre. Comme M. Proudhon, mais par des procédés très-différents, sans être un schismatique, mais en amollissant en quelque sorte cette dure science des Smith, des Ricardo et des Malthus, il a été un trait d'union entre ce qui était hier et ce qui sera demain. La gloire et la distinction du juge de paix de Mugron, qui s'en vint à Paris sur le tard de la vie faire entendre aux beaux esprits de la grande ville, dans un langage plein de la finesse et du bon sens du paysan, dans un style encore parfumé de la fraîcheur des champs, de grandes et simples vérités; le plus beau titre de M. Frédéric Bastiat à la reconnaissance de ce pays est dans le rôle conciliateur qu'il a joué durant sa courte carrière publique.

Nous regrettons souvent que le dessin de ce livre, destiné à former une vue d'ensemble, ne nous permette pas de nous arrêter longtemps devant de telles figures.

Il eût été doux, consolant d'en reproduire complaisamment les traits; mais l'idée générale nous emporte comme le navire qui descend le cours d'un fleuve, et nous avons à peine le temps de saisir au passage ces rapides esquisses.

Nous ne parlerons pas sans doute de tous les journaux publiés sous le règne de Louis-Philippe, par la raison qu'en y ajoutant les feuilles de province et les publications mensuelles et hebdomadaires on en compterait plus de mille. Mais cette simple physionomie de la presse périodique manquerait d'un de ses traits principaux, si nous négligions d'y placer quelques-uns des journaux spécialement adressés aux ouvriers et quelquefois rédigés par des ouvriers. Le développement intellectuel des classes laborieuses est un des faits les plus saillants de l'époque dont nous parlons. Hans Sach et maître Adam ne se contentent plus, au xixe siècle, d'aider l'alène et le rabot des cadences d'un couplet demi-rimé, ils prétendent se mêler aux discussions du Portique. Et comme ces beaux esprits populaires sont aussi rares à l'atelier que les vrais poëtes le sont au salon, il se pourrait bien qu'ils fussent atteints de ce mal qui a remplacé la mélancolie de la restauration, le mal de la dictature. — Hamlet n'est plus, c'est le tour de Fortimbras. — La doctrine de l'égalité ne semble leur servir qu'à courber l'intelligence elle-même sous leur infime niveau : la religion de l'amour sert de masque aux fureurs de l'envie. J'ai connu des ouvriers à qui Paris donna cent mille voix, qui se faisaient des papillottes, séparaient leurs cheveux comme Christ sur le milieu du front, et ne mettaient de blouse que les jours où ils montaient à la tribune. Graine de bourgeois, le groin leur pousserait bien vite s'ils pouvaient patauger dans l'opulence. Un tel spectacle a sans doute égayé quelques heures de ma vie, mais il m'a en même temps causé une joie sainte et profonde. Ces mauvaises herbes dont la tête dépasse bizarrement les plantes du champ, annoncent néanmoins que le blé monte comme une marée atlantique. La multitude moins opaque commence à refléter quelques rayons du ciel. Les mœurs s'élèvent avec l'intelligence : si c'est un rêve, n'est-ce pas un rêve délicieux que d'entrevoir une époque où la société ne sera plus qu'une bonne compagnie?

Le journal *l'Atelier*, publié par des ouvriers, pouvait donner une idée de cette élévation intellectuelle et morale des classes laborieuses ; on y propageait l'alliance des idées catholiques et républicaines : utopie singulière à laquelle nous ne nous arrêterons pas, n'ayant point à la discuter ici. *L'Atelier* était d'ailleurs plein de foi dans ses doctrines ; il conviait à la discussion verbale quiconque se sentait la fantaisie d'engager une controverse, et plus d'un homme considérable par le talent et la condition est venu s'asseoir sur les bancs de bois du journal *l'Atelier*. Un de ses principaux rédacteurs, M. Corbon, donnait ordinairement la réplique.

M. Corbon, ouvrier compositeur et depuis sculpteur en bois (1), était un homme sérieux, instruit et de mœurs extrêmement pures ; vice-président de l'Assemblée

(1) On a de lui un médaillon de Robespierre, non signé, fort estimé des connaisseurs.

constituante, il remplaçait quelquefois M. Marrast de façon à ne le point faire regretter. Je n'ai pas rencontré dans la classe ouvrière de plus noble ménage que celui de M. Corbon. Chargé par un prisonnier de casemates de réclamer la protection de l'ancien rédacteur de *l'Atelier*, j'ai eu l'honneur de pénétrer une fois dans le logis plus que modeste de madame Corbon. Je fus frappé de la dignité naturelle répandue sur toute sa personne : elle avait l'air d'une dame romaine. Le peintre de mœurs contemporaines, le chroniqueur de la journée d'hier, est heureux d'avoir à citer, pour la gloire des pauvres, des types qui annoncent leur prochaine émancipation.

Le Populaire du bon Cabet n'était pas uniquement fait par des ouvriers, quoiqu'il fût écrit avec une plume à peine taillée. Cette feuille, fort mal rédigée, n'en avait que plus de succès. Les Icariens n'ont aucun sentiment de l'art ; ils le doivent considérer comme une monnaie de singe. Un beau style, j'en ai la conviction, détruirait en eux la foi ; ils ne pensent pas d'ailleurs qu'il puisse exister de meilleur style que celui du bon Cabet. Soit adresse, soit tempérament, *le Populaire* était écrit avec du plomb : ses phrases incolores ressemblaient aux communications sténographiées d'une maison de commerce écrivant à ses commettants. Était-ce de l'adresse ? L'art ne va pas si loin, la seule nature arrive à ce degré de génie. Parmi les Icariens il n'y a point de dissidence : le maître a répondu à toutes les objections, il a tout prévu ; il n'est pas jusqu'aux angles des meubles qui ne soient prudemment arrondis, afin que les enfants puissent s'y cogner impunément. *L'Icarie* donne l'idée d'un bonheur plat dans un comfort de salle d'asile. On préfère les Mormons ou même la réalisation de l'*Histoire des Intelligents* à ce communisme familial et régimentaire. *Le Populaire* n'en compta pas moins cinq mille abonnés, cinq mille sectaires dévoués et fidèles. Nous expliquerons dans un instant ce phénomène.

M. Cabet est, comme on le sait, un ancien procureur général. Il y a plutôt en lui du maître d'école et du notaire de campagne que du magistrat. Moyen de taille et robuste, il porte, sur d'assez larges épaules, une tête vulgaire entourée d'un collier de barbe blanche. Sa personne ne manque pas de bonhomie. Il parle en ponctuant sa phrase, mais d'une façon prolixe et monotone. On l'a beaucoup calomnié. C'est un homme honnête, et ses adhérents sont d'honnêtes gens, de mœurs paisibles et raisonnables, sobres par tempérament, monogammes sans idéalité, des hommes de fer-blanc. La nature avait créé M. Cabet pour devenir entrepreneur de colonie; son utilité n'est pas plus contestable que le zèle dont il a fait preuve dans sa laborieuse mission. Je dis mission, parce que sa carrière était véritablement marquée au coin d'une destinée particulière. Il écrit un roman absurde au point de vue social; ce roman, entouré de mille précautions, trouve de tous les points de la France des admirateurs presque isolés. Rassemblez ces hommes qui ne se connaissent pas, vous êtes frappé de leur ressemblance morale et même physique au point de vue sensitif. Le livre a exactement rempli les cellules de leur crâne. Ils lisent et les voilà partis. Ils vont où vont tous ces défricheurs poussés par une main invisible, où allèrent les Moraves, les Amis, les premiers protestants. Ils vont, entraînés comme les Mormons par un livre ridicule, ironique prétexte de la Providence, dans cette jeune Amérique qui un jour créera une civilisation nouvelle. Il fallait de tels hommes pour féconder ces terres incultes et faire la litière d'une société future. M. Cabet a eu le mérite d'être une des excentricités qui suscitèrent ces excentriques et leur trouvèrent un noble et utile emploi. Il se servit du *Populaire* pour les grouper, pour former une caisse et organiser l'émigration. L'État n'eût-il pas dû lui venir pécuniairement en aide, plutôt que de l'entraver? Sans génie, sans intelligence philosophique, M. Cabet a trouvé de plus fermes adeptes que ceux de Saint-Simon et de Fourier. Il faut bien qu'il y ait une cause à cela.

Un journal communiste très-différent du *Populaire* fut publié par des ouvriers, du moins le programme le disait ainsi, et la vérité est que plusieurs ouvriers intelligents comme MM. Malarmet, Savary, etc., prirent part à la rédaction de ce journal, qui fut nommé *la Fraternité*. Les communistes de *la Fraternité* différaient essentiellement des Icariens. Ils ne prévoyaient pas et ne réglementaient pas toutes choses comme le bon Cabet. Ils se bornaient à exposer leurs principes, la philosophie de leur doctrine, prenant dans la politique du jour des points de controverse, ou faisant ressortir les avantages de telle ou telle mesure administrative qui pouvait venir à l'appui de leur doctrine. Alors même qu'on ne partage pas les opinions de *la Fraternité*, on ne saurait feuilleter sans satisfaction la collection de cette humble feuille, toujours écrite avec un calme et une élévation d'esprit véritablement remarquables. Et c'est là, au fond, ce qu'il faut voir de plus positif dans ces essais du génie populaire. Mais qui donc n'applaudirait pas à un pareil progrès dans l'intelligence des masses? Il est possible que cette intelligence se trompe; ses tâtonnements annoncent du moins qu'elle se meut. *La Fraternité* ne fut pas, il est vrai, uniquement rédigée par des ouvriers, mais les ouvriers y prirent la plus grande part. Je citerai seulement parmi eux M. Malarmet, dont le nom a figuré plusieurs fois sur les listes électorales de la démocratie parisienne. C'était un grand jeune homme aux cheveux noirs, dont la tête rappelait le bourgmestre de Rembrandt. Une douceur presque monacale régnait dans ses manières. Il parlait lentement, et portait dans l'examen des idées philosophiques, des précautions de casuiste. Son intelligence ressemblait à ces antiques horloges qui bruissent je ne sais combien de temps avant de sonner...

Mais rien n'est plus bavard que le souvenir, et ce paragraphe sur la presse pourrait se prolonger longtemps, si nous ne chassions impitoyablement les vains fantômes qui tourbillonnent à notre oreille en nous criant : « Et moi! et moi! » J'en aperçois d'autres, encore et d'une autre sorte, le dos tourné, le menton sur l'épaule. Ils se glissent parmi les arbres et fuient en jetant un regard furtif comme s'ils craignaient d'avoir été vus.

Bonnes gens, qui ont des remords creux et qui se croient quelque chose ! Petit gibier ne valant pas le coup de fusil ! larrons trop maigres pour la corde ! Mieux vaut accoster ces gros pères qui débitent du spiritualisme, ces gens bien rentés émargeant les quartiers de l'enseignement, ces boutiquiers subtils qui vendent de la philosophie, et trafiquent d'abstractions de quintessences. — Combien la Sole, maître Cousin ?

PHILOSOPHIE, ENSEIGNEMENT.

CHAPITRE VII.

La politique procède de la philosophie. — L'éclectisme philosophique du partement Cousin. — Syllogismes, dilemmes, versions et subversions sur le Mot... Rôle révélateur du sensualisme. — Tactique des philosophes officiels au XIXe siècle. — Double caractère de l'enseignement dans une monarchie ou une république : ce qu'il fut sous Louis-Philippe. — Tonneau des Danaïdes de la philosophie. — Tendance de la philosophie nouvelle à la synthèse.

« Jusqu'ici ce fut assez pour moi d'une des cimes du Parnasse ; à cette heure ce sont les deux qu'il me faut (1). » L'autre cime, c'est la montagne où se tient la philosophie, la grande orgueilleuse qui contemple les religions, l'humanité, l'univers et Dieu lui-même ; la mère prétendue de toute politique et de tout enseignement. Il est convenu, pour me servir de l'expression de M. Cousin, que « la morale, l'esthétique, la politique ne sont que des applications de la métaphysique (2). » A

1 Dante, *Divine comédie.*
2 *Cours de l'histoire de la philosophie moderne*, 2ᵉ série, t. III, p. ii.

la vérité il existe des penseurs à qui la métaphysique est en horreur, d'autres dont le procédé consiste à serrer de plus près l'ordre historique. Comme le fait se produit avant la constatation de la loi qui l'engendre, il est juste, historiquement, de donner le pas à la politique. En suivant la méthode ordinaire, — concession de l'ignorance à l'orgueil, — c'est par ce chapitre que nous aurions dû commencer l'étude des mœurs et des idées françaises; mais ne vaut-il pas mieux suivre l'ordre naturel des choses ?

A la fois religion et philosophie, la politique est le premier art des hommes, le plus immédiatement nécessaire. Elle intervient dès qu'un groupe se forme. Les philosophes, contemplateurs des faits historiques et scientifiques, n'apparaissent avec un éclat qu'au déclin des phases sociales, quand un ordre de choses menace ruine. C'est ainsi que Socrate et Platon florissent au point culminant de la civilisation grecque, que les scolastiques du moyen âge ne brillent réellement qu'au xiiie siècle, et que les éclectiques modernes, nés sous le parlementarisme, présageaient, sans y songer, comme des corneilles dans le ciel, la prochaine fin d'un régime à la fois incompatible avec la démocratie et avec la monarchie.

Avant donc d'examiner l'éclectisme (sans toutefois lui consacrer un de ces volumes que M. Pierre Leroux nomme modestement des *articles*), avant de retourner ce fumier de tous les systèmes, qui a fait pousser de si gros budgétaires, disons de suite son titre unique à la reconnaissance du xixe siècle : l'éclectisme est, en fait de rêveries philosophiques, le commencement de la fin. Nomenclateurs et classificateurs, les éclectiques ont en quelque sorte écrit la table des matières du grand livre des aberrations humaines jusqu'à ce jour. Telle est la seule, l'inférieure, mais réelle utilité des éclectiques.

Après leur avoir rendu justice, nous serons plus libres dans le procès qu'il nous reste à leur faire. L'analyse des maux irrémédiables qu'ils ont causés aux générations actuelles, sera le procès lui-même. En racontant, l'histoire accuse ; le peuple formule le jugement. Ah ! c'est ici qu'on serait tenté de fermer les livres et d'aller prendre sur le fait le mal lui-même, ce résultat des *applications de la métaphysique*.

De quelle tristesse ne serait pas saisi l'investigateur, qui, sans mission officielle, spontanément comme le *Morning Chronicle*, ferait l'enquête, non de nos misères physiques, mais de nos maladies morales ; qui voudrait surprendre dans ses résultats l'enseignement d'une époque accomplie ; chercher dans le cœur et dans l'esprit des hommes la moisson de ce que les professeurs, les philosophes y ont semé ! Il faudrait pour cela un homme de génie curieux, un observateur d'humeur vagabonde, qui s'en allât, vêtu d'un habit modeste, parcourant la ville et les champs, entrant dans les temples et dans les boutiques, frayant les rues et les grandes routes, s'arrêtant au cabaret du village, comme au casino de la ville, dormant sous le chaume et sous les plafonds peints, paradant, le cigare aux lèvres avec les élégants du boulevard, et suivant, la pipe à la bouche, le laboureur et sa charrue, pareil à ce terrible compagnon des tableaux de Holbein, qu'on retrouve partout, aux champs, à table, au lit, même dans les bras de l'amour. Lesage, et tout au plus Goldsmith, seraient à la hauteur de cette œuvre patiente, où chaque vice, chaque ridicule, chaque douleur devrait vivre dans un homme. Laissons cette grande tâche à quelque plume concise, s'il en doit paraître encore en ces temps de prolixes récits, et revenons humblement à la philosophie spéculative.

Dans un siècle dont l'individualisme sera en même temps la gloire et la honte, le premier et le dernier mot, il va sans dire que l'étude du MOI, cet éternel objet de la philosophie, dut occuper une large place dans les chaires contemporaines. Ainsi que nous le verrons, on en fit presque un Dieu. Il avait passé dans les mœurs de la classe régnante, sous forme grossière et concrète, la politique l'érigeait en doctrine ; il fallait que la mouche du coche de toute société, la philosophie, lui donnât le baptême de l'abstraction. On n'avait qu'à puiser dans les écoles anciennes et modernes ; les éclectiques excellent dans ces menues besognes. Les petits-fils de Juste-Lipse se mirent à l'œuvre, et voulurent, eux, aussi, faire preuve d'imagination. Ils inventèrent en effet un scenario des plus romanesques, un mystère entre le moi primitif, le moi identique et le non-moi, où le moi primitif, commodément assis dans le fauteuil de la conscience, regarde avec une imperturbable sérénité le moi identique sentir, percevoir, penser. M. Jouffroy a passé deux années à se regarder penser, sans interrompre en rien les fonctions de sa mémoire. Par quel procédé, par quel miracle ce prodige s'accomplit-il? C'est ce qu'il n'est point aisé d'expliquer.

Leibnitz, grand imagier à la manière du Dante, crée la série des monades, mais la monade, comme le moi primitif, a le défaut d'être une simple affirmation. Il y a dans le principe de la vie quelque chose d'inexpliqué, d'inexplicable à l'homme et par l'homme. L'impuissance des philosophes éclate dans leur prétention à révéler l'inconnu, l'infini ou la divinité. M. Cousin s'appuie sur MM. Royer-Collard et Maine de Biran pour démontrer par induction l'éternité de la durée. Faut-il sourire de pitié ou de dédain au spectacle de ces intelligences s'appliquant à constater de pareils faits? De telles lectures sont-elles propres à autre chose qu'à causer des irritations nerveuses? Autant vaut démontrer l'indémontrable infini autrement que par l'absurde. Les plus subtils syllogiciens sont presque toujours obligés de commencer par où l'on doit finir. Que de systèmes, depuis le *Cogito, ergo sum* cartésien, commencent par une pétition de principes!

Le moi est évidemment le pivot des facultés humaines; mais ce moi a tous les caractères transitoires, progressifs et déclinatifs, qui empêchent de lui assigner une existence primitive et éternelle. Le moi est un phénomène au triple aspect, qui n'éclôt que soumis à certaines conditions, et auquel des phénomènes antérieurs ont déjà préparé les moyens d'être. Il serait aussi absurde de nommer moi ce qui est avant l'éclosion que ce qui survit à la mort. Le moi suppose un sentiment de l'existence, qui ne se produit que par l'existence, et qui ne saurait lui survivre. En perdant l'objectivité, il perd les qualités de la subjectivité. Il ne peut plus y avoir ni conscience, ni identité. C'est un miroir qui n'a rien à refléter, une lumière sans ombre. Ce qui reste n'est plus le moi. La décomposition du moi s'est faite avec la mort ; vous retrouverez après ce qui existait avant ; le phénomène seul a cessé. Il reste la nature entière ou le non-moi, un peu de matière qui fut le corps et un principe sans rapport actuel, inconsciencieux, le principe de la vie, ce qu'on pourrait nommer une parcelle de monade. Les facultés innées ne prouveraient pas davantage la primitivité du moi, elles sont des propriétés des substances immatérielles et matérielles qui écloront si le phénomène du moi se produit. Or, ce moi, se composant de l'âme, du corps et de la nature, n'existera plus si vous séparez l'un de ces trois agents des deux autres. Les sensations qui engendrent les opérations de l'esprit exigent une substance matérielle, et celle-ci se décompose, dès que le principe de vie cesse de l'animer. Le moi ne saurait donc se concevoir dans l'isolement où l'on prétend le placer.

Ce moi surnaturel n'est pas né d'ailleurs comme un champignon. Il a, lui aussi, sa cause antérieure et supérieure. Nous expliquerons tout à l'heure les mystères politiques qui ont présidé à sa naissance ; nous dirons contre quoi, en faveur de qui, pour les besoins de quels intérêts il a été imaginé. Car, même en matière de philosophie, cherchez bien, vous trouverez des intérêts.

Une de nos prétentions en France est d'avoir, non-seulement des religions d'État, mais encore une philosophie, une médecine, une chimie, une danse, une économie d'État. D'où il suit que les religions et l'examen, que la science et le sentiment doivent vivoter dans la bonne harmonie imposée par les convenances d'une condition analogue. De là naissent des concessions obscures, forcées, qui engendrent une paralysie générale. Le culte se fait tolérant envers l'examen, la philosophie modère ses interrogations, l'économie glisse sur les conséquences; aucune science, aucun art ne sont livrés à eux-mêmes. Aussi les dissidents, les non officiels, c'est-à-dire l'opposition, étaient-ils véritablement puissants sous le dernier règne. C'est d'eux que naissait toute initiative.

Pour mieux faire toucher du doigt l'étrangeté de cette situation de l'Église et de la philosophie, je suppose timidement une petite série de syllogismes ainsi conçus, en ayant soin de certifier préalablement qu'un syllogisme ne prouve rien :

Tout ce qui a un commencement doit avoir une fin;

Ergo, ce qui n'a pas de fin ne doit pas avoir de commencement.

Voici une base qui vaut bien le fameux : *Si lucet, lucet, ergo lucet*.

Risquons sur ce point d'appui ce dilemme syllogistique.

Syllogisme hétérodoxe :

Ce qui a eu un commencement doit avoir une fin;

Or, l'âme humaine naît et se développe avec la substance matérielle de l'homme;

Ergo, l'âme est mortelle comme le corps.

Autre syllogisme hétérodoxe, tiré de l'orthodoxie :

Ce qui n'a pas de fin ne peut avoir de commencement;

Or, l'âme a été proclamée immortelle par la religion;

Ergo, l'âme n'a ni commencement ni fin.

Il me semble assez difficile que l'Eglise et la philosophie officielle sortent de ce dilemme sans abandonner quelque chose, sans faire quelque concession. En imaginant un moi primitif, pour complaire à la religion, la philosophie officielle créa quelque chose d'arbitraire, comme le joli dieu Bacchus ou l'aimable Apollon. Mais elle est en même temps hérésiarque dans ses conséquences, puisque son moi, postérieurement éternel, implique un moi antérieurement éternel, un rival incréé de Dieu, qui détruit la Genèse, et infirme au moins la création spirituelle de l'homme.

Le moi nouveau, le moi éclectique, contemplateur de lui-même, ne pouvait se contenter du moi de Condillac. Votre théorie des sensations est un aveu, s'écrie-t-on; c'est comme si vous disiez qu'il n'y a point de moi dans votre statue. Condillac prouve, au contraire, qu'il y a un moi dans sa statue ; mais qu'il reste dans la condition d'un instrument, il ne vibre pas seul. Il faut au moins qu'un souvenir émeuve son imagination. Supposer l'existence d'un moi primitif, isolé, ayant la faculté d'observer l'homme ; un moi ne dormant jamais, comme dirait M. Jouffroy le romantique, un moi agissant en dehors du non-moi, c'est encore une fois supposer l'ombre sans lumière, et réciproquement. Or, de même que l'ombre n'est ombre que par rapport à la lumière, le moi n'est moi que par rapport au non-moi. Il y a donc moi à la première sensation dit M. Cousin, en parlant de la statue. Evidemment non, car le moi sans rapport n'existe pas. Les phénomènes de comparaison, de jugement, de conscience, qui constituent le moi, ne se produisent que par l'expérience. Vainement nous dira-t-on que nous confondons le moi identique avec le moi primitif. Nous ne pouvons voir dans ce moi primitif qu'une création de l'imagination, une affirmation arbitraire. Ce qu'on nomme le moi primitif n'est qu'un élément constitutif du moi, n'ayant point d'action isolée, point de conscience de lui-même, ne pouvant enfin ni sentir, ni comparer, ni juger par lui-même. Il n'existe qu'à l'état de germe propre à féconder ou à être fécondé. Eh quoi ! l'on prétend que Condillac confond la réunion des qualités qui se trouvent dans le moi avec le moi véritable ; mais que, sans le moi, cette réunion de qualités, privée de fondement et de sujet d'inhérence, n'est plus qu'une ombre flottant dans le vide. S'il en est ainsi, ôtez au moi des éclectiques les organes de la sensation, ne permettez pas à cette réunion de qualités de se manifester, et prouvez ensuite qu'il reste un moi. Ce moi de votre invention ne devient-il pas, lui aussi, un atome flottant, sans inhérence, sans identité ? En admettant que Condillac, pour mieux préciser, ait oublié le grand secret de tout art et de toute doctrine, c'est-à-dire de laisser à l'imagination un peu d'air, de brume et de soleil, où elle puisse se mouvoir, il n'en a pas moins créé une admirable mécanique démonstrative. Son traité restera comme un des plus beaux monuments de lucidité de l'esprit humain. En dépit des imperfections du style, on le lit aisément. Avec un tel livre, on initierait un enfant de douze ans aux mystères de la métaphysique. Vainement opposerait-on à ce philosophe les conclusions de M. Turgot et les observations de M. de Lignac sur les phénomènes du moi, leur argumentation n'est pas plus solide que celle des éclectiques. M. Turgot a conscience de son moi : mais cette conscience telle qu'il la définit, n'est pas autre chose qu'une affirmation qu'il est permis au premier venu de nier, en affirmant qu'il n'a pu faire sur lui-même l'observation signalée. Quant à M. de Lignac, tout en sentant aussi son moi, il avoue qu'il faut écarter de cette opération de la conscience les premières années de vie. D'où il suivrait qu'en enfance le moi primitif n'existe pas. Il est sage de reléguer ce genre de découvertes psychologiques avec celle de M. Jouffroy, qui sentait son âme veiller pendant le sommeil. Selon nous, l'embryon du moi, dont l'individualité commence dans les entrailles de la femme, trahit par les phénomènes de sa formation le mystère de sa double nature. Il a fallu deux volontés, deux amours pour engendrer cet être physique et moral, de même qu'il faudra, si je puis ainsi parler, l'accouplement du subjectif et de l'objectif pour constituer son moi. Ce moi reversible, multipliable, n'est pas encore constitué dans le sein de la mère. Il n'y est physiquement et moralement qu'à l'état embryonnaire. Deux germes, deux volontés, deux amours ont donné naissance à quelque chose de plus parfait, de plus individuel qu'une idée, qu'un sentiment, qu'une matière inorganique, mais le moi n'est pas encore en lui puisque ce moi n'est que le résultat de la communion physique et morale de l'homme avec la nature. Aussi le catholicisme fit-il preuve d'une grande logique en fermant les portes du ciel à l'enfant mort en naissant, en reléguant dans les limbes cet atome expectant. Le ventre de la femme n'est que l'antichambre du moi ; ou plutôt, ce fruit de deux amours n'éclora véritablement, ne revêtira les qualités du moi que par l'expérience, sous l'œil fécondant de la nature. Les éclectiques ont voulu paraître plus spiritualistes que Bossuet, déclarant que : *l'âme n'agit pas sans le corps* (1). M. Cousin, le mythologue du moi, crée une âme qui va toute seule, et juge son homme. C'est proprement créer le monde des esprits. Dès lors, je m'incline devant la réalité du spectre de Banquo. De telles doctrines eussent à peine été tolérables au temps où les philosophes discutaient imperturbablement sur la substance des anges.

Cette même philosophie, si docile au moyen âge, a tué la théologie proprement dite ; il n'y a plus d'alliance possible entre la morte et la mourante. Quelques secours que la religion catholique prétende, selon M. de Montalembert (2), donner à la philosophie ; le mieux sera pour le culte d'abandonner à son malheureux sort une im-

---

(1) *De la Connaissance de Dieu et de soi-même.*
(2) Cette audacieuse facétie, où l'on reconnaît l'empirisme des jésuites, est énoncée dans : *les intérêts catholiques au XIXe siècle*, ouvrage récent de M. de Montalembert.

possible allié. Le plâtrage des alliances officielles dissimule mal les divergences intimes. L'Université suffirait seule à tenir les deux camps en armes.

Après Condillac, Helvétius, d'Holbach, après les sensualistes, il fallait bien, sinon inventer, du moins rompre avec le passé. Les philosophes n'échappent pas à cette prétention de la politique. Pour comprendre la tactique des philosophes officiels, il faut jeter un coup d'œil sur l'état moral de la société française au commencement de la restauration. La fin du dernier siècle avait été signalée par la plus terrible secousse qui ait jamais ébranlé ce pays. L'empire avait continué la révolution armée et tracé magistralement l'ébauche de l'unité européenne. Or, en tant que la philosophie puisse passer dans les humbles choses de ce monde, quelle philosophie avait plus contribué à la révolution que le sensualisme? En haine de cette révolution, dont on se sert depuis trente ans pour arriver au pouvoir, et dont on s'éloigne à mesure que l'on monte dans la carrière des honneurs, on répudia les sensualistes. N'avaient-ils pas en quelque sorte en ramenant l'homme au sentiment de ses intérêts, en le plaçant humblement vis-à-vis de la nature, en le dépouillant des fantasmagories mystiques et théologiques; n'avaient-ils pas, dis-je, implicitement abaissé l'orgueil des grands et propagé le sentiment de l'égalité? Ces doctrines nous montraient l'homme universellement soumis aux lois de la nature. Elles écartaient le surnaturel favorable aux théocraties et à tous les genres de despotisme; elles amenaient au culte de la raison des esprits encore troublés, mais dans lesquels une lumière nouvelle commençait à poindre. En un mot la philosophie sensualiste avait battu en brèche le trône et l'autel ; voilà pourquoi, sous la restauration, quand le trône et l'autel furent relevés par les baïonnettes étrangères, la jeune philosophie se fit spiritualiste. Elle voulait ainsi donner au nouveau pouvoir des gages de son esprit de conservation et de réaction, en même temps qu'elle se ménageait l'opinion publique par un libéralisme bâtard, enté tant bien que mal sur l'esprit de la Constituante. (Remarquons-le bien, la Constituante. rien de plus !) Mais n'était-ce pas une manœuvre habile : tendre en quelque sorte une main à l'Église et à la légitimité, et pouvoir en même temps faire sonner à l'occasion le mot de révolution? Il n'est pas étonnant qu'une pareille jeunesse ait fait un si beau chemin.

Telles sont les hautes raisons pour lesquelles la philosophie officielle au XIXe siècle se fit spiritualiste ; examinons maintenant pourquoi elle se fit éclectique.

Si l'on traçait par la succession des idées l'histoire métaphysique du genre humain, on s'apercevrait que de tout temps quatre systèmes philosophiques, sous divers noms, se partagent le monde. Il y a toujours eu, il y aura probablement toujours des matérialistes, des spiritualistes, des sceptiques et des mystiques. Ces quatre doctrines sont les grands thèmes sur lesquels la philosophie joue d'éternelles variations. Rien n'est donc plus rare qu'une aperception nouvelle en philosophie, et cet honneur fut au XIXe siècle réservé à deux révélateurs incomplets, à deux génies inachevés d'ailleurs, à Saint-Simon et à Fourier. La philosophie officielle, ou qui aspirait à le devenir, se fût bien gardée, en eût-elle été capable, d'aller à la recherche d'une vérité nouvelle. Ce n'est pas ce chemin qui menait aux fonctions sous les gouvernements barbons qui ont régi la France depuis la chute de l'empire jusqu'à la république. D'un autre côté, parcourir pour la centième fois quelque sentier battu par le génie; n'avoir pas même une formule, un nom à soi, c'était faire preuve d'une bien grande pauvreté d'imagination. Comment s'achalander lorsqu'on n'offre au public que du vieux oing ranci ou de l'orviétan éventé? N'eût-on rien dans le sac, il y fallait une étiquette. Or, il avait existé de par le monde une espèce de comète sans queue, une doctrine-scrupule, un diminutif de système qui jamais ne fit plus parler de lui que l'Académie de Saint-Brieuc. Cela se nommait éclectisme. Diderot en dit quelque part un mot irréfléchi. Ce n'est pas à lui toutefois qu'est due cette ingénieuse invention, dont MM. Royer-Collard, Cousin, Jouffroy et tous les philosophicules à la suite se sont faits les éditeurs. Selon le bon M. Pierre Leroux, elle appartient à un certain Potamon.

Je ne connais pas ce Potamon, qui professait à Alexandrie du temps de Plotin, mais je ne puis m'empêcher d'admirer les ingénieuses précautions de la Providence, qui s'en va jeter, il y a plus de dix-huit cents ans, la semence d'une belle petite doctrine faite à la taille des bourgeois de 1830, pour assoupir les consciences, tuer la foi dans l'avenir, étouffer le génie des découvertes, créer le *statu quo* dans la philosophie comme dans la politique, justifier les palinodies de M. Cousin et de ses pareils, et prononcer pour longtemps la suppression des fonctions de la conscience. — La théorie éclectique à la main, tous les grands hommes du dernier règne peuvent justifier les honteuses transactions de leur existence. Tous ceux qui se sont vendus peuvent dire : J'avais le droit de me vendre; tous ceux qui ont trahi : J'avais le droit de trahir. Ce n'est pas le serment que les éclectiques ont aboli, c'est la foi jurée à soi-même. Ils ont si bien achevé l'œuvre de Voltaire que nous ne croyons même plus à Voltaire. Ces gens qui combattent dans Helvétius la doctrine des intérêts, n'ont laissé debout que cet intérêt, la seule chose qu'ils ne pussent détruire, la molécule sur laquelle se reconstruira la société future. Philosophie du ventre, des honneurs et des fonctions publiques, philosophie en habit bleu barbeau, en favoris teints et en bésicles, moitié macaire, moitié prud'homme, philosophie des moyennes régions, philosophie de la chèvre et philosophie du chou, ton éternelle gloire sera d'avoir été la philosophie de l'égoïsme, la philosophie de l'écu de cent sous ! Avec quel art cette savante corrompue n'a-t-elle pas intrigué sous la restauration pour florir sous Louis-Philippe ! languarde et creuse, vaine et savantasse, elle n'ignorait pas que le parlementarisme, le libéralisme, le bourgeoisisme feraient bon ménage avec elle et l'eu tretiendraient sur un bon pied. — Voilà pourquoi les philosophes en sevrage du commencement de la restauration, qui aspiraient au pouvoir, se firent éclectiques.

Pas plus qu'à Louis-Philippe, pas plus qu'à MM. Thiers et Guizot, nous n'en voudrons aux éclectiques d'avoir poussé à l'extrême le génie individualiste du xixe siècle. C'est grâce à ces gouvernants, à ces ministres, à ces professeurs, qu'enfin l'on peut dire que le marché des consciences est ouvert, et ajouter avec Walpoole, qu'il ne s'agit plus que du prix. Tout homme est désormais un industriel qui, à défaut de houille, de fer ou de farine, peut mettre sa conscience en commandite. On n'est plus entravé par les préjugés. L'homme est libre en face des autres et de lui-même. La néo-démocratie-gréco-Romaine, la démocratie de 1793 et de 1848, est reléguée avec les machines d'opéra. Sous le vieux Louis-Philippe, la France devenait peu à peu une vaste maison de commerce, et si cela eût continué, les actionnaires (le peuple), au lieu de se battre, comme en 1848, par sentiment, se seraient battus par intérêt : la vraie, la légitime bataille. La guerre des intérêts succédera aux guerres de religion, comme la philosophie positive succède à la théologie. C'est ainsi que les philosophes éclectiques, les parlementaires, les libéraux ont dissous le vieil individu de la société française, et réduit à l'état simple ce composé d'impuissantes mixtures qu'on nommait le vieil homme. La nymphe industrielle, la chrysalide de la démocratie future s'est formée dans cet odieux fumier. Après un tel service, éclectiques et parlementaires n'ont-ils pas le droit d'être méprisés et absous?

Lorsqu'on traite de pareilles matières, il serait souverainement injuste d'ailleurs de ne pas faire remonter au pouvoir la plus grande part de responsabilité. Le culte, la philosophie, l'enseignement tout entier, ce que l'on pourrait même nommer plus largement l'éducation, reçoit de l'Etat son impulsion première. Dans toute société, à quelque degré qu'elle se trouve sur l'échelle de la civilisation, l'individu subit deux éducations : celle que lui confère le groupe ou la famille, et celle qui émane de la constitution des pouvoirs, de la politique des gouvernants. La première est liée à la seconde, comme l'enfant aux entrailles de la mère. Or, l'Etat ne peut initier que selon les conditions de sa nature. C'est pourquoi la constitution d'un pays donnera une idée de l'éducation d'un peuple. Il serait en effet souverainement illogique de supposer un peuple recevant une éducation domestique en contradiction avec celle qui émane de son gouvernement. Pareil exemple ne se rencontre que chez les nations asservies, comme la Pologne et l'Italie, où l'éducation familiale respire l'amour de la liberté, tandis que celle du pouvoir cherche à inoculer la résignation au despotisme. Aussi ces nations subsistent-elles dans un état anormal, et doit-on les considérer, moralement du moins, comme en insurrection permanente. Rien de pareil n'existait en France sous le règne de Louis-Philippe. Le gouverné recevait directement et sans entraves l'influence du gouvernant ; la famille, d'accord avec le gouvernant, se mettait à l'unisson de l'Etat. Il s'agissait d'argent, on s'entendait à demi-mot. Le roi était passé en âme et en esprit dans chacune de ces boutiques. Son génie mercantile habitait dans le crâne des banquiers et des agioteurs. Quant à ce sentiment familial, dont on parlait si haut, il avait le malheur, chez le roi et chez les siens, de ressembler bien plutôt à une sorte d'association d'intérêt, qu'à un principe d'amour destiné à s'étendre jusqu'à la nation. La famille avait l'air d'une raison sociale : un tel et Cie. Et s'il en était ainsi en haut, autant en advenait en bas. Nous l'avons dit, à propos de la presse et de la politique proprement dite, l'ensemble des institutions reposait sur des quotités pécuniaires. De sorte que cette grande masse de citoyens qui n'est ni riche, ni même illustre, mais qui n'en est pas moins la vraie nation, la nation produisant, consommant, gagnant les batailles, n'était comptée absolument pour rien dans l'État. Quel enseignement pouvait-on tirer de là? Qu'il fallait s'enrichir. Aussi le grand ministre du règne répétait-il complaisamment ce mot, dont abusèrent depuis tous les parvenus : « Enrichissez-vous. » La jeunesse des classes moyennes, fatalement rapprochée du pouvoir, reçut ce mot dans le cœur. Elle eut à subir les mauvais conseils et les mauvais exemples, et elle y gagna une profonde indifférence pour les idées généreuses. En bas et en haut de ce monde, divisé comme les vieilles sociétés de l'Inde, on parlait encore quelque peu principe. En bas, vivait à l'état latent, comme le feu dans le flanc des montagnes, le principe démocratique. La souffrance est aussi un moyen d'enseignement indirect. (L'idée de justice se présentera toujours à la pensée de quiconque aura vécu parmi les opprimés.) En haut, les vieillards s'efforçaient de souffler à leurs petits-fils la tradition aristocratique, à laquelle se mêlaient du moins certains souvenirs de gloire nationale dans lesquels les classes se confondent et où l'honneur de la France semble envelopper tous ses enfants dans les plis d'un même drapeau. Rien d'excellent ne pouvait sortir de l'éducation défectueuse du prolétariat et des traditions ridicules de l'aristocratie. Mais encore y avait-il au fond de ces deux éducations l'âme de deux principes : l'un mort, et en quelque sorte refroidi avec les cendres de la Bastille ; l'autre, impropre encore à féconder le pays. Il ne restait donc pour sauver la France que la jeunesse des classes moyennes. Lui avait-on parlé de droit divin et d'aristocratie? Ses pères, qui avaient fait la révolution, s'en seraient bien gardés. Ils lui lisaient Voltaire, l'élevaient dans le mépris des prêtres et des nobles, et dans la haine du principe aristocratique. L'animaient-ils donc du souffle démocratique et révolutionnaire ? Pas d'avantage. Ces hommes, qui avaient fait la révolution et récolté les bénéfices d'icelle, se plaisaient à couvrir de sang et de boue les plus belles pages de cette grande époque. Ils n'en évoquaient le souvenir aux yeux de leurs neveux que comme celui d'un spectre hideux, qui devait traverser les siècles chargé de l'exécration des peuples. Mais alors quel principe enseignaient-ils donc à cette jeunesse si merveilleusement placée pour devenir l'honneur et le salut du pays? Que disaient-ils à ces hommes de l'avenir? Quelle parole divine, sacrée, jetaient-ils au fond de ces jeunes âmes ? Le principe, le verbe sacré, c'était le mot argent. Etonnez-vous donc que le principe-argent ait enfin débordé sur tous et sur chacun, sur la famille et sur l'Etat, et que le peuple français ait eu un instant l'air d'un peuple de boutiquiers !

Qui n'a entendu les conseils d'une mère de famille au fils de la maison ? Lui recommandait-on de chercher sa foi dans une philosophie, dans une science quelconque ? Lui disait-on : Vis ferme dans ta croyance, comme un bon soldat qui marche au combat ? — Lui prêchait-on l'abnégation et le sacrifice ? Une mère de ce siècle a-t-elle jamais dit à son fils : Vends tes vêtements, s'il le faut, pour venir en aide à ton ami ; précipite-toi dans le fleuve, si tu vois un malheureux s'y noyer ; prends ton fusil pour ta cause, si ta cause est en danger. — Non, non, le mot de la mère lacédémonienne n'a plus d'écho ici. — Prenez bien garde, mon fils, disaient nos matrones ; vous allez entrer dans un monde rempli d'embûches. Méfiez-vous de tous ceux au milieu desquels vous vivrez. Vous ne sauriez trop songer à votre conservation. Ayez des maîtresses s'il le faut, n'aimez jamais.— Surtout ne prêtez point votre argent.

C'est ainsi que l'amour maternel lui-même perdait toute foi, toute pudeur, toute religion et devenait un amour désordonné, corrompu, morbide. Au temps des croisades, un père, une mère, une maîtresse, disaient au fils ou à l'amant : — Va combattre pour ta foi, meurs s'il est besoin pour elle. — Sous Louis-Philippe, père, mère, maîtresse n'ont qu'un mot pour le jeune homme : « Enrichis-toi. » On ne lui brodait plus une écharpe qui devait flotter au plus épais de la mêlée ; on lui brodait une bourse, et on lui disait : « Remplis-la. » Et Dieu sait où cela aurait été si les truands, qui ne comprenaient rien au mouvement de la société nouvelle, qui n'ont pas la patience du tigre guettant sa proie, qui ne savent pas que l'égoïsme sauvera tout, ne se fussent un beau jour levés en criant comme dans les grands siècles de l'antiquité : « Mourir pour la patrie ! »

L'enseignement religieux venait-il du moins réparer le mal causé par les institutions et par la politique du prince ? En aucune façon. L'État, en admettant toutes les communions dans son sein, en les protégeant et en les salariant, avait fait une concession à la liberté ; mais il faisait en même temps preuve de scepticisme religieux. Une séparation complète entre les cultes et l'État eût certainement été plus loyale, mais dans l'acte douteux d'une demi-mesure se trahit le caractère de la bourgeoisie alors régnante. Elle se jette d'un premier mouvement dans l'abîme des révolutions et se retient ensuite au bord. Les intelligences du temps sentaient bien que le peuple chancelant dans sa foi voulait encore voir Dieu, non plus tel qu'il apparut aux juifs sur le Sinaï, au milieu des éclairs, non plus Dieu individu, mais une divinité non incarnée, en harmonie avec les progrès de la philosophie et de la science. Quel était, parmi ces bourgeois sceptiques, érudits, spirituels, médiocrement intelligents et profondément satisfaits, quel était, dis-je, le Moïse capable de révéler à l'humanité le Dieu nouveau ?

Quel Mahomet assez puissant pour arracher au ciel le dogme qui s'associera aux aspirations nouvelles des peuples ?

Le scepticisme avait engendré cette nécessité que la politique devra faire la révolution religieuse, tandis que dans l'ordre logique, c'est la révolution religieuse qui engendre la révolution politique. Etrange tâche imposée aux hommes d'Etat du temps! Il ne suffisait pas que MM. Thiers et Guizot fussent des tribuns, il aurait fallu qu'ils devinssent des apôtres. Aussi laissèrent-ils le pays dans cette dangereuse situation d'une politique sans religion. Or, toute politique, sous peine de se dévorer elle-même, implique une religion ; toute religion, sous peine de rester à l'état de mythe incompris, implique une politique adéquate à elle-même. Que pouvaient devenir une politique sans tête, une religion sans bras?

Aucun docteur de la bourgeoisie n'était capable de révéler une théodicée nouvelle après avoir dressé la synthèse de la philosophie et de la science. Nul n'apportait le dogme nouveau qui eût donné naissance à un gouvernement issu d'une grande origine, un de ces gouvernements qui marquent les phases de l'émancipation humaine et lèguent aux nations un repos de plusieurs siècles.

Mais si la protection de l'Etat nuisait au culte, celui-ci ne se faisait pas faute de se déprécier lui-même. Le clergé se mêlait avec tant d'âpreté aux intérêts de ce monde, qu'il achevait de désaffectionner les fidèles. La famille de son côté se méfiait de cette caste de célibataires, et beaucoup de personnes, pieuses d'ailleurs, n'admettaient pas le prêtres au foyer domestique. Comment l'enfant n'eût-il pas été frappé de toutes ces contradictions? Comment la foi eût-elle pris naissance dans son jeune cœur, et se fût-elle conservée le jour où la raison lui montrant d'un côté le scepticisme de l'Etat, de l'autre la conduite douteuse des familles, et les procédés du clergé, lui arrachait du même coup tous les bandeaux? Les influences générales et particulières ne firent donc pleuvoir sur les citoyens de l'avenir que doute, incertitude, contradiction, et ne laissèrent au fond de leur cœur, pour les plus hautes questions qui doivent occuper l'homme, que dédain ou indifférence. Le niveau de l'intelligence nationale en fut singulièrement abaissé. La bourgeoisie, par sa prédominance même, qui la rapprochait de l'Etat, subit le mal à un plus profond degré que les autres classes. Elle paya sous forme intellectuelle l'impôt de ses joies matérielles et perdit la faculté des grandes actions. La providence, si pleine d'ironie et de mystère, daignait cette fois conclure par une équation claire comme de l'algèbre.

Sans entrer dans les détails, nous avons sommairement indiqué le résultat des « applications de la métaphysique, » ou, si vous préférez, de ce que M. Cousin nomme « la bonne cause philosophique. » Si en effet il faut considérer la philosophie comme la roue motrice des sociétés humaines, voilà quelle a été l'œuvre de l'éclectisme en France. Rien d'ailleurs ne justifie cette prétention. L'éclectisme a fait du mal, cela est vrai, mais il a surtout fait ses affaires. Le mal ne dérive pas d'une source unique. Ce que l'on a vu de ce tableau des mœurs et de l'esprit du dernier règne, et ce que l'on en verra dans la suite, le prouvera suffisamment. La part des éclectiques dans la corruption du pays est assez large sans qu'on la leur élargisse.

Pour que la philosophie spéculative pût exercer une aussi grande influence sur la destinée des peuples, il faudrait qu'elle eût au moins l'humanité pour objet. Or depuis des siècles elle n'a dépensé son temps, elle n'a accumulé d'immenses travaux que dans le but de constater l'existence de l'homme et celle de Dieu. Et par quels procédés fantastiques, et par quels prodiges de l'imagination les philosophes arrivaient-ils à cette double constatation ! Saint Anselme prouvait l'existence de l'Etre suprême par la seule idée d'un maximum de grandeur, de beauté, de bonté. Descartes, sur la simple idée d'un être parfait, établissait la nécessité de l'existence de cet être. Berkley, le visionnaire, ne voyant que des idées, même dans la nature, prouvait toujours ladite existence du dit Dieu, par celle des idées indépendantes de la volonté ; comme si Dieu guidait humblement l'esprit de l'homme, comme si les idées indépendantes en apparence, mais dérivant, il est vrai, d'aperceptions antérieures ou occasionnelles, impliquaient la réalité d'une substance supérieure, intangible et incompréhensible. Leibnitz à son tour : le grand conciliateur, l'inventeur de l'harmonie préétablie, de la raison suffisante, de la géométrie métaphysique, vient avec sa série de monades, et fait de Dieu la monade suprême, à qui on peut lui objecter avec raison, qu'étant lui-même une monade de second ordre, il n'est guère possible que sa raison suffisante suffise à comprendre la monade supérieure. O Candide! O Pangloss! ne pourrait-on répliquer à ces orgueilleux chercheurs que Dieu ne serait pas Dieu si on le pouvait comprendre, que l'humanité finirait si la vérité absolue était trouvée.

Et combien d'explications plus monstrueuses que Léviathan, combien de querelles puériles naissent de ces théories fantasmagoriques et mystigorifiantes! Aristote et Platon se battent à travers les siècles sous mille noms plus ou moins étranges. Au fond il ne s'agit que de spiritualisme et de matérialisme, de théologie et d'humanité.

Platon pose la théorie du spiritualisme, Descartes lui donne raison, Malebranche leur donne raison. Mais Aristote n'est pas mort et les péripatéticiens le prouveront bien. Après chaque théorie importante naît une atroce bataille de mots. Le seul enthymème cartésien *Cogito, ergo sum* a fait noircir plus de papier qu'il n'en tiendrait dans une église.

Leibnitz concilie, mais Kant, plus conciliateur que le conciliateur, prétend que Lock voit des idées où il n'existe que des phénomènes, et il le marie avec Leibnitz.

Puis il se trouve que Leibnitz est à la fois Platon et Aristote, Locke et Descartes, l'eau et le feu.

Kant croit que l'objet n'existe qu'aperçu par le sujet.

Fichte dit qu'en ce cas l'objet n'existe pas, et réduit la science à A — A, moi — moi, ce qui en effet est singulièrement simple et transcendental.

Schelling ajoute qu'il n'y a ni objet ni sujet.

Merian dit à Kant : Vous ne connaissez pas le phénomène.

Kant dit à Merian : Vous ne connaissez pas la substance.

Et ils se le prouvent.

Locke, à qui l'abstrait bouche le concret, pose la théorie des idées.

Berkley s'en sert pour détruire la matière.

Hume s'en sert pour détruire l'esprit.

Reid s'en sert pour détruire Hume et Berkley.

Stewart se sert des unes et des autres pour séparer la conscience et la substance.

Et tout est à recommencer.

Plus tard survient un éclectique, ami des songes, nommé Jouffroy, qui trouve que tout est pour le mieux dans cette dualité permanente qui ramène sans cesse la dispute sur le même terrain. Et il a la bonté de voir dans ce tonneau des Danaïdes la loi du développement de l'espèce humaine. De sorte qu'après nous être disputés au moyen âge sous les espèces du nominalisme et du réalisme, à la renaissance, sous celles du dogmatisme-idéaliste-platonicien et du dogmatisme-sensualiste-péripatéticien, nous nous battrons peut-être demain au nom du socialisme complexo et du crétinisme simple.

« Nous ne connaissons que des idées, dit l'un. »

— « Nous ne connaissons rien, dit l'autre. »

« Une chose est, dit Hemsterhuys. »

— « Non, répond Braghaards, car c'est comme si vous disiez qu'être c'est être. »

M. TOMES : « Si vous ne faites saigner tout à l'heure votre fille, c'est une personne morte. »

M. DESFONANDRES : « Si vous la faites saigner, elle ne sera pas en vie dans un quart d'heure (1). »

Quelquefois la querelle dégénère en voies de fait. La philosophie se distingue alors par un raffinement de cruauté que l'inquisition seule a su dépasser. Ainsi le pauvre Campanella, que M. Sainte-Beuve a l'obligeance de traiter de charlatan, subit sept fois la torture et passe vingt-deux ans en prison pour avoir voulu faire du pape l'unarque de la Cité du soleil. Vanini qui ne conspira point, et qui n'eut d'autre vilain défaut que celui de ses mœurs dépravées, fut condamné à mort. On lui coupa la langue et on l'étrangla pour avoir émis des idées qui blessaient les théologiens de Tours en Touraine, et qui se rapprochaient de ce que d'Holbach nomma plus tard le *Système de la nature*. La Ramée, platonicien, fut égorgé pendant la Saint-Barthélemy par les sicaires du péripatéticien Charpentier, qui ne se contentèrent pas de le tuer ; ils lui prirent son argent et lui arrachèrent les entrailles. La liste de ces cruautés serait longue ; mais on s'en étonnerait moins en songeant qu'au fond de toute philosophie, c'est toujours une question plus

1) Molière, *l'Amour médecin*.

ou moins théologique qui se meut. Aussi faut-il peut-être considérer la vieille philosophie comme la seconde étape des superstitions humaines. Sous le règne de Louis-Philippe la philosophie officielle ne fut qu'un exercice de l'esprit, et ce serait lui faire bien de l'honneur que de la considérer comme la plus haute expression de la littérature. Si la bourgeoisie fit cas de ses philosophes, c'est moins par l'utilité qu'elle en retirait, que par la vanité d'entretenir les plus pompeux, les plus graves, et aussi les plus coûteux des poëtes. Le philosophe est un luxe dans un État. On lit peu de philosophie, mais on aime à avoir des philosophes officiels comme un échantillon de ce que produit l'esprit humain en fait d'abstractions et d'obscurantisme. Pascal n'admet pas qu'une philosophie quelconque vaille une heure de peine.

Tandis que la pédantocratie éclectique avait, à satiété, du pouvoir, des honneurs, de l'argent et des femmes, un gentilhomme ruiné jusqu'à la plus affreuse misère, un pauvre épicier de province et le fils d'un tonnelier élevé au collége de Besançon (1), devaient presque simultanément creuser à la vieille philosophie une tombe dont elle ne sortira plus. Déjà la philosophie tendait par la méthodologie, par la catégorisation des concepts à se rapprocher des mathématiques. Déjà la politique devenait le sujet de discussions dont le but tendait à soumettre cette science à des règles invariables ; entreprise impos-

(1) C'est par erreur que dans la *Revue de Paris*, où ce livre fut d'abord publié, nous avions mis : élevé par *les jésuites de Besançon*. M. Proudhon nous a prié de rectifier ce fait. Nous nous empressons de faire droit à sa juste réclamation.

sible, mais qui n'en indiquait pas moins un vif désir de trouver une voie. De toutes parts, depuis quarante ans, une tendance à la synthèse, aux formules positives, à la politique régularisée, à l'assimilation des sciences conjecturales aux sciences exactes, à la méthode dans l'art, se manifestait dans les esprits. Fourier mourait à la recherche de la dialectique sérielle, mais après en avoir indiqué la route. Saint-Simon révélait le mystère de la société moderne et empêchait, en prédisant l'ère industrielle, qu'en ces temps d'hésitation et de larmes, une foule d'esprits distingués perdissent confiance en l'avenir, dépensassent inutilement leurs forces dans la démocratie gréco-romaine, et allassent finir leurs jours à Cayenne sans profit pour la patrie. Enfin, quelque temps après la mort de ces deux grands hommes, apparaissait le critique le plus extraordinaire qui eût paru depuis Voltaire, M. Proudhon, le garde-fou de toutes les théories contemporaines, l'homme le plus propre à préserver de la dangereuse maladie du vertige. Dans cette nouvelle série de portraits à l'examen desquels nous convions le lecteur, celui-ci ne sera pas le moins curieux. Mais, pour nous conformer à l'usage, nous donnerons le pas aux personnages officiels, et tout d'abord à M. Cousin.

CHAPITRE VIII.

MM. Cousin, Jouffroy, Auguste Comte, de Lamennais, Pierre Leroux
P.-J. Proudhon.

Lorsqu'il recevait une lettre de faire part annonçant la mort de M. un tel, — j'entends ce M. un tel que l'on ne connaît pas, qui ne vous a donné nul signe d'existence tant qu'il était de ce monde, et qui le jour de son enterrement vous convie à ses funérailles (« Vous êtes prié d'assister, etc. ») — lorsqu'il recevait, dis-je, un tel billet en temps opportun, ce qui signifie lorsqu'il n'était ni ministre, ni en session à la chambre des pairs, il se gardait bien de le jeter au feu. Il s'habillait de noir, mettait un crêpe à son chapeau, prenait un visage de pompe funèbre et se rendait à la maison mortuaire. Là, mêlé aux parents, aux amis du défunt, il s'informait de la profession, de la situation, des vertus de l'honorable citoyen que la mort cruelle venait d'arracher à sa famille et à la société. Il suivait ensuite le convoi, le plus près possible du corbillard, entrait dans le cimetière et au moment où les fossoyeurs descendaient la bière dans sa case, il s'élançait au bord de la tombe et prononçait un discours. Alors il vous donnait le beau spectacle d'un homme éloquent et inspiré qui s'abandonne aux sentiments qui l'oppressent, et trouve dans la passion d'admirables mouvements oratoires. Il commençait par rappeler aux assistants les lois imprescriptibles de la nature : « Un jour nous aussi nous mourrons, nous aussi nous serons enfouis dans les entrailles de la terre, nous aussi... » Puis il arrivait au défunt, traçait en quelques mots son noble caractère, racontait ses vertus domestiques, ses vertus de citoyen : « Mais ce n'est pas toi, père infortuné qu'il faut plaindre le plus, hélas ! hélas ! c'est vous, malheureux orphelins ; c'est toi, veuve inconsolable, compagne fidèle... etc. » Et s'animant à cette peinture, il éprouvait des titillations dans les paupières. Des larmes, de véritables larmes coulaient de ses yeux. L'émotion gagnait les assistants. Mon homme, oubliant alors qu'il n'avait pas connu le défunt, l'interpellait par une de ces sorties *ex abrupto* très-fréquentes dans les oraisons funèbres, improvisées sur les tombes, et qui manquent rarement leur effet : « O trop cher ami, si du fond de cette demeure dernière tu pouvais contempler le visage de tes amis assemblés, nos pleurs seraient pour toi comme une rosée céleste, un baume de consolation... » Je vous laisse à penser si les larmes redoublaient. Alors l'orateur faisait une pause, s'essuyait les yeux avec son mouchoir, se recueillait et prononçait d'une voix solennelle l'argument du *Phédon* sur l'immortalité de l'âme.

Quoiqu'il me soit impossible de garantir l'authenticité de l'anecdote, je ne voudrais pourtant pas qu'elle me fût attribuée, on me croirait trop d'imagination. Je l'ai ramassée de par le monde et je la livre pour ce qu'elle vaut. J'ajouterai même avec sincérité que j'ai longtemps douté, sinon de sa vérité, tout au moins de sa vraisemblance. A tort ou à raison, je ne doute plus aujourd'hui ni de l'une ni de l'autre. Cette conviction m'est venue en lisant le petit poëme sur *Santa-Rosa* qui finit, comme chacun sait, par un tombeau à l'amitié élevé par l'amitié dans l'île de Sphactérie.

M. Cousin est un très-habile littérateur, un metteur en scène de première force. Je connais peu de romans mieux construits que cet article sur Santa-Rosa (1). Mais l'homme s'y révèle avec les vanités de son caractère aussi naïvement que le pourrait faire M. Alexandre Dumas; c'est un discours sur la tombe où l'orateur fait intervenir sa propre personnalité : — Je demeurais près du jardin du Luxembourg, mon ami habitait rue des Francs-Bourgeois. J'avais une vieille gouvernante, mon ami avait un ami limonadier nommé Bossi. « Je passais la journée dans les médicaments et dans Platon. » Mon ami s'occupait d'une histoire des gouvernements constitutionels. J'étais couvert de sangsues, mon ami avait « le nez un peu trop gros. » Ces détails intimes dont a usé et abusé la littérature contemporaine, sont mis en œuvre par M. Cousin avec une si parfaite aisance qu'on le prendrait pour un romancier de profession; il ne l'est que de tempérament. La figure de Santa-Rosa est peinte avec le procédé qu'on nomme aujourd'hui réaliste, et que M. de Balzac a poussé à un très-haut degré. Par quelle erreur M. Cousin, « ce poëte objectif, » comme dit souvent un de ses malins confrères de l'Académie, s'est-il jeté dans la philosophie ?

On peut faire à *Santa-Rosa* plusieurs reproches qui

(1) *Revue des Deux-Mondes*, 1840.

s'adressent autant à l'auteur qu'au livre lui-même. Le caractère de M. Cousin s'y trahit d'une façon assez comique. La pose de l'homme s'y étale avec complaisance. En lisant les lettres brûlantes de Santa-Rosa à M. Cousin, il est impossible de ne pas se souvenir du mot que Rousseau, dans ses *Confessions*, attribue méchamment à l'excellent Diderot : « Voyez comme mes amis m'aiment. » Les lettres de l'infortuné Santa-Rosa ne semblent avoir été ajustées les unes au bout des autres que pour la satisfaction de montrer au public de combien de façons plus tendres et plus passionnées un ami peut dire : Je t'aime, à M. Cousin. Cette amitié respire je ne sais quel parfum antique par la façon dont s'exprime le bon Santa-Rosa : « O cher ami ! tu me manques bien. Quelle divinité nous a réunis ? Je t'ai vu, je t'ai aimé... » Et plus loin : « Tu es mon dernier attachement de cœur. » Et encore : « Tu me dis des douceurs, et je t'en remercie ; je les aime beaucoup. » M. Cousin daigne nommer cet échange de *douceurs* une amitié virile. Ce qu'il y a de plus étonnant, c'est que des opinions de monarchie représentative aient présidé à cette amitié singulière entre un philosophe éclectique et un conspirateur... parlementaire. Il semble que tout le faux de ces doctrines et de cette politique ait passé dans le caractère et dans les sentiments des deux personnages du poëme. Ce n'est pas que le talent et l'habileté aient manqué à M. Cousin ; mais parlant de lui-même il n'a pas su se modérer. Il a cru qu'en laissant dire Santa-Rosa il ne se commettait d'aucune sorte. Malheureusement le lecteur ne saurait oublier que M. Cousin est au moins l'éditeur de ces lettres passionnées. Chaque tendresse de Santa-Rosa se change alors en un pavé. On ne s'imprime pas des phrases comme celle-ci : « Homme si aimé par tes amis, tu offenses Dieu si tu contemples ton existence d'un œil sombre. »

M. Cousin s'est dressé dans ces pages un lit de parade où les sangsues, la mélancolie, Proclus et Platon jouent leur rôle d'une façon ingénieuse ; il n'y manque même pas la petite toux intéressante et cette fièvre qui colore la joue. Pour comprendre cette mise en scène il faut se reporter au temps dont nous parle l'auteur. Millevoie occupait encore les imaginations, et le *poitrinarisme* grandissait avec les premières tentatives des romantiques. Le livre de M. Cousin est une extension de l'élégie du jeune malade : un jeune philosophe parcourait une fois encore Proclus et Platon. L'ouvrage entier repose sur cette donnée et finit comme la complainte de Millevoie, par un mausolée.

Le caractère de Santa-Rosa se dessine bien d'ailleurs dans ce récit où le talent est ce qui manque le moins. Pour être juste, il faut mettre sur le compte de la redondance italienne cette phraséologie amoureuse qui donne aux lettres de Santa-Rosa un caractère si singulier. N'oublions pas qu'il a été un temps où nous écrivions en France : « J'ai l'honneur d'être avec passion, Monsieur, votre très-humble et très-obéissant serviteur. » Mais à mesure que l'amitié de ce bon Santa-Rosa se développe, la pose du jeune philosophe devient de plus en plus irritante. On est tenté de fermer le livre afin de ne pas se faire complice de l'éditeur qui les offre en holocauste à sa propre vanité sous les regards du public. La simplicité de Santa-Rosa, vis-à-vis d'un être aussi complexe que M. Cousin, afflige le lecteur. Pauvre homme, sur quelle tête versatile et vaniteuse, sur quel cœur de courtisan as-tu placé ton amitié !

Pour M. Cousin, l'opuscule sur Santa-Rosa, comme la dédicace à Farcy, *mort pour les lois* (1), n'est qu'une mise en scène. Habile à exploiter l'héroïsme et l'amitié, M. Cousin en prétendant sauver de l'oubli des hommes généreux qui succombèrent les armes à la main, place le capital de ses éloges à très-gros intérêt. Il espère bien qu'il en rejaillira sur son œuvre ce je ne sais quoi de romanesque, d'héroïque et de révolutionnaire, dont certains livres se font une éternelle fraîcheur, une impérissable jeunesse. Que M. Cousin compte ses cheveux blancs, ses principes reniés, ses opinions abandonnées, et il ne pourra plus se faire d'illusion sur ce point ; ne fût-ce qu'en suivant son œuvre littéraire, nous verrons le poitrinaire de 1820 finir en 1853 comme ils finissent tous, non par un mausolée, mais par des grivoiseries et des gaillardises. Arthur prend du ventre, ou devient un vieux galantin sec et chaud. Mais avant de parler de *Madame de Longueville* un mot de politique. C'est toujours, quoi qu'on en dise et qu'on en médise, la chose la plus gaie du monde.

---

(1) Mort dans les journées de juillet 1830.

Une nuit qu'il n'était plus ministre, on le rencontra sur les quais, suivi de quelques séides lorgnant des suppléances. Ses récriminations se mêlaient au vent et se perdaient dans le silence et les ténèbres. De temps en temps il gesticulait avec fureur et il s'écriait : Quand je reviendrai au ministère je dirai... je ferai... etc. On reconnaît ici l'homme des discours sur la tombe. Comme Aristote, M. Cousin participe aux affaires de son temps et n'est pas devenu trop farouche en étudiant la philosophie. Il dut lui coûter beaucoup de quitter le ministère parce qu'il lui avait beaucoup sacrifié. Avoir été carbonaro, admirateur passionné de Marat et établir la monarchie constitutionnelle en syllogisme, et nous donner ensuite la charte pour le résultat du travail légitime de la révolution et du xviiie siècle ; avoir éprouvé une *invincible tendresse* pour le dernier des Brutus et demander à grands cris la tête de Lavaux, la tête de Pepin, la tête de Morey, la tête de toutes les régicides, c'est faire à ses opinions un assez grand sacrifice. M. Cousin a accompli durant toute sa vie de ces sacrifices-là. S'ils n'ont pas tourné au profit de sa gloire, ils ont du moins servi à son avancement ; cela valait bien la peine de combattre Helvétius et la théorie de l'intérêt ! Elle a du moins l'avantage, lorsqu'on l'applique à des hommes comme M. Cousin, de nous préserver de la haine qu'ils ne valent pas et de l'admiration dont ils ne sont pas dignes. Ce serait une manière plus loyale, moins pompeuse que l'éclectisme d'expliquer leur syncrétisme intéressé.

Admis à la chambre des pairs, M. Cousin conçut la

pensée de devenir un homme politique. Il fit des discours aiguisés visant à l'esprit, cherchant le trait, ce qui est presque aussi coupable en politique que le calembour en conversation. La chambre haute eut son lustig (Voir notamment le discours sur la réforme électorale, séance du 20 mai.) La tribune est un si grand allèchement pour la vanité, qu'il est bien difficile, l'occasion aidant, de résister à la tentation. L'on conçoit et l'on daignera sans doute excuser l'entraînement de M. Cousin. Mais sera-t-il possible de conserver la même indulgence en retrouvant un jour un gros volume frais éclos (1), contenant la collection de ses discours ? Ici la préméditation éclate avec tant de force que la plus officieuse condescendance est obligée de tirer de l'aile. Comment! de sang-froid, jour par jour, M. Cousin a pris la peine de faire recopier au *Moniteur* des bouts de discours, des interruptions, de petites réflexions sur de petits amendements et sous-amendements! Il faut en vérité croire le public bien niais ou avoir de soi-même une opinion bien démesurée pour se permettre de pareilles intempérances de publicité. Cette belle collection, destinée sans doute à faire concurrence aux discours de Démosthènes et de Cicéron, est précédée d'une introduction sur les principes de la révolution française et du gouvernement représentatif. Ce n'est pas la portion la moins curieuse du livre. On y trouve de telles singularités que nous ne saurions passer outre avant d'en avoir relevé quelques-unes.

1) *Discours politiques*, 1831, in-12.

La préface de M. Cousin tend modestement à prouver que ce qu'il y a de plus favorable à la démocratie est un gouvernement représentatif dans le genre de celui de la monarchie de juillet. Il délaye en phrases ergoteuses ce vieux paradoxe de monarchie républicaine, dont le gouvernement de 1830 s'enfarina au commencement du règne pour tromper la portion imbécile des républicains du temps. M. Cousin, l'ex-admirateur de Marat, l'homme qui joue si agréablement de la trompette révolutionnaire, se déclare républicain, pourvu qu'il y ait un roi à la tête de la république. Tel est, selon lui, le sens de cette révolution, qui prouva bien qu'elle tendait à la monarchie constitutionnelle, puisqu'elle débuta, la constitution faite, par tenir son roi en prison dans son propre palais, par l'enfermer ensuite au Temple, et finalement par lui trancher la tête après mûre délibération, à la simple majorité des suffrages. « Quand j'ai accepté, professé, défendu la monarchie constitutionnelle, dit M. Cousin, je n'étais pas un enfant, et je l'ai fait par de sérieux motifs qui subsistent tout entiers. » Ces motifs, nous les comprenons. M. Cousin, comme les autres, a voulu faire son chemin ; là est tout le secret de ce gouvernement issu d'un concours d'intérêts matériels et d'ambitions individuelles. Non, ce gouvernement pastiche, que la bourgeoisie trouva bien à propos chez nos voisins les Anglais, pour éluder au contraire les principes de la révolution, n'a rien de commun avec la démocratie. Lorsqu'un crime a été commis, la justice, avant de rechercher le coupable, se demande à qui il profite, *cui prodest*. A qui a profité le parlementarisme? A la bourgeoisie, à M. Cousin, à M. Thiers, à M. Guizot, etc. Mais ce gouvernement parlementaire, entremetteur d'ambitions bourgeoises et rien de plus, émanait si peu des principes de la révolution qu'il a été deux fois chassé à coups de pied des Tuileries par le peuple, au nom de ces mêmes principes révolutionnaires, dont il s'enveloppait comme d'une peau de lion. La démocratie ne s'est jamais trompée sur l'oreille; elle l'a tirée et fait saigner assez de fois, vous le savez. Et maintenant que c'en est fait, que votre juste perte est consommée, que venez-vous nous plaider avec vos vieux discours remis à neuf, qui sentent le moisi du Moniteur de 1830, avec votre miel aigri, qui ne prendra plus de mouches? Vieillards illusionnés, avez-vous donc l'espoir d'un retour impossible? Ne sentez-vous pas que ces fusions inventées par une politique malade ne sont qu'une promiscuité de principes? Est-il donc si malaisé de prévoir la fin de tout ceci? Les efforts ridicules que ces deux spectres font pour s'accoupler ne prouvent-ils point assez que de cette vaine copulation, il ne résultera point d'enfant? Prenez garde à vous, courtisans de la légitimité, M. Guizot est dans vos rangs! Vivez, hommes de juillet dans la sainte méfiance des amitiés intéressées, n'oubliez-pas que vous êtes alliés à des ennemis qui ne vous pardonneront jamais 1830, et qui auront bien raison.

Plus loin M. Cousin, faisant le petit Proudhon, s'écrie : « La révolution organisée, c'est la monarchie constitutionnelle. » Et le ventre? et l'éclectisme? et la paix à tout prix? qu'est-ce que tous ces attributs ont de commun avec la révolution? Dans les échecs successifs que le parlementarisme a subis, M. Cousin, disposé à l'optimisme quand même, voit les preuves de la nécessité de ce régime. Selon lui, depuis soixante ans la France aspire au parlementarisme (MM. Karr, Gozlan et Méry n'ont plus le droit de faire des paradoxes.) Tout, au contraire, n'a-t-il pas prouvé que la France luttait contre un régime que repoussent à la fois son génie, son tempérament, son histoire politique et religieuse?

Quiconque a lu ou lira cette rapsodie politique que M. Cousin a placée en tête de ses *Fugitives parlementaires* pour grossir le volume, se demandera par quel miracle d'audace ou de démence un écrivain distingué, en somme, peut attester les défaites successives d'un régime, et par contre-coup les malheurs que ce régime a fait subir à la patrie, afin de prouver l'excellence, l'opportunité, les bienfaits de ce même régime. Cette béquille a déjà cassé deux ou trois fois, raison de plus pour s'y appuyer. Il fait jour, donc il fait nuit. L'auteur nous prie d'ailleurs de remarquer ce qui s'est passé en Angleterre. Là aussi le parlementarisme ne s'établit pas sans crises, et pourtant il a prospéré. — Il n'y a que deux choses à répondre à cela, c'est que les hommes de ce pays sont protestants et Anglais, que leur passé et le nôtre ne comportaient pas un développement identique.

Cette montagne de sophismes est couronnée par une de ces fanfaronnades qui échappent quelquefois aux ministres en disponibilité : M. Cousin trouve que la France est *facile à gouverner*. Voilà de ces choses auxquelles on ne s'attend pas et qui surprennent agréablement le monde. Le Français coupe la tête à son roi, en chasse deux autres de leur palais, se bat, s'insurge, conspire d'une façon à peu près permanente, n'est jamais content de rien, déteste tous les pouvoirs, y compris ceux qu'il se donne, met tout en chansons et en caricatures, se gausse de ses gouvernants toutes les fois qu'il ne leur court pas sus, et ne les a pas plutôt renversés qu'il se plaint de n'être pas gouverné. M. Cousin croit qu'un tel peuple moitié singe, moitié lion, se mène comme un agneau de bergère. Il en parle bien à son aise. Au point où en sont arrivées les sciences, la diffusion des lumières, l'inquiétude et les aspirations des masses; avec une question économique débarrassée de son dernier voile, et posée toute nue depuis quinze ou vingt ans, sans que personne ait pu la résoudre, parce que la solution n'est pas autre chose qu'une profonde transformation de l'état social actuel; dans de telles conditions, dis-je, la France est au contraire l'Etat le moins gouvernable qu'il y ait en Europe, et peut-être en même temps le moins apte aujourd'hui à se gouverner lui-même. C'est un aigle échappé dans le monde des idées; c'est un peuple prêt à toutes les aventures. Il a été piqué de l'idéal et sa grande maladie l'entraîne dans les grandes entreprises. Il ne se guérira encore une fois que par la guerre, sanglant et héroïque remède digne de sa puissante constitution. Il est dans la destinée de ce peuple militant que chez lui l'idée porte un glaive ou une hache.

Il nous reste un mot à dire sur les sentiments de M. Cousin pour son roi, et nous en aurons fini avec cette politique de fantaisie que le traducteur de Platon entoure des prestiges d'une forme correcte et élégante. M. Cousin, comme MM. Casimir Périer, Thiers, de Rémusat, comme tous ou presque tous, a son petit mot contre Louis-Philippe. La légitimité n'a fait que des ingratitudes, l'orléanisme que des ingrats. La première ne trouvera jamais de serviteurs dévoués, le second n'en rencontrera point de fidèles. L'une juge mal l'intelligence des hommes, l'autre se trompe sur leur cœur. La légitimité s'adressant aux sentiments croit n'avoir pas besoin de rémunérer; l'orléanisme faisant appel aux intérêts et les soldant, croit pouvoir se passer de principes chez les autres et chez lui-même. Il est évident, pour quiconque connaît son siècle, que le plus impuissant de ces deux partis est celui qui ne paye pas.

Quoi qu'en puisse dire M. Cousin, il a encouru à juste titre la réclamation que M. Liadières lui adressa (1) après la publication de l'article que nous analysons. Sous les formules du plus humble respect, sous les éloges hyperboliques du courtisan, on sent la griffe du bourgeois insatiable et mécontent qui n'a jamais assez ni assez longtemps de pouvoir, et qui ne saurait pardonner à Louis-Philippe sa chute, parce que la chute du roi entraînait celle de *monsieur* Cousin. Louis-Philippe restant, M. Cousin rentrait au ministère avec M. Thiers, là est

---

1) *L'Ordre*, avril 1851.

le crime du vieux monarque. Aussi l'auteur de l'introduction sur les principes de la révolution française reproche-t-il à Louis-Philippe ses *convictions ardentes et indomptables* (1), et la façon dont il recevait les contradictions *qu'il n'aimait guère*. Ah! si le roi avait écouté les contradictions de M. Cousin! Mais les rois sont incorrigibles, la maison d'Orléans s'écroula. « Et pourquoi, grand Dieu! » comme dit M. Cousin. C'est ici que la profondeur de vue du professeur de philosophie éclate dans toute sa puissance. « Il ne fallait pas abdiquer le 24 février à midi; mais il fallait prendre quelques jours auparavant M. Molé pour ministre, ou M. Thiers et M. Barrot le 23 février ou même le 24 au matin, en les laissant maîtres de gouverner à leur façon au lieu de retenir encore le gouvernement (2). » Tel est dans toute sa candeur le spécifique de M. Cousin. Voyez un peu à quoi tiennent les révolutions! Il suffit d'un M. Molé, d'un M. Thiers, d'un M. Cousin peut-être, pour dire à l'Océan soulevé : « Tu n'iras pas plus loin! » Ah! M. Barrot, serait-il vrai que vous nous auriez fait passer la mer Rouge à pied sec? A quoi sert-il de s'élever dans les plus hautes sphères de l'idée, de chercher dans la succession et la génération des faits historiques les lois qui président au mouvement des sociétés, pour venir jeter sérieusement dans les roues de ce vaste engrenage deux ou trois bâtons vermoulus : M. Molé, M. Thiers, M. Barrot, qui encore? et puis nous dire :

(1) Page 50.
(2) Page 62.

Ceci aurait arrêté cela. — Ils ne furent ni des Richelieu, ni des Pitt, mais en vérité cette dernière révolution leur a fait perdre la tramontane politique. Leur intellect ne gouverne plus d'après la situation de l'étoile polaire. Ils s'en vont à la dérive, emportés par le flot d'une génération d'hommes et de faits qui les pousse irrésistiblement et qu'ils ne sauraient même pas comprendre.

Philosophe et politique sur le retour, M. Cousin a eu le bon esprit d'utiliser, en se livrant à la littérature proprement dite, les justes loisirs que l'âge et les révolutions lui ont faits. Il est heureux, même sur le tard de la vie, de trouver sa véritable voie. M. Cousin, qui avait déjà donné des espérances, a enfin pris franchement cette plume aimable du portraitiste, qui me paraît un acheminement vers les jolis sentiers de l'imagination. Je ne désespère pas que nous ayons un jour un roman de M. Cousin. Nous en serons sincèrement heureux. Mais pour que notre bonheur fût complet, il faudrait que M. de Rémusat daignât nous donner un de ces vaudevilles qu'il tourne si agréablement. En vieillissant la doctrine et l'éclectisme se dérident. Heureux privilége de ces hommes propres à tout! Le seul M. Guizot, manquant de style, ne peut sortir de la littérature grave.

En parlant de M. Cousin littérateur, la critique est on ne peut plus à son aise. Il est plus agréable de louer que de contester le mérite des gens. L'histoire de madame de Longueville, par M. Cousin, est une des plus aimables lectures que nous ayons eu la bonne fortune de faire depuis longtemps. L'auteur a eu raison de choisir un portrait de femme, il excelle en ce genre. Nous croyons pouvoir avancer qu'il peint les femmes en homme qui les aime. C'est ainsi qu'il faut faire pour les comprendre. Il y a, dans *les Causeries* de M. Sainte-Beuve, une page assez friande, où il parle de l'amour de M. Cousin pour madame de Longueville. Rien de plus commun chez les hommes d'imagination que ces amours impossibles. Quel jeune homme n'a disputé à Rancé le crâne de madame de Montbazon? Et pourtant la plus jolie tête de mort, bien blanche, bien polie, ornée de ses trente-deux dents, ne vaut pas un portrait de la galerie de Versailles. Il est naturel au surplus qu'un auteur s'éprenne de son sujet.

Sterne était, vous le savez, un libertin sensible et moraliste, M. Sainte-Beuve est, lui, un libertin mystique, d'un sensualisme transcendental. Un portrait doit lui suffire. M. Cousin vise au solide, il est fort préoccupé d'un genre d'attraits, dont Platon ne parle point et qui se fait rare aujourd'hui. Les poètes de la renaissance nous ont donné d'assez beaux échantillons de ce genre de charmes. C'était au temps où la littérature, cherchant des conditions plus humaines, commençait à se lasser de Pétrarque et des élégies larmoyantes de l'Italie; du temps où Joachim du Bellay s'écriait, parlant à sa dame :

J'ai oublié l'art de Pétrarquiser,
Je veux d'amour franchement deviser.

Et se moquant des gens qui veulent à tout propos mourir pour leur maîtresse, il s'écriait :

> Mais quant à moi, sans feindre ni pleurer
> Touchant ce point, je vous puis assurer
> Que je veux sain et dispos demeurer
> Pour vous faire service.

Lorsqu'un amant traçait alors le portrait de sa maitresse, il ne se croyait pas obligé de lui donner un teint de poitrinaire et une taille de roseau. Or, si les belles-lettres sont pour quelque chose dans la beauté des belles femmes, je crois que l'honneur en revient plutôt à Ronsard et aux brillants esprits de la pléiade qu'à Descartes, à Pascal et à Malebranche.

Lorsque les autres manifestations de l'art, peinture et sculpture, sont en harmonie avec la poésie, que l'hygiène domestique (les longs repas, les vastes appartements, les exercices) prête son fort appui aux influences métaphysiques de la poésie et de l'art, comment les femmes ne seraient-elles pas pourvues de grands et copieux attributs de beauté? Il faut bien qu'en ces temps favorisés du ciel la femme soit à la taille de l'amant qui, comparant son amie au printemps, dit :

> Il donne aux fleurs la vigueur,
> Et mon cœur
> Prend d'elle vigueur et vie (1).

M. Cousin est, au fond, du goût de Ronsard. Il n'aborde néanmoins la matière qu'en éclectique, c'est-à-dire en homme de précaution. « *Certains attraits* manquent encore, dit-il, en parlant du portrait de madame de Longueville (mademoiselle de Bourbon) à quinze ans, mais la force qui les *promet* et *les assure* est partout em-

---

(1) Ronsard, *Chanson*.

preinte (1). » Pourquoi tant de façons pour dire que cette jeune personne aura une belle gorge ? Le nu est moins indécent que le retroussé. En s'exprimant ainsi, M. Cousin décollète l'objet de sa passion. Ce n'est pas la même chose que d'user ses lèvres sur un crâne.

Il est assez gai d'ailleurs de voir le philosophe et l'académicien expliquer, chacun à leur manière, ce que le dernier nomme d'une façon pédante et galante à la fois, la *théorie des appas* (2). Tous deux paraissent au surplus s'y connaître, et n'était la timidité de la littérature officielle, cela pourrait aller loin. Ah ! si vous aviez vu les appas de madame de Longueville, s'écrie à peu près M. Cousin. — Regardez donc le buste de madame Dubarry, réplique M. Sainte-Beuve, voilà qui est fourni ! — Eh ! messieurs, vous oubliez le corsage de madame Récamier !

Mais, ô Platon ! par qui as-tu été traduit ? — D'où vient cet amour d'un philosophe spiritualiste pour des beautés si bien établies ? L'homme véritable se trahit toujours quelque part ; voilà ce qu'il en faut conclure. Aurais-je parlé de ces grivoisités, si je n'avais dû en tirer un trait de lumière sur le caractère de M. Cousin ?

Nous avons peu de chose à dire physiquement d'un personnage aussi connu du public. M. Cousin a le front assez beau, l'œil vif. Il parle abondamment et spirituellement, avec une excessive mobilité de gestes. Il ne lui man-

(1) *Revue des Deux-Mondes*, août 1851.
(2) *Causeries du lundi*, t. VI, p. 129.

que qu'une chose, la chose qui leur manque à tous savants ou ignorants, professeurs ou avoués, ministres ou épiciers, la chose qui leur manquera toujours, qui est, en quelque sorte, un signe céleste, et dont l'absence constitue l'indélébile infériorité de la bourgeoisie : *la distinction*.

M. Cousin a formé, dans la personne de M. Jouffroy un élève qu'on lui a souvent opposé, et qui ne se relèvera pas plus que son maître du coup que leur a porté M. Pierre Leroux. M. Jouffroy, comme son maître, mais avec de moindres facultés poétiques, avec un esprit moins ingénieux, avait plus de dispositions pour la littérature proprement dite que pour la philosophie. Il a publié des *mélanges philosophiques* assez décousus où l'on remarque une définition de l'état de l'âme durant le sommeil, qui a fait dire à M. Pierre Leroux : « L'âme de M. Jouffroy est comme un matelot dans son navire, comme un propriétaire dans sa maison, elle ouvre et ferme ses sens à volonté ; elle veille à travers ses jalousies ; elle a fait faire silence autour d'elle, et se repose nonchalamment ou médite, ou prend des distractions (1) » M. Jouffroy est le plus grand abstracteur de quintessence de la philosophie éclectique. A une époque où la tendance à la synthèse est presque universelle, M. Jouffroy s'est renfermé dans une sèche et morbide analyse. Son second volume, publié par M. Damiron, n'a rien ajouté à ce que l'on savait déjà de sa méthode. M. Jouffroy fut un produit de

(1) *Réfutation de l'éclectisme*, p. 294.

l'école Normale, comme M. Auguste Comte en est un de l'école Polytechnique. Mais il existe entre eux cette différence que M. Jouffroy fut un homme inutile, planté comme un rocher au milieu d'une rivière, une anomalie, un produit spontané, une de ces individualités qui rompent avec la tradition sans la devancer.

Il n'en est pas ainsi de M. Auguste Comte. On ne saurait lui reprocher de n'avoir pas suivi le cours de ce large fleuve d'idées qui entraîne les destinées humaines. Il est le produit direct et immédiat du progrès des sciences exactes. Un philosophe comme M. Auguste Comte, ne pouvait pas naître avant Lavoisier. Aux yeux de M. Comte, la métaphysique n'existe pas, ce n'est qu'une *utopie pédantocratique*. M. Proudhon, qui donne souvent raison à M. Comte, divise lui aussi le monde intellectuel en trois grandes époques : religion, philosophie, science. Nous verrons tout à l'heure si cette classification ne procède pas d'une manière d'envisager la loi du progrès que l'expérience dément.

La philosophie de M. Comte est un vaste assemblage de considérations sur les mathématiques, l'astronomie, la physique, la chimie, la physiologie, et ce qu'il nomme la physique sociale. Astronomie, physique et chimie forment la science des corps bruts ; physiologie et physique sociale celle des corps organisés. Cette ingénieuse division se subdivise en autant de ramifications que chacune de ces sciences prise isolément le comporte. Les mathématiques seules, la plus mystérieuse et la plus claire des sciences, celle qui participe à la fois de l'esprit et de la matière, qui contient l'abstrait et le concret, n'est pas classée. Elle occupe la tête de cette grande œuvre, et noue, comme une clef de voûte, les deux grands arceaux de l'édifice. Notre but n'est pas d'examiner ici un travail de cette importance. Les hommes, quelle que soit leur stature, ne sont que des points dans une fresque destinée à reproduire les divers aspects d'un règne comme celui de Louis-Philippe. Nous ne devons nous préoccuper que de l'effet d'ensemble de ce vaste paysage où se meut une société entière, la plus brillante, la plus audacieuse des sociétés européennes ; celle où, lorsqu'on a parcouru les deux mondes, on trouve, en dépit de ses agitations, qu'il fait encore meilleur à vivre.

Sans entrer dans l'examen des doctrines de M. Auguste Comte, on est cependant frappé de la prétention singulière qui éclate dans sa méthode, dès qu'il s'agit de physiologie. Ne semble-t-il pas que le livre finit à la physiologie animale, et que la partie intitulée physique sociale, doive se borner à des considérations sur l'économie politique? M. Comte ne se borne pas là. Il consacre un chapitre à la physiologie intellectuelle et affective (1). On se demande d'abord ce que M. Comte peut entendre par physiologie intellectuelle et affective, et l'on ne tarde pas à s'apercevoir que c'est un mot nouveau pour exprimer d'anciennes idées. Il ne s'agit plus guère en effet de physiologie. Une pente insensible nous mène du physique au moral, et nous passons, sans nous

---

(1) *Philosophie positive*, t. III, p. 721.

en trop apercevoir, de la physiologie à la psychologie. Mais M. Comte ne l'entend pas ainsi. La psychologie, l'ontologie, pour lui n'existent point. Il ne veut pas qu'on emploie la méthode métaphysique pour analyser les phénomènes moraux. Ne pourrait-on pas lui demander alors pourquoi l'on choisirait la méthode contraire pour juger précisément son dissemblable? N'est-ce pas violenter la nature même des choses? Les découvertes et les classifications de Gall et de Spurzheim ne créent pas une physiologie intellectuelle, ils sont un perfectionnement de la physiologie animale et rien de plus. Un matérialiste s'écriait un jour : J'ai trouvé l'âme ! — Où est-elle, lui demanda-t-on ?—C'est le système nerveux.» La phrénologie tient à peu près le langage de ce matérialiste. On conçoit difficilement qu'une philosophie qui a, et justifie le plus souvent la prétention d'être positive, s'appuie sur les théories contestables et contestées du docteur Gall. Les découvertes de M. Gall, fussent-elles irréfragablement acquises à la science, ne feraient qu'ajouter à la physiognomonie de Lavater les bénéfices d'un contrôle anatomique. L'accord fût-il complet, en quoi le mystère de la monade serait-expliqué? Comment la psychologie serait-elle détruite par la manifestation physique des facultés intellectuelles des individus? Cette localisation, dont le moindre défaut serait de conduire au fatalisme, ne détruit point la métaphysique, qui n'est autre chose en somme que la plus haute manifestation poétique de l'homme, une aspiration vers l'inconnu. Elle trempe par les pieds dans la réalité, sa tête se perd dans le rêve. Mais elle sera éternelle, parce qu'elle répond à l'un des besoins de l'homme.

Ceci ne fait pas le compte, nous le savons, des philosophes de notre génération. Jamais les esprits n'ont été plus avides de vérités mathématiques qu'en ces temps de progrès scientifiques, d'industrie et de réhabilitation de la chair. Au fond, c'est l'éternelle querelle de l'esprit et de la matière qui se reproduit sous une forme nouvelle. La loi du mouvement dans l'humanité, comme celle du mouvement des mondes, est le résultat de deux forces contraires. Mais celle du progrès ne consiste pas, comme le pensent MM. Comte et Proudhon, dans une élimination absolue. La philosophie ne détruit pas la religion, et la science ne détruit pas la philosophie; mais philosophie, science et religion sont des termes éternels, à la fois puissance agissante et passive de l'homme, comme monarchie, oligarchie et république sont des formes sociales de tous les temps et de tous les pays. La loi du progrès gît dans le perfectionnement de ces aspirations et de ces formes et non dans l'élimination successive et radicale des types anciens par des types nouveaux. Ce qui fait l'éternité de ces formes sociales et de ces aspirations de l'esprit scientifique et poétique, c'est que les unes et les autres sont des conséquences de notre nature, des émanations de nos qualités.

Ce que nous disions à propos de la physiologie intellectuelle et affective, pourrait en quelque sorte s'appliquer à ce que M. Comte nomme la physique sociale, et qui forme, avant le résumé général, la fin de son grand ouvrage. C'est encore une extension arbitraire de la puissance des mots qui forme le fond de ce point de doctrine. Il n'y a pas plus de physique sociale que de physiologie intellectuelle. Tout au plus pourrait-on socialiser la physique en la mettant au service de tous les individus qui composent la société. Mais créer, par abus de mots, une physique sociale où il n'est question, ni d'acoustique, ni d'optique, ni d'électrologie, etc.; une physique sociale où il n'est pas question de physique, mais de phénomènes sociaux, c'est chercher une assimilation empirique qui blesse le sens commun. Cela rappelle les socialistes voulant détruire la politique (ce qui ne tend à rien moins qu'à détruire l'homme vivant avec ses semblables) et imaginer une méthode positive, immuable, pour gouverner les sociétés. Vos *époques* sont ce que M. Jouffroy aurait nommé la *philosophie de l'histoire*. La physique sociale, en admettant un instant ce terme profondément impossible, aurait dû se composer de deux choses : 1° la politique, qui est un art, c'est-à-dire une chose humaine; 2° l'économie, qui est une science, c'est-à-dire une loi. Machiavel et Adam Smith. L'humanité découvrira sans cesse des lois inaperçues, et elle en fera son profit: mais elle ne réduira jamais l'art, cette émanation de la libre individualité, à des règles fixes. Machiavel a étudié toutes les formes du pouvoir. Il a indiqué au prince le moyen d'opprimer le peuple; il a pesé les chances de la crainte et celles de l'amour, a déterminé les cas généraux où l'un peut être préférable à l'autre; il a fait plus : de cette même plume, qui écrivait le traité du Prince, il a tracé en quelque sorte le manuel du régicide et du conspirateur. Mais pour avoir tiré de l'histoire des sociétés et du cœur de l'homme tous les enseignements qu'ils révèlent, pour avoir prévu et rassemblé mille éventualités, il n'en est pas moins vrai que la politique reste un art incertain comme tout autre art, et dans lequel le génie individuel domine la règle.

M. Auguste Comte avec sa physiologie intellectuelle et sa physique sociale reste nonobstant, sinon une des plus grandes, du moins une des plus significatives physionomies du règne. Isolée, l'étude de cette aride philosophie ne donnerait qu'une idée fausse des temps que nous venons de traverser. Mais lorsqu'à côté de M. Comte vous placerez des hommes comme MM. de Lamennais et Pierre Leroux, les traits principaux de la période philosophique que nous embrassons seront esquissés ; il ne manquera plus qu'un Méphistophélès ou un Démocrite pour se moquer de tous et de toutes choses. Ce dernier personnage, qui complète l'action dramatique du présent chapitre, ne manquera même pas à notre scène. Nous le trouverons dans un homme qui avait sous le règne spécieusement paisible de Louis-Philippe écrit ces livres terribles, qui firent depuis si grand bruit dans le monde : *De l'Ordre dans l'humanité. Qu'est-ce que la propriété ? Système des contradictions économiques.* Nous trouverons, dis-je notre railleur dans cette vivante antinomie qu'on appelle P.-J. Proudhon.

Tandis que M. Comte faisait appel à la jeunesse spéciale des ponts et chaussées, des mines et des chemins de fer, tandis qu'il raillait cet état-major ardent et flegmatique des armées industrielles, MM. Lamennais et Pierre Leroux s'adressaient au cœur et à l'imagination des masses et entraînaient à leur suite les esprits poétiques et les hommes de sentiment, la grande majorité de la nation en France. Le rôle politique de M. Lamennais fut très-considérable sous la restauration et se continua sous Louis-Philippe. C'est une statue mélancolique du passé qui prolonge sa grande ombre jusque dans les temps actuels. Elle est marquée du double signe du doute et de la tristesse qui caractérise les commencements du siècle, et qui se réflète dans *l'Esquisse d'une philosophie*. M. de Lamennais a varié du tout au tout en politique. Mais qui lui ferait un crime de variations inspirées par la seule recherche de la vérité? L'on n'éprouve que du respect devant cette âme supérieure et cette haute intelligence douée de l'auréole de la raison et de la poésie, en présence de cette vie pure et austère, qu'on peut passer tout entière au crible de la critique sans y trouver le moindre grain d'intérêt terrestre. M. de Lamennais a refusé le cardinalat et préféré magnifiquement la gloire. Quelle leçon ! Quel constrate sous un règne voué à l'escompte de toutes les facultés !

Sur la fin de sa vie, dégagé des agitations de la politique et des grandes polémiques religieuses qui signalèrent le commencement et le milieu de sa carrière, ce grand homme nous apparaît dans cette pure et tranquille atmosphère, dans cette attitude du repos qui permet de contempler les traits d'un personnage historique et d'en saisir l'ensemble. On peut le qualifier d'un mot : M. de Lamennais est le Chateaubriand de la démocratie. Mais quelle différence dans la destinée de ces deux hommes ! La mélancolie de l'un fut douce et élégante, mélancolie de gentilhomme et de poëte en somme ; celle de l'autre, toute trempée de larmes, du sang et des sueurs de la cause qu'il soutenait, a passé dure et amère dans les traits amaigris du maître. Et tandis que M. de Chateaubriand repose dans la tombe orgueilleuse et solitaire du grand Bey, comme un autre Byron qui aurait voulu mourir loin de la patrie, tandis que ce poëte expiré posant en héros jusque dans le cercueil occupe encore les beaux esprits du temps, M. de Lamennais achève une carrière abreuvée de tant d'ingratitudes dans l'ingratitude suprême de l'oubli.

La science, prise au point de vue spéculatif de M. Auguste Comte, peut saisir et transporter l'imagination. Les mathématiques recèlent dans l'harmonie des nombres je ne sais quel secret lyrisme. Quoi de plus éblouissant, de plus incandescent qu'une équation ? C'est la pure lumière qui brûle à blanc. Une vérité réduite en équation algébrique éblouit l'intelligence, comme le soleil éblouit les yeux. Ce n'est donc pas précisément la faculté de frapper au moins certaines imaginations qui manque à M. Comte, mais le sentiment. En ce sens, M. Pierre Leroux contrastera plus vivement avec le mathématicien que M. de Lamennais. L'auteur de la *Réfutation de l'éclectisme*, avec ce don merveilleux des facultés affectives, dut surtout charmer les âmes humbles et souffrantes. C'est un cœur en permanente effusion. Qu'il traite de politique, de philosophie, de quoique ce soit, il y apporte cet accent tendre et passionné particulier à l'amour Il mettra du sentiment jusque dans un pamphlet (1). Ce n'est pas que l'esprit lui manque, bien au contraire. Il sait tout comme un autre emporter la pièce de son homme. Ce Shylock sentimental a pris plus de dix livres de chair à M. Cousin et quelques onces à M. Proudhon. Mais au temps même de ces grandes querelles où l'encrier joua un si puissant rôle, au temps où les mots empennés de *Marcassin* et de *Pâtissier*, injures inconnues d'une poétique nouvelle, volaient comme de simples *cuisteries* du xviiie siècle, le caractère de M. Pierre Leroux conservait son inaltérable tendresse. Jamais son discours du soir ne se ressentait de son article du matin. Il parlait bien plutôt en apôtre qu'en tribun, étendant les bras comme un nageur, ramenant les mains l'une contre l'autre, les rejetant à la foule, avec le trémolo de l'émotion, comme s'il lui eût lancé son cœur : « On dirait, s'écria un jour un petit enfant, que M. Pierre Leroux jette des cornets de bonbons. » Quel éloge !

Il appartenait à un homme du caractère de M. Pierre Leroux de soutenir la cause de l'émancipation des femmes. Il y a des courages que rien n'épouvante. Les gens qui ont bravé le ridicule à Ménilmontant, avec une impassibilité digne d'un autre âge, ne s'alarment pas d'un

(1) Voir *le Carrosse de M. Aguado.*

petit article ou d'une caricature. Honni de ses adversaires et de ses coreligionnaires politiques, M. Pierre Leroux, avec une imperturbable sérénité, a continué ses prédications en faveur de ce sexe à qui nous accorderons toujours tout ce qu'il voudra prendre. Quelques jours avant le 2 décembre, la voix de M. Pierre Leroux s'élevait encore sur le même sujet. Il existe en lui je ne sais quel fond de naïveté qui lui donne l'intrépidité de la candeur. Je doute même, hélas! que M. Pierre Leroux ait été soutenu par les ingrates créatures pour lesquelles il bravait la malignité publique. Les femmes des classes pauvres, industrielles et agricoles, n'ont point l'esprit ouvert à ces merveilles. Elle sont battues par leur mari ou le battent selon qu'elles sont plus fortes ou plus faibles, que le mari a bu ou qu'il est à jeun. Cet état militant est rendu supportable par la trêve du travail, la grande paix de Dieu de tous les jours et par les réconciliations de la paillasse, paix de Dieu de tous les soirs. Dans les grandes villes, dans les classes riches, ou qui vivent comme si elles l'étaient, les femmes sont adorées, adulées. On se bat, on se tue, on se ruine même pour elles. Les plus belles et les meilleures choses sont pour elles. On ne leur demande pour tout cela que d'être jolies, et encore a-t-on le plus souvent la galanterie de les croire sur parole. Il n'y a point de bassesse qu'on ne fasse pour leur plaire. Les derniers des laquais ne se conduisent pas avec plus de servilité envers leurs maîtres que nous ne nous conduisons envers nos maîtresses. Aussi les femmes traitent-elles les hommes avec un dédain qui n'égale que leur humilité, lorsqu'elles n'ont ni argent ni mari. Le monopole de la fatuité leur appartient. La femme ne marche pas, elle ondule en faisant la roue. Serait-elle ridicule, grand Dieu ! si nous n'étions pas hommes ! mais tout ce qu'elles font nous paraît joli, et plus elles commettent de sottises, plus nous avons besoin d'empire sur nous-mêmes pour ne pas leur baiser les pieds. Avec quel magnifique insolence essuient-elles le feu de nos regards ! C'est que dans les villes capitales les femmes sont lasses d'amour ; de sorte qu'un honnête homme, doué de grands et robustes sentiments, ne sait où adresser l'expression de ses pensées amoureuses.

M. Pierre Leroux pouvait-il être compris lorsqu'il venait parler d'émancipation en faveur de personnes aussi émancipées ? Pouvait-il l'être davantage par la mère de famille, qui tout enivrée d'amour maternel, donne à téter à un enfant et regarde l'autre jouer à ses pieds ; de sorte que pour elle le bonheur n'a qu'un mètre carré ? Et le bourgeois, dont les joues ressemblent à deux tranches de jambon, le bourgeois encorné, qui parle d'un ton rogue et qui veut être le maître chez lui, croyez-vous qu'il se chausse de cette pantoufle que vous nommez l'émancipation de la femme ? Croyez-vous que son épouse madrée, qui tient la clef de la caisse et règne sur les commis, ne préfère pas ce privilége au droit de vote et d'éligibilité ? Ce que vous dites est empreint du grand amour universel, de l'équité absolue, mais l'idéal n'a rien de commun avec les grossières réalisations de ce monde qu'on a eu bien raison de nommer le bas monde. Qui donc a osé articuler ce mot profond : « Si j'avais la main pleine de vérités, je la fermerais? »

M. Enfantin a dit, en parlant de M. Pierre Leroux : « C'est le plus grand homme de bien *relatif* que je connaisse. » Il est bon d'ajouter que la vertu *absolue*, c'est la diffamation, lorsque ce n'est pas la croix. Voilà pourquoi la croix, gibet infâme, est devenue le signe symbolique d'une puissante religion.

Il nous reste à dépeindre un homme dont l'intelligence dépasse de beaucoup celle de la plupart des philosophes de ce temps. En parlant de ce véritable grand écrivain, nous sommes forcés, pour continuer de suivre une méthode positive, de parler souvent de petites choses. Les petites choses sont les molécules des grandes et servent à les mieux faire comprendre. A moins qu'on ne soit un monstre, l'excentricité des mœurs suppose l'excentricité de l'esprit, c'est-à-dire un génie dévoyé peut-être, mais en tout cas hors ligne.

M. P.-J. Proudhon est né dans la montagne, aux environs de Besançon, un pays qui produit des hommes de talent. Les gens de Besançon, qui sont dépourvus de talent, n'en ont pas moins bonne opinion d'eux-mêmes. Ils conservent l'accent de leur pays, souvent par la force des effets du terroir, mais quelquefois aussi comme un masque commode. Cet accent a quelque chose de naïf qui au besoin sert à dérouter l'interlocuteur. Sans rien vouloir diminuer des belles qualités des Francs-Comtois, je suis forcé d'avouer qu'on rencontre chez eux un mélange de ruse et de vantardise qui paraît être une conséquence de leur tempérament. M. Proudhon est ce que l'on nomme à Paris, dans le monde des arts et des lettres, *un homme de Besançon*.

La famille de M. Proudhon compte quatorze générations. Elle se compose d'artisans campagnards et de laboureurs. C'est donc à juste titre que M. Proudhon a pu jeter un jour cette boutade à je ne sais quel partisan de l'aristocratie : « J'ai quatorze quartiers de paysannerie ; citez-moi actuellement une famille noble qui compte autant de quartiers dans son ordre. » L'homme de Besançon apparaît ici, malgré l'originalité de la réplique. Les Proudhon jouissent d'une excellente réputation, mais leurs mœurs et leur caractère en font des êtres à part. Ce sont des paysans paperassiers et liseurs de codes. Il est bon de remarquer à ce propos que les Proudhon peuvent s'honorer de compter dans leur famille un célèbre jurisconsulte, dont les ouvrages sont encore en faveur parmi les personnes vouées à l'étude du droit.

On a donné aux Proudhon un surnom patois qui semble révéler un trait de caractère commun à toute la race. « Ce sont des *cudots*, » disent les paysans franccomtois. Cudot vient apparemment de cude ou four. De sorte que c'est comme si l'on disait : « Les Proudhon sont des chercheurs qui s'égarent et ne réussissent point, qui *font four*. » Les trois Proudhon de Nods se distinguent de l'autre branche par une teinte de caractère un peu plus foncée. On en cite un surtout, polisseur de marbre et agriculteur, qui se plaît aux longues lectures dans de gros livres et ne va pas à la charrue sans son code. Ce brave homme, qui vit très-solitairement, prétend qu'une malédiction pèse sur les Proudhon, parce que, dans des temps reculés, un pape aurait lancé une excommunication sur la famille. Et chaque fois que ses affaires l'amènent à Besançon, il ne manque pas d'aller à la bibliothèque feuilleter les plus gros et les plus anciens ouvrages, afin, dit-il, de découvrir le nom du pape excommunicateur et de conjurer le maléfice qui fait que les Proudhon ne réussissent à rien. Le bonhomme oublie que son neveu a cependant réussi à devenir l'un des plus grands écrivains qui aient illustré la France depuis soixante ans.

Lorsque l'orage commença de gronder sur la tête de M. Proudhon, le vieil oncle descendit à Besançon, le fusil sous le bras, la redingote bourrée de codes et de paperasses, voulant, disait-il, s'en aller à Paris soutenir son neveu et mettre ordre à tout cela.

Le père de M. Proudhon était tonnelier à Besançon, près du rempart. Dans son enfance, l'auteur des *Contradictions* a plus d'une fois enfoncé un cercle ou ajusté une douve. C'est au collége de Besançon qu'il fit ses études. Ce collége était alors livré à des professeurs libéraux qui subissaient aussi impatiemment que leurs élèves le joug de l'autorité cléricale. On ne sait comment M. Proudhon a pu y puiser un goût si vif pour les études théologiques, mais pour peu que vous paraissiez, ne fût-ce que par un mot ou le tour d'une phrase, y entendre quelque chose, il interrompra brusquement la conversation en vous disant :

« Vous avez étudié la théologie, citoyen? Avez-vous lu saint Thomas? »

Dans une épître dédicatoire à M. Bergmann, professeur de littérature étrangère à l'université de Strasbourg, M. Proudhon se plaint, nonobstant, de la direction spéciale donnée à ses études. « Les distractions de ma vie, dit-il, et les malheurs d'une éducation toute philosophique et religieuse ne m'ont presque permis de rien apprendre (1). » Cette modestie, qui n'a rien d'empirique, vient bien sous la plume d'un des littérateurs les plus instruits de France. Ici l'homme de Besançon disparaît. Ce ne sera pas la dernière fois que M. Proudhon nous apparaîtra sous l'aspect de la contradiction. « Tout ce que je sais, je le dois au désespoir, » ajoute-t-il. Hélas! pourquoi faut-il qu'en effet, en ce monde livré au hasard, où nulle capacité n'est classée à son rang, l'on doive souvent aux douleurs d'un orgueil solitaire, à la rage de n'être pas, ce peu de science accumulée pour l'amour de la supériorité, ce quelque chose dans le tour d'une phrase qui enivre les hommes et qu'ils nomment du talent? Ce talent représente les nuits froides et longues sous la lampe, la jeunesse, l'amour impitoyablement refoulés, les mauvais repas, les habits râpés, l'isolement, le mépris et la calomnie. C'est plus que tout cela, c'est véritablement un lambeau de son cœur que l'on arrache peu à peu, jour par jour, en serrant les dents, et qu'on jette enfin tout saignant à la

---

(1) *De la Création de l'ordre dans l'humanité*, p. 97.

bête fauve que l'on nomme public et qui vous paye cette pâture vive de trois grognements et d'un peu de monnaie.

Il y a un mot dans l'épître dédicatoire à M. Bergmann qui servira de guide à quiconque voudra étudier la biographie intellectuelle de M. Proudhon. « *Je suis un aventurier de la libre pensée,* » dit-il ; mais le même homme qui avoue avec tant de sincérité le caractère aventureux de son génie, dira non moins sincèrement : « Faisons une contre-académie, » et trahira, sans le vouloir, le côté officiel de son opposition ; de même qu'il traduira son adoration pour les types constitués en soutenant devant ses amis, peu après la révolution, que M. Guizot était un homme *hors ligne.* Toujours la contradiction. Au fond de tous ces mots et de toutes ces boutades, il y a considérablement de sentimentalité.

M. Proudhon a été ouvrier compositeur à Besançon. Il se faisait déjà remarquer alors par la négligence de son costume. Les bouts de sa cravate lui pendaient plus souvent sur le dos que sur la poitrine. Il témoigne d'ailleurs d'un grand mépris pour les vêtements, et portait encore sa redingote du séminaire lorsqu'il vint à Paris faire son droit. Il y a peut-être plus d'affectation que de complète indifférence dans la mise de M. Proudhon. A quoi bon porter une redingote dont la taille monte aux aisselles et les boutons aux omoplates ? Pourquoi un pantalon s'arrêtant au milieu des mollets ? Mais surtout d'où vient ce choix d'un chapeau à la mode des bateliers du

Rhône ? N'est-il pas plus conforme à la vraie simplicité de se mettre aussi bien qu'on le peut ?

A la page 100 du premier volume du *Système des contradictions économiques, ou Philosophie de la misère*, M. Proudhon analyse la situation de l'imprimerie en termes qui prouvent un souvenir assez vif de son ancienne profession. « Tout l'art, dit-il en parlant de la typographie, s'est retiré dans la spécialité des protes et correcteurs, savants modestes que l'impertinence des auteurs et patrons humilie encore, et dans quelques ouvriers, véritablement artistes. » N'entrevoyez-vous pas dans cette phrase le souvenir de quelques griefs qui durent froisser d'autant plus vivement le jeune compositeur qu'il se sentait une intelligence plus élevée ?

Voici un trait où l'on reconnaît le signe distinctif du caractère de M. Proudhon. L'Académie de Besançon, qui, grâce à son lauréat, a enfin fait parler d'elle, ayant décerné le prix de quinze cents francs à M. Proudhon, en signe de reconnaissance, il écrivit son fameux livre : *Qu'est-ce que la propriété ?* et le lui adressa. C'était pousser un peu loin l'amour de l'antinomie que d'adresser à d'honnêtes bourgeois de province un ouvrage aussi profondément révolutionnaire. Il n'est pas admissible que M. Proudhon soit pur de toute malice dans cette circonstance. Encore aurait-il fallu croire véritablement à une intelligence supérieure dans cette honnête Académie pour lui faire un pareil cadeau. Nous ne saurions y voir qu'une saillie méphistophélique des plus réjouissantes. Ce qui complète le comique de l'histoire, c'est que la bonne Académie se fâcha.

Nul n'ignore que M. Proudhon a passé plusieurs années dans une maison de commerce de Lyon. Ce qui, pour une intelligence vulgaire, eût été une cause de dépérissement, est devenu pour lui une source de connaissances nouvelles. Il put ainsi contrôler dans les faits les assertions de l'économie politique. Une multitude d'idées industrielles durent germer dans ce vaste et actif cerveau. La banque d'échanges n'est peut-être qu'un souvenir commercial.

On comprendrait bien mal M. Proudhon si l'on se figurait qu'il vit avec plaisir la révolution de février. Pendant près de trois semaines il en demeura consterné. Tout va être ébranlé, disait-il. Les plans d'ouvrages qu'il méditait n'avaient plus d'objet. Il se remit enfin et entra dans le mouvement révolutionnaire, entraîné, poussé par ses amis, plutôt que de sa propre volonté. Il y devint un pamphlétaire hors ligne qui fit oublier Paul-Louis Courier, Camille Desmoulins et tout ce qui s'est produit en ce genre depuis soixante ans. Il rédigea presque seul un journal unique en son genre, un journal où il y avait toujours un article écrit d'une façon supérieure, le sien. Cette article brillait d'un éclat d'autant plus vif, que le reste de la rédaction semblait fait, comme disent les peintres, pour lui servir de *repoussoir*. Soit par indolence, soit qu'à l'instar de beaucoup d'hommes éminents il ne puisse souffrir autour de lui que des nullités, M. Proudhon vivait au milieu d'un entourage impossible.

On ne sait pas dans quels cantons il avait pu découvrir de pareils sujets. Peut-être que brutal dominateur, et grossier comme le sont parfois les hommes plus occupés de leur pensée que de ce qui se meut auprès d'eux, M. Proudhon fait sans le vouloir le vide de l'intelligence autour de lui. On est obligé de compter avec l'intelligence, et celle-ci, plus délicate, plus sensible, se froisse d'un dur procédé. On ne peut pas lui dire comme le disait M. Proudhon à ses familiers : « Vous n'entendez rien à la banque du peuple. » On ne peut pas s'attabler devant elle comme M. Proudhon le fit pourtant devant un écrivain très-distingué, très-indépendant, et lui dire : « Avez-vous faim, citoyen? Vous m'excuserez si je mange beaucoup, j'ai de grandes choses à faire. » Une parole qui serait superbe dans la bouche d'un général prêt à livrer bataille et qui ne sent ici que l'homme de Besançon; car il ne faut pas oublier que M. Proudhon est le contraire de l'homme d'action, soit en politique, soit en révolution armée. Homme sentimental, il a horreur de la guerre, et pour lui Robespierre est un sot. M. Proudhon est un bourgeois rêvant le triomphe de bourgeoisie, ne comprenant ni la révolution armée des rois, ni celle des peuples, ni César, ni Brutus. Il y a dans M. Proudhon du Voltaire, du Rousseau, et un peu de M. Dupin. Voltaire bourgeois, quoique bien supérieur à Voltaire, il le recommandera, tout en le dédaignant. Nous le voyons de même, antithéologien par amour de la théologie, prétrophobe par une sorte de rivalité de métier. Esprit original, qui s'est qualifié lui-même « l'un des originaux de la révolution démocratique et sociale (1), » il s'abandonnera quelquefois aux facilités du lieu commun à la Jean-Jaques Rousseau. Comme l'auteur de *la Nouvelle Héloïse*, il se dit à lui-même de petites impertinences qu'il met sur le compte de l'éditeur. La *Création de l'ordre dans l'humanité*, volume in-12, édité pour la seconde fois en 1850, par les frères Garnier, qui se contentent d'être de riches libraires et se piquent peu de littérature, est parsemé, comme *la Nouvelle Héloïse*, de ces prétendues notes d'éditeurs : « La fortune m'ôtant le moyen d'acquérir, dit M. Proudhon dans l'épître à M. Bergmann, je voulus un jour, des lambeaux ramassés pendant mes courtes études, me créer une science à moi seul. » Et en note d'éditeur : « Confiance, orgueil de jeune homme ! — L'auteur n'a rien créé, rien inventé du tout. » Ceci ne rappelle-t-il pas le : « Douce Julie, à combien de titres allez-vous vous faire siffler ! » mis par Rousseau en note d'éditeur au tome II, page 197, de *la Nouvelle Héloïse*.

M. Proudhon a de Voltaire l'esprit, et la malice et la raison ; de Rousseau, l'humanité dans la forme, la compréhension de la nature, la naissance, l'éducation faite soi-même, la vie militante, la bizarrerie, l'ours ; de M. Dupin, le fond de paysannerie et les boutades. Mais il existe par-dessus tout cela un être à part, un composé de tant de choses et de choses si contradictoires, qu'il fournit en quelque sorte un type nouveau dans

(1) *Confessions d'un révolutionnaire*, p. 2.

les littératures vieillies de la vieille Europe ; un penseur qui a eu l'audace et la sincérité de faire de Dieu « un instrument de dialectique nécessaire (1), » un génie « qui, tourmenté de sentiments contraires, a fait appel à la raison (2), » et qui, s'isolant dans cette raison pure, dans cette raison sans guide-âne ou, si vous voulez, sans foi ni loi, a pu, en effet, dire : « Rien de ce que j'écris ne m'est imputable (3) » et avoir toujours raison en se contredisant toujours. L'homme qui écrivait en 1846 : « J'ai désespéré des républicains et je ne connais plus ni religion ni prêtres (4), » a pu, en 1848, crier : « Vive la République ! » et en 1849, revenir sur ses pas : « Républicains, je vous demande, pour tout effort, de ne plus toucher, jusqu'à nouvel ordre, à la révolution, vous ne la connaissez point, étudiez-la (5). » Il avait toujours et que trop raison.

Mais le jour où il s'éleva à une plus poignante compréhension de son siècle, où il eut soudain la clairvoyance absolue de la misère et d'une loi des intérêts, d'une loi de la chair, supérieure à toutes les phraséologies constituées, c'est lorsqu'il formula cette profonde aperception de l'ère industrielle, c'est-à-dire d'une société de l'estomac aussi bien que de l'esprit ; c'est lorsqu'il attaqua de front les mensonges officiels que les sociétés s'imposent, que les consciences timides se donnent à elles-

---

(1) *Système des contradictions économiques*, t. 1, p. 2.
(2) *Id.*, t. 1, p. 2.
(3) *Id.*, t. 1, p. 40.
(4) *Système des contradictions économiques*, t. 1, p. 43.
(5) *Confessions d'un révolutionnaire*, p. 1.

mêmes comme une fin de non-recevoir contre elles-mêmes ; c'est, enfin, lorsqu'il écrivit : « Je voudrais encore, pour assurer tout à fait votre jugement, cher lecteur, vous rendre l'âme insensible à la pitié, supérieure à la vertu, indifférente au bonheur. Souvenez-vous seulement, et n'oubliez jamais, que la pitié, le bonheur, la vertu, de même que la patrie, la religion et l'amour sont des masques (1). »

Ce n'est pourtant pas que M. Proudhon manque de qualités affectives, il a surtout l'amour du pays natal, de ce pays qui n'a pas, dit-il, été entraîné par le courant des révolutions et où les hommes n'ont point changé.

Lorsque la conversation tombe sur ce sujet de prédilection, M. Proudhon parle de son pays en grand peintre : « Dans mon pays, dira-t-il, quand un homme a une idée, il meurt avec. » Et ne lui parlez pas de ces douces contrées où deux percherons, attelés à une charrue, retournent sans effort un sol docile à la culture. « Chez nous, s'écriera-t-il, on attèle vingt bœufs et on laboure du granit. »

On ne s'étonnera point qu'avec des sentiments de cette nature, M. Proudhon ait sur la question de la famille les primitives idées du patriarcat. Aussi fut-il singulièrement froissé des excentriques tentatives des femmes socialistes et les railla-t-il impitoyablement. Le sentiment patriarcal est chez lui si développé, qu'il se serait marié, dit-on, non par intérêt, ni même par l'uni-

---

(1) *Système des contradictions économiques*, t. I, p. 43.

que entraînement d'une douce passion, mais surtout parce que la personne qu'il épousait ressemblait aux Proudhon.

Il est dans la complexion du génie de cet homme singulier de l'emporter en arrière ou en avant de son époque, d'être en permanente contradiction. Pédant comme un régent de collège, il aura de l'esprit sans le savoir, mais de l'esprit à tel point qu'un de ses auditeurs ne pouvait mieux m'en expliquer l'abondance qu'en me disant : « Cela pleut comme grêle. » Et c'est ce même homme de tant d'esprit, qui, se promenant dans sa petite chambre de la rue Mazarine, 49, portait sur l'avenir ce jugement si faux : « Oui, le citoyen Cabet arrivera à l'Assemblée. Quarante députés lui obéissent. Cabet aura une grande destinée ; moi, je viendrai après. Le communisme précédera, mais je sais que la haine est éternelle. » Prédiction fausse, inversion d'idées. M. Cabet ne saurait avoir une grande destinée, il n'a pas été député et ne le sera jamais. Le communisme ne précédera aucune forme de gouvernement. Comme il représente l'accord parfait, en harmonie sociale, il viendra le dernier ou ne viendra jamais.

Les opinions littéraires de M. Proudhon ne sont pas moins singulières. A l'entendre, la littérature ne lui inspire qu'un parfait mépris. Il repousse énergiquement la qualification de littérateur. Il a imprimé cette phrase au moins fort dédaigneuse : Le littérateur, réduit à son expression pure, est l'*écrivain public* (1). N'y a-t-il pas,

---

(1) *Système des contradictions économiques*, t. I, p. 103.

au fond de ceci, l'intention de blesser les littérateurs et rien de plus ; une simple rivalité de métier que nous avons signalée dans l'antithéologie et la prêtrophobie de M. Proudhon ! S'il fait si peu de cas des lettres, d'où vient qu'il ait en littérature un sentiment si juste, si exercé ; d'où vient que son style marche avec cette grande allure qui dénote l'écrivain consommé? D'où vient surtout qu'il ait écrit en bonne fortune, sous le manteau, un drame sur *Galilée* qui renferme, dit-on, des beautés de premier ordre. D'où vient que, dans la *Célébration du dimanche*, par exemple, nous trouvions une page, un petit roman mélancolique qui semble échappé à la plume d'un pur poëte : « Le jeune Maxime était aimé de la blonde Marie... etc. ? »

Il y a dans M. Proudhon le genre de lyrisme particulier à la plupart des satiriques (1). Ce genre de lyrisme atteint chez lui les proportions les plus nobles ou les plus familières et c'est là un des moindres mérites de cette plume merveilleuse ; mais, quelque forme qu'il prenne, le lyrisme est le même. M. Proudhon ne doit, par conséquent, pas éprouver une bien sincère admiration pour M. de Balzac. Il le louait pourtant. « M. de Balzac a beaucoup d'esprit, disait-il, ses ouvrages sont faits *avec ordre.* » Ce mot *ordre* me paraît très-caractéristique. On sent ici le révolutionnaire méthodique qui voulait fonder une contre-académie. Voilà bien le bourgeois, le Luther, le protestant. Aussi, M. Proudhon ne

(1) Voir un modèle du genre, les *Iambes*, de M. Barbier.

veut-il point qu'on raconte en littérature les souffrances des êtres désordonnés. Adieu Manon ! adieu René !

Comment se fait-il qu'avec de telles tendances, M. Proudhon ait écrit cette phrase qui donne tort aux théories surannées de Goethe et des Français d'hier : « L'intérêt du roman ne se soutient qu'autant qu'il s'approche de la réalité ? » Nous nous emparons de ce mot. Il consacre les tentatives littéraires et artistiques d'une vaillante jeunesse qui lutte à la fois contre les préjugés romantiques et contre les utopistes du beau quand même ; il recèle l'embryon d'une esthétique nouvelle.

Que M. Proudhon y consente ou non, il appartient à la littérature, et c'est à elle qu'il devra la vie future. Il a introduit le souffle de la vie et la plastique du style dans l'économie, dans la politique et la philosophie, nous n'y étions point accoutumés. Qu'il nous donne quelque jour un livre de critique littéraire et artistique, il verra bien au tirage si le public lui accorde ou non voix au chapitre des belles-lettres.

Tel est l'homme, autant qu'il est possible de reproduire ses traits dans une aussi courte esquisse ; tel est ce Démocrite au museau de singe, aux dents avancées, à la tête bilobée comme une calebasse, aux lunettes fantastiques comme un conte d'Hoffmann. Ne fût-il que le railleur du xixe siècle, son rôle serait encore immense, colossal par les proportions qu'il lui a données. L'ironie elle-même, sous sa plume, s'est empreinte d'un génie inconnu. Ce n'est plus la muse élégante et corrompue de Voltaire, ni la muse romantique de Goethe, c'est une divinité plus humaine et en même temps plus grande, par les aspirations. Elle revêt je ne sais quelle pureté sévère et originale que nous ne lui connaissons pas. Elle porte avec elle la lumière et peut être va-t-elle entr'ouvrir, comme l'aurore, les portes de l'Orient, et répandre la clarté sur la terre. Elle n'est plus, comme jadis, une inspiratrice de discorde, elle s'avance, au contraire, comme le Christ, pleine d'amour et de charité. Combien elle laisse loin derrière elle l'ironie des Byron et des Châteaubriand! Et pourtant, malgré sa candeur, malgré cette évangélique pureté, malgré cette certitude consolante, on sent qu'il reste encore à son front un dernier reflet de la mélancolie du siècle qui ajoute un charme de plus à son indicible grâce. Telle est cette muse que M. Proudhon nomme sa souveraine et qui n'est que sa fille, la Minerve sortie armée de son cerveau.

Ceux qui voudront un jour honorer la mémoire de M. Proudhon n'auront pas de plus bel éloge à lui décerner que de graver sur le socle de son buste cette invocation à la muse qu'il nomme « le démon familier du philosophe, » invocation par laquelle il termine poétiquement les *Confessions d'un révolutionnaire* : « Douce Ironie! seule tu es pure, chaste et discrète. Tu donnes la grâce à la beauté et l'assaisonnement à l'amour ; tu inspires la charité par la tolérance ; tu dissipes le préjugé homicide; tu enseignes la modestie à la femme, l'audace au guerrier, la prudence à l'homme d'Etat. Tu apaises, par ton sourire, les dissensions et les guerres civiles ; tu fais la paix entre les frères, tu procures la guérison au fanatique et au sectaire. Tu es maîtresse de Vérité, tu sers de providence au Génie, et la Vertu, ô déesse, c'est encore toi. »

CHAPITRE IX.

L'étudiant du moyen âge et l'étudiant du temps de Louis-Philippe. — M. Béranger à la Closerie des Lilas. — Nécessité d'une forme nouvelle de l'héroïsme. — M. Villemain; platitude de ce professeur devant les princes du Nord. — M. Saint-Marc Girardin. — Mauvaise influence de ces professeurs sur la jeunesse. — M. Edgard Quinet. — M. Michelet. — Abus des doctrines du maître par un disciple (*de la foi nouvelle dans l'art*).— M. Philarète Chasles. — M. Adam Mickievicz et Towianski; le messianisme; *la Tribune des peuples*.

En se reportant imaginairement au sein de cette société du moyen âge, si naïve, si grossière, mais en même temps croyante et forte, on se demande si ce grand adoucissement des mœurs, qui distingue la France contemporaine, n'a pas en retour fait subir une dépression considérable au caractère national. Peut-être cet adoucissement n'est-il au total qu'une question de forme. Les années que nous venons de traverser nous ont montré la férocité humaine aussi épouvantable qu'aux époques les plus sinistres de notre histoire. La différence est qu'aujourd'hui la férocité a quelque chose de plus soudain, de plus foudroyant et de plus mystérieux qu'autrefois. Les tombes se creusent et se ferment avec une promptitude qui tient du prestige. L'eau des fontaines lave en un moment les pavés ensanglantés, et les boutiques se rouvrent au soleil.

Ces mélancoliques rapprochements entre le présent et le passé nous ramènent, par une pente naturelle, à comparer le gentil écolier du moyen âge avec l'étudiant du règne de Louis-Philippe. Je vois le premier profitant de ses franchises, et les outre-passant, mener de front les amours, les batailles, les bons tours joués au bourgeois, les joyeuses nuits à la taverne et l'étude de la théologie. L'étudiant sous Louis-Philippe ne risque ni sa bourse ni sa vie, ne croit ni à Dieu ni à diable, ni à sa maîtresse, ni à son roi, ni à la république. Il vit dans une sage folie, au milieu de petits excès calculés, songeant déjà au moment où il sera électeur et officier public. Le dernier des bousingos et le dernier des étudiants de la Chaumière, vestige de la tradition, sont morts dans les premières années de ce règne dissolvant. Les écoles représentaient une pensée collective, la pensée de la jeunesse éclairée ; l'individualisme a gagné l'ouvrier. Allez seules à travers les limbes, âmes errantes, jusqu'à ce que vous ayez trouvé quelque mot d'ordre qui vous rassemble et vous unisse.

A la vérité, c'était M. Cousin, et non pas Abeilard qui professait à Paris en ce siècle de désenchantement.

A mesure que le règne du vieux Philippe avançait, il accomplissait impassiblement, naïvement, son abaissement continu des âmes. C'est ainsi qu'une presse hydraulique descend peu à peu, lentement, mais infailliblement et réduit au plus mince volume, au plus parfait dessèchement, les pulpes soumises à son action.

L'étudiant se rangea, jeta le berret rouge, mit des gants et demeura sur la rive droite de la Seine. La révolution de février se fit sans l'initiative des écoles !

Le dernier signe de vie que cette jeunesse nous ait donné, date de deux ou trois ans à peine, mais il est empreint d'un caractère véritablement conforme à l'ironie aiguë, particulière au temps où nous vivons. M. Béranger, le poëte, que l'on peut considérer, lui aussi, comme un des professeurs non officiels de la jeunesse française (*De champagne enivrons Julie*, etc.); l'auteur de : *Ma grand'mère, un soir à sa fête*, et de ces chansons libérales qui exaltèrent le cerveau des Odilon Barrot, des Chambolle, des Pagnerre, des Garnier Pagès, de toute cette folle jeunesse de quatre-vingt-dix kilos ; l'Anacréon français, voulant sans doute se rendre compte des mœurs et du caractère des générations nouvelles, se rendit dans un jardin public, nommé la *Closerie des Lilas*. A peine était-il assis qu'on le reconnaît. Aussitôt toutes les Julie, les Lisette, les Rose et tous les Oscar et les jeune Valsin de notre génération se précipitent vers lui, l'entourent, le pressent et prétendent le couvrir de fleurs et de bouteilles de bière. Le poëte n'échappa, dit-on, qu'à grand'peine à cette ovation.

M. Veuillot nommerait cela un châtiment céleste. Bornons-nous à tirer de cet enthousiasme suspect la déduction qu'elle recèle.

L'individualisme a poussé l'ironie jusqu'à des cruautés inconnues. Rien de ce qui a été ne lui semble respectable. Un discrédit profond, irrémédiable, pèse sur ce qui triomphait hier. De là, l'implacable, l'absolue nécessité d'une forme nouvelle de l'héroïsme à tous ses degrés, qu'il se nomme vertu civique, courage militaire, génie poétique ou pictural ; de là une nécessité plus radicale encore, une transformation des manières, de l'esprit, et par conséquent des mœurs dans la vie domestique. Car le ridicule ne s'arrêtera pas au seuil de M. Véron, il entrera au logis, il y est entré, il y règne ; et il a déjà sauté tout armé dans la maison d'une foule de républicains-orléanistes, la fleur de la bourgeoisie, qui passent pour les plus purs représentants du talent, de la gloire, de toutes les vertus en France. On ne s'imagine pas où conduit la satire. Elle n'a jamais été plus utile, plus nécessaire en France. Il est temps qu'enfin l'on cesse de vouloir nous faire prendre des bonnets de coton pour des couronnes de laurier.

L'étudiant ne fut en somme que ce qu'on le fit. Élevé à l'école de la prudence, du sentiment de sa propre conservation et des opinions médiocres en toutes choses c'est encore bien heureux qu'il ait gardé l'ironie, la dernière vertu des contemporains. Quand on a eu des professeurs comme MM. Villemain et Saint-Marc Girardin, peut-être apprend-on à bien dire ; mais il est douteux qu'on garde l'enthousiasme et la puissance d'agir. Il nous est, quoi que nous fassions, impossible de nous rendre compte aujourd'hui du succès de ces professeurs. Il fallait qu'ils s'adressassent à un public bien croyant, bien facile à engluer avec des phrases littéraires, pour ne pas voir le néant de tout cela. S'ils avaient seulement songé à regarder en face leurs professeurs, ils auraient à l'instant tourné le dos, quitté l'hémicycle et laissé le rhéteur lancer dans le vide sa parole plus vide encore. Mais les temps étaient favorables aux pipeurs de popularité Avec cette logomachie : « Vive la liberté ! » ou même

« Vive la Charte! » autre logomachie, on mettait en liesse la multitude des imbéciles, et tous se prenaient à sauter comme des veaux dans la prairie, au son de la guimbarde.

Mais, si quelqu'un d'entre nous autres, qui sommes venus plus tard, afin de voir plus de sottises, plus de palinodies, et d'arriver à l'extinction de toute crédulité, si quelqu'un de nous avait pu se trouver là devant l'auteur de *Lascaris*, en face de l'illustre élève de Luce de Lancival, par exemple, ne se serait-il pas écrié : « Tais-toi, homme; tu n'as plus le droit d'ouvrir la bouche ici. On aurait dû clouer ta langue sur l'écu de France, le jour où ta voix s'éleva pour célébrer la magnanimité des princes du Nord, ta langue, qui a léché en phrases avilissantes les bottes du Russe et du Prussien. Elles étaient teintes du sang français! » Le gagiste universitaire qui loua *la vaillance de l'héritier de Frédéric et la magnanimité d'Alexandre*, entrant vainqueurs dans Paris, après vingt ans de conspirations de rois, contre cette France, dont l'épée se brisait à force d'avoir servi, le jeune homme de vingt-deux ans, qui débutait dans la vie par cette honteuse et colossale platitude, ne devait jamais, dis-je, avoir le droit de monter en chaire à Paris, et de parler à la jeunesse française. Il fallait l'envoyer professer à Berlin ou à Saint-Pétersbourg.

Il ne suffit pas, en effet, d'avoir vaincu M. Droz, M. Jay, et quelques autres visières vertes, il ne suffit pas de parler spirituellement, d'écrire avec élégance, si ces divers talents ne doivent servir qu'à retenir les sentiments de la jeunesse dans des régions moyennes des sphères académiques, qu'à les amoindrir, qu'à former l'esprit en diminuant l'âme. Si la littérature ne sert qu'à faire d'un jeune homme un bourgeois spirituel, égoïste, impropre aux grandes pensées et aux grandes actions : il n'en faut plus.

Qu'apprendrons-nous par exemple de M. Saint-Marc Girardin ? A effleurer les questions dans un style poli, à faire des amplifications sur *l'usage des passions dans le drame* (1), à ne pas sortir des règles imposées par la tradition. Il s'agit bien de tout cela dans un siècle où il n'y a plus de société française, et où chacun a le droit de dire : « La société, c'est moi. » Le défaut des hommes de ce genre, lorsqu'ils prennent part au mouvement de la vie publique, ne fût-ce que par les fonctions, le haut enseignement ou le journalisme, est d'avoir l'air de revenir d'il y a cent ans. Né pour être régent de rhétorique dans les murs discrets d'un collège, M. Saint-Marc Girardin n'a pas compris sa véritable vocation. Il eût pu dans cette sphère modeste, rendre des services à la jeunesse, tandis que, sans mauvaise volonté, mais par le fait de son organisation et de son éducation, il ne peut, au Conseil de l'instruction publique et à la Faculté des lettres, que nuire au développement des idées de son siècle. Rôle triste et pénible que celui-là ! C'est dans le journalisme surtout qu'il est douloureux de rencontrer les interminables articles de ce régent de collège. Sous

---

(1) Voir les deux vol. in-12.

sa plume, le moindre incident prend les proportions d'une question. A la façon solennelle et compendieuse dont il exprime sa pensée, on voit que le personnage se croit encore en chaire.

Il s'est heureusement rencontré dans le haut enseignement des hommes qui surent entretenir dans la jeunesse des sentiments généreux. Je citerai parmi eux M. Edgard Quinet. Il ne parlait sans doute pas avec la grande facilité des Villemain et des Saint-Marc Girardin; mais, si sa parole était lourde, elle frappait profondément les âmes, et y laissait d'ineffaçables impressions. Au surplus, les cours ont lieu devant un petit auditoire; la parole n'atteint qu'un nombre infime d'individus; mais le livre qui se répand comme une émanation qu'emporte le vent, va partout chercher les esprits. Les ouvrages de M. Quinet sont écrits avec ce style coloré qui enflamme les imaginations. L'amour de l'humanité attendrit ces pages, dont le propre est d'élever les âmes.

M. Michelet s'adresse davantage à l'esprit. Si vous ne trouvez pas en lui la grandeur de M. Quinet, vous n'y rencontrerez point non plus ce vague qui environne toujours les aspirations supérieures. M. Michelet se tient plus près de la lettre. Il interroge plus minutieusement le détail des choses. Avec un rien, une molécule, il construit la synthèse; mais il arrive parfois que son induction, assise sur une trop étroite base, s'écroule d'un souffle. L'imagination de M. Quinet s'enflamme à l'aspect des vastes horizons; celle de M. Michelet s'allume en con-

templant un portrait, un chiffre, une pierre. Le premier
est de la famille des poëtes, le second de celle des romanciers. M. Michelet reconstruira le moyen âge en analysant le portail d'une cathédrale gothique. Il fera plus,
il cherchera dans un simple pastel les mystères du vice
et de la vertu. Voulant demander à l'histoire plus qu'elle
ne peut donner, il interrogera le regard de ce pastel troublé!... par le plumeau d'une chambrière, et s'écriera :
Elle était coupable! Or, comme, sa vive imagination l'emporte aisément sur ce fragile crayonnage exposé depuis
soixante ans aux outrages du temps et aux accidents de
ménage, sur ce : « elle était coupable » Dieu sait quel
beau château d'hypothèses il construira! Ajoutons, d'ailleurs, que cette méthode, un peu aventureuse, donne le
plus souvent lieu, chez M. Michelet, à des rencontres
charmantes et véritablement bien réussies. Nous n'avons
pas oublié sa merveilleuse interprétation du *Ça ira*.

Dans les questions d'art M. Michelet et ses adeptes
partent de ce même procédé qui consiste en somme à
grossir les objets et à leur donner plus de valeur morale
qu'ils n'en ont. Il y a des moments où cela dégénère
même en une sorte de maladie que l'on pourrait nommer l'éléphanthiasis intellectuelle. — J'ai sous les yeux
un petit livre sans signature, mais qui trahit son école,
de façon à ce que personne ne puisse s'y tromper. Cela se
nomme : *De la foi nouvelle cherchée dans l'art. — de
Rembrandt à Bethowen*. L'auteur prétend caractériser par
Rembrandt, le foyer, sa chaleur et ses lueurs. « M'est avis
que cela se caractérise fort bien tout seul sur les toiles du

maitre. Il prétend en outre montrer la légende chrétienne devenue démocratique dans la cause industrielle ; toute maison, toute cabane bénie, digne de l'hôte divin, surtout la plus pauvre. » Ceci frise le galimatias double. Le plus grave tort de l'auteur est de vouloir faire de ce truand de Rembrandt je ne sais quel socialiste néochrétien. La peinture a son utilité sans doute ; mais elle est utile comme les choux, innocemment, par les simples effets de la Providence. Elle nous met en rapport constant et intime avec la nature et l'humanité. Ayons horreur de la peinture qui pense ou prétend penser. Un peintre ne pense pas, il peint. S'il pensait il ne serait plus peintre, il deviendrait écrivain. L'ensemble des opérations de la pensée est mort à la peinture, à la sculpture. Il faut pour exercer ces arts rester un peu enfant. Les peintres qui pensent peignent généralement mal. Je voudrais bien que l'auteur *de la foi nouvelle cherchée dans l'art* me dise ce que la légende chrétienne, la pensée la moralité, le socialisme et l'esthétique sublimée transcendentale ont de commun avec un homme qui pisse, une femme qui torche son enfant, deux affreux amoureux qui se caressent à la flamande, ou un ivrogne qui répand ? Et pourtant ces bonshommes jouent leur rôle dans la peinture. Ils ont humainement une utilité, ne fût-ce que celle de nous faire rire.

La destinée des artistes dans une ère industrielle où l'infinie division du travail réduit la fonction de l'ouvrier à un rôle presque mécanique, est de rester les derniers des artisans. Il ne faut pas et il est d'ailleurs impossible qu'ils deviennent des penseurs. Les esthéticiens de l'école que nous signalons commettent la même faute que M. Guizot jugeant Shakspeare. A propos de peinture l'erreur est bien plus lourde encore. Le peintre n'a jamais eu les intentions que vous lui prêtez. Il a eu du génie sans préméditation. Tous ces effets sont le résultat harmonieux d'heureuses facultés et rien de plus. Le peintre n'est pas un criminel qui prévoit tout et médite son attentat dans le silence de la réflexion. L'inspiration le saisit, il lui cède. Peu à peu figure, paysage, couleur, lumière, toutes ces choses frappent son imagination, s'y reflètent pour ainsi dire ; il cherche alors à transporter sur la toile le mirage intérieur. S'il s'égarait dans les abstractions de la philosophie, il s'userait dans d'impuissantes intuitions perdrait le sentiment par le calcul et. mettrait au jour une toile incompréhensible, comme on en voit quelquefois.

Tout en signalant l'écueil de la méthode de M. Michelet et de son école, nous rendons pleine justice à l'écrivain et au professeur. Ce n'est pas sans plaisir qu'on se souvient de ce jeune vieillard, qui montait si lestement en chaire, et qui mêlait si artistement à une éloquence brillante de coquettes hésitations et d'élégantes négligences.

Le plus jeune des professeurs, sinon par l'âge, du moins par le caractère, le style et les idées, est sans contredit M. Philarète Chasles. Les productions de cette plume si intelligente, si française, ont couru toutes les parties du monde et en langues différentes. M. Philarète

Chasles écrit l'anglais et l'allemand, et envoie, dit-on, des correspondances jusqu'en Russie. Aucun homme de ce temps n'a plus contribué que lui à faire connaître la littérature française à l'étranger, et les littératures étrangères en France. M. Guizot frappe de mort tout ce qu'il touche; il suffit, au contraire, que M. Philarète Chasles s'empare d'un sujet pour l'animer. La critique et l'analyse se colorent sous sa plume de tous les reflets de la vie. Lorsqu'il se prend à reconstruire une époque, des mœurs, une individualité des siècles passés, il vous initie à ce monde disparu, à ces existences détruites, avec autant d'aisance qu'on en aurait à introduire un étranger dans un salon. Il ne faut que prendre la peine d'entrer pour se trouver tout à coup dans une merveilleuse compagnie. Ses études sur *Sophie Dorothée* et sur *Marie Stuart*, restent aussi présentes à l'esprit du lecteur que les meilleurs romans, et elles ont sur le roman le mérite de la vérité historique. Je ne sais rien de plus remarquable en ce genre, dans lequel excelle M. Philarète Chasles, que l'étude sur *Arétin*, une véritable création.

Parmi tous ces professeurs, il en est un que sa qualité d'étranger, son génie et ses infortunes recommandent à notre attention : je veux parler d'Adam Mickiewicz, qui fut, comme Dante, conspirateur et poëte. A examiner la vie errante de Mickiewicz, à le voir semant ici des poésies empreintes de ce caractère national de la Pologne, dont nul aussi bien que lui n'avait donné la physionomie; à suivre ses cours, qui furent pour l'Europe occidentale une révélation du génie slave, ne semblerait-il pas que l'exil est une mission ? Poëte subjectif et mystique, M. Mickiewicz donna à son cours du collége de France un caractère très-particulier. Son accent étranger, la fougue un peu sauvage, qui, parfois, faisait irruption dans cet enseignement, plus semblable à une prédication semi-religieuse, semi-politique, qu'à un cours de littérature, contrastaient avantageusement avec les phrases bien peignées de beaux diseurs, comme MM. Villemain et Saint-Marc Girardin. On sentait que l'orateur n'était pas animé, comme eux, du puéril désir de briller devant ses écoliers ; mais qu'une passion profonde couvait en lui, et qu'il songeait moins à former des élèves qu'à susciter des apôtres et des soldats pour une grande cause. Insensiblement, ce cours dégénéra en une sorte de tribune, où se produisait environnée des nuages de la poésie, et de je ne sais quel mysticisme religieux et belliqueux, une secte qui ne pouvait pas avoir de grands succès en France : le *messianisme*. Dès lors il semble qu'une secrète influence plane sur la vie et les idées du poëte polonais. De plus en plus isolé, retiré du monde, ou pour mieux dire retiré en lui-même, c'est à peine si son intelligence daigne condescendre à s'arrêter sur les humbles détails de la vie intime.

Un personnage peu connu en France, mais dont le nom s'est répété parmi les populations slaves, paraît avoir exercé une certaine influence sur le cours des idées de M. Mickiewicz, je veux parler de Towianski, gentilhomme campagnard, dont la vie simple contraste singulièrement avec la tournure de son esprit. D'après les renseignements que nous avons pu recueillir, Towianski est un homme de taille moyenne, maigre et basané. Il est, dit-on, doué d'une grande éloquence.

Les relations entre M. Mickiewicz et Towianski devinrent très-intimes à propos d'un fait qu'il n'est pas inutile de raconter, puisqu'il contribue à expliquer l'espèce d'influence qu'exerce ce dernier sur le professeur de littérature slave. Madame Mickiewicz est, on le sait, fille d'une célèbre pianiste de Wilna. Douée d'une organisation délicate, dont son éducation artistique dut développer la sensibilité, elle contracta une de ces maladies de nerfs, pour lesquelles les médecins n'ont ni nom, ni remède. On désespérait des secours de l'art ; sur ces entrefaites, Towianski vint à Paris. Il ne connaissait pas madame Mickiewicz, celle-ci ne l'avait jamais vu. Towianski lui parla ; avec la parole, il lui rendit la force, la confiance, la vie en quelque sorte. En deux jours madame Mickiewicz fut guérie presque miraculeusement (1).

Ainsi s'explique l'intimité des rapports de ces deux personnages bien connus de l'émigration polonaise. Les

---

(1) Une lettre anonyme nous fait observer que cette guérison fut tout à fait miraculeuse. — Il y a une autre version assez répandue dans l'émigration polonaise. Elle est au contraire d'un rationalisme fort malveillant. Cette version suppose Towianski secrètement dévoué aux intérêts russes. Ceux qui partagent cette opinion s'appuyent sur ce fait bien léger, que l'introduction du prophète Towianski dans les salons littéraires polonais et auprès de M. Mickiewicz a été l'homme d'affaires du duc Wittgenstein. On devine le reste de l'imbroglio. — Nous nous défions des haines des proscrits, mais nous trouvons qu'il est imprudent de faire appel au miracle ; c'est une provocation à la médisance. En France, au XIXe siècle, on doit se cacher d'un miracle comme d'une bonne fortune.

documents nous manquent pour raconter la naissance du towianisme, et pour exposer les doctrines de cette secte. La vérité est que les pratiques mystiques de ses adeptes, l'espèce de mystère dont ils s'enveloppent, et le fond même de cet idéalisme, dont le défaut est de tenir trop peu de compte des moyens matériels, ont contribué à son peu de popularité. La révolution de Février arracha M. Mickiewicz aux méditations solitaires dans lesquelles s'écoulait sa vie. Peut-être un peu d'espoir rentra-t-il dans cette âme, dont l'hôte habituel semble être la Mélancolie. Il rédigea un journal quotidien, intitulé *la Tribune des Peuples*. Cet organe se fit remarquer par l'élévation des idées qu'il exprimait, par le talent de sa rédaction ; mais il manquait de ces vues positives, mesquines, peut-être, mais que leur simplicité même rend plus faciles à saisir. Il semble que l'idée pure soit un ange dédaigneux de ce globe terraqué. Le peuple et le pouvoir, multitudes et gouvernements n'accueillent que ce qu'ils comprennent et qui peut les servir. *La Tribune des Peuples*, ignorée des masses, repoussée du pouvoir, qu'elle eût voulu éclairer, succomba, ainsi que tant d'autres feuilles démocratiques, et M. Mickiewicz retourna à cette vie solitaire, dont il n'est pas sorti depuis.

LETTRES, ARTS, SCIENCES.

CHAPITRE X.

La littérature est le complément des recherches historiques. — Comment se forme le corps d'armée de l'opposition. — Des causes de la tristesse du siècle : 1° Déclaration des droits de l'homme; 2° Waterloo; la restauration, règne de la douleur; 3° Monarchie de juillet, règne de la déception.—Naissance de la littérature cadavéreuse : *le Crapaud*. — Torrent de pamphlets : *Gisqueteides, Dupinades, Barthélemiddes*. — Un dessin de Daumier. — *Iambes* de M. Barbier. — *Rapsodies* de M. Petrus Borel. — M. Gérard de Nerval donnant la dynamique de la force répulsive du mot bourgeois. — Littérature enragée, paradoxale et lycanthropique. — Comment finissent les poètes du désespoir. — Rolla et M. Nisard. — Champavert et l'école des suicides. — *L'Ane mort, Vertu et tempérament, les Deux anges*, etc. MM. Janin, Frémy, de Chancel, Paul Lacroix, etc. — La littérature succube. — *Confessions d'un enfant du siècle*; M. Musset. — George Sand, Hugo, Dumas. — M. Lassailly; *Trialph*.

La littérature est l'expression de la société, a dit M. Bonald. Le jour où il exprima cette vérité, et en fit en quelque sorte un incontestable axiome, un nouveau moyen d'investigation fut ouvert à l'histoire. La société n'eut plus de secrets pour l'écrivain. Les faits se dépouillèrent de cette rigidité officielle qu'ils affectent dans les historiens qui ont précédé ce siècle de douleurs et de merveilles. Avec cette littérature qui trahit si bien les sentiments, les manières, les mœurs, nous pouvons ranimer la poussière des morts et pénétrer le secret de toutes ces âmes depuis si longtemps échappées de leur corps. La littérature va donc nous dire ce que pensait en réalité la nation sous le règne de Louis-Philippe.

Nous rappellerons aux bousingos ventrus qui alignent

des phrases hypocrites dans les journaux et dans les revues, combien de fois, en prose et en vers, ils crièrent : « A bas le tyran! » combien de fois ils se plaignirent de l'injustice sociale, de la démoralisation des esprits et de la tristesse du siècle. Oui, les bonnetiers et les poëtes avaient raison, le siècle est triste, très-triste. Oui, les ouvriers rimeurs qui s'asphyxiaient parce qu'ils ne dînaient point chez Véfour et n'étaient point de l'Académie avaient parfaitement raison ; le siècle est amèrement triste. Sous la restauration, le siècle était triste à cause de Louis XVIII et de Charles X ; sous la monarchie de juillet, il fut triste à cause de Louis-Philippe. Chaque fois qu'une révolution éclate, les barrières du pouvoir s'ouvrent ; la foule de se précipiter aussitôt. Quand la chambrée des fonctionnaires de tout genre est pleine, archipleine, le pouvoir referme sa grille. Ce qui reste dehors, la queue, forme l'opposition et devient triste. Les rares hommes politiques qui règlent leur vie sur un principe, qui poursuivent un but élevé, dont le secret reste le plus souvent dans leur sein, ces esprits supérieurs s'efforcent alors de rallier cette vaine cohue des habits noirs mécontents, de les discipliner, d'en faire les caporaux du peuple et de fomenter une révolution, dans un sens qui échappe ordinairement aux naïfs instruments qui l'accomplissent.

Il serait donc injuste d'attribuer au seul Louis-Philippe la mélancolie de la prose et du vers, le deuil imprimé de nos âmes. Outre les circonstances endémiques que je viens de signaler, il est une raison supérieure à cet état moral. La tristesse du siècle a des causes diverses. Le dégoût où nous a jetés le triomphe du parti des obèses n'est pas l'unique motif de nos suicides et de nos élégies. La démocratie et la philosophie ont, elles aussi, contribué à ces lamentations qui retentissent surtout à l'occident et au centre de nos régions civilisées.

La principale cause de cette tristesse remonte à la révolution qui a changé l'organisation politique de la France. Elle date non-seulement de l'époque où la philosophie a brisé nos croyances religieuses, mais encore du jour de la proclamation des droits de l'homme. Jusqu'alors l'individu soumis au régime des classes ne se livrait pas à de chimériques espérances, des aspirations déréglées ne l'emportaient point au delà des limites du possible. Sa vie et ses rêves s'écoulaient dans la sphère bornée de sa condition.

Mais le jour où le mot d'égalité fut inscrit dans la loi, où l'homme se trouva par conséquent seul en face de la société, sans autre garantie que son droit, le jour où l'ivresse de l'affranchissement se fut dissipée par sa propre violence, le sentiment de cette solitude pénétra dans son cœur, et il tourna vers le trône vide des regards inquiets. Il éprouvait en même temps ce besoin d'être gouverné et cette impatience de tout frein qui est le propre des démocraties naissantes. Les calamités publiques, les désastres de la patrie en danger lui enseignaient que l'homme est bien peu de chose, et qu'après le despotisme du monarque il reste encore celui de la Providence, contre laquelle les multitudes ne peuvent lutter que par la discipline. Cette nécessité créa l'empire, mais elle ne devait pas arrêter l'essor des classes inférieures vers les régions du pouvoir. L'orgueil, né de l'égalité des droits, et l'envie qui résultait de l'inégalité effective, pénétraient de la bourgeoisie jusque dans les rangs du peuple. L'instruction envahissante propageait la connaissance de ces droits. Le citoyen pouvait, de ses propres yeux, constater sur les tables de la loi le fait de son émancipation, et il le répétait à celui qui ne savait pas lire. L'ambition comme l'orgueil et l'envie devint universelle. Les cerveaux les plus obtus rêvèrent au moins la fortune. Il n'y eut point d'ivrogne qui ne se crût général ou magistrat, pas de jeune savant courbé sous la lampe qui, dans ses pâlissantes insomnies, ne fixât des yeux ardents sur ce sceptre conquis par un sous-lieutenant ou sur la souveraineté populaire de Robespierre. L'avénement de Louis-Philippe et l'habitude de renverser les trônes n'étaient guère propres à étouffer de pareils germes.

Il en résulta, dans le développement intellectuel de la France, une incalculable activité. Chacun comprenait que l'égalité des droits ouvrant à deux battants les portes du pouvoir et de la fortune, il ne s'agissait que de trouver une arme pour se faire jour dans la mêlée. A celui qui ne possédait ni la noblesse, ni l'argent, cette arme ne pouvait être que la science ou le talent. Pour me servir du langage de l'économie publique, le savoir devint un capital; il devint dès lors un universel besoin, auquel les gouvernements, convaincus ou non, durent céder. La science se popularisa ; on en donna au meilleur marché possible, on en donna même pour rien. L'école mutuelle s'ouvrit à côté de celle des Frères, et de ces deux pépinières s'échappent incessamment ces légions d'ouvriers demi-lettrés qui en savent assez pour gémir de leur condition, et pour comprendre que 1789 n'a pas tout fait pour eux, il faut le dire avec franchise, l'instruction est un lion dévorant que l'on n'apaise qu'en lui donnant en pâture de continuels progrès économiques. Car si d'un côté elle développe l'orgueil, de l'autre elle engendre la soif des jouissances. En perfectionnant l'esprit, elle aiguise les sens, elle leur fait souhaiter des sensations plus variées, plus délicates. Elle pousse vers l'égalité, sinon des richesses et du rang, du moins vers cette égalité conditionnelle qui fait que chacun veut être et jouir dans la mesure de ses facultés physiques et morales. Que cette ambition suprême de l'épanouissement individuel soit un bien ou un mal, comme on l'a vainement discuté, là n'est pas la question ; c'est un fait, c'est une loi de l'humanité. Mieux vaut la constater, mieux vaut adoucir les froissements de son passage que de la nier et de la combattre.

Le savoir devenant donc un capital, puisque l'abolition des classes lui donnait une valeur, ce capital intellectuel étant le moins cher à accumuler, la multitude se rua à sa conquête. Les plus petits bourgeois, les artisans eux-mêmes se précipitèrent sur cette proie. Les grands fils des laboureurs, chassés de la charrue par leurs parents, vinrent tout hâlés du soleil s'asseoir avec étonnement sur les bancs des écoles de la ville. Le pouvoir créa, en outre, des bourses gratuites, et fut imité par les conseils municipaux. Tout le monde, sous Louis-Philippe, depuis le roi qui mettait les princes au collége Henri IV, jusqu'au plus pauvre rentier, voulut avoir son fils au collége.

Que devenait au sortir des bancs cette jeunesse pauvre et savante? Elle s'élançait vers Paris, la terre promise des illusions. La tête remplie d'images héroïques et littéraires, elle accourait, avec cette confiance qui fait sourire les hommes expérimentés, demander au peuple le plus occupé de la terre, le plus nécessiteux dans sa richesse, le plus blasé sur le génie et l'héroïsme; elle venait demander à cette insouciante multitude de l'or et de la gloire; elle assaillait les avenues des fonctions publiques et des carrières libérales. Dénuée de ressources ou de protections, accablée de lassitude, abreuvée de dégoûts, sentant chaque jour monter le flot de sa détresse, la moitié de ces enfants perdus tombait en chemin. Elle oubliait dans le désespoir, dans les surexcitations de la faim et de la débauche les projets de carrière conçus et caressés au milieu de la famille. Livrés à une vie de hasard, prêts à toutes les aventures, ces jeunes hommes allaient grossir les rangs de cette misère en habit noir, qui menace comme une armée de Catilina les capitales de la vieille Europe.

La littérature et l'art faisaient de nombreuses recrues parmi ces êtres déclassés. Il est si facile de couvrir une toile de couleurs, si facile de mettre des mots sur le papier ! Je ne prétends pas dire que la littérature et l'art aient tiré de là ce qu'elles ont aujourd'hui de meilleur. Mais il faut pourtant bien reconnaître qu'un grand nombre d'hommes, considérables par leur fortune actuelle et leur position, n'ont pas eu d'autre origine (demandez-le à M. Thiers). Quelques-uns de ces derniers sont, à la vérité, devenus des personnages politiques, mais on sait que depuis cinquante ans la plupart des illustrations politiques de France et d'Angleterre débutent par la littérature.

Cette tristesse du siècle qui dévore toutes les classes de la société, et pèse comme une malédiction sur les grandes villes, cette rage de tant de besoins inassouvis qui font rugir les passions, cet orgueil révolutionnaire qui éclate jusque sur le front des artisans, ces dégoûts, ces désillusions, ces aspirations vers un idéal absurde et impossible où se réfugient volontiers les plus misérables et les plus éprouvés, ceux, en un mot, à qui il ne reste plus, en Orient, que l'opium, à Paris, que l'eau-de-vie et le tabac ; — tous ces ferments de désordre se trouvaient réunis, condensés dans le crâne des parias, parmi lesquels se recrutaient les lettres, les arts, la politique. Qu'on s'étonne maintenant de la poétique du XIXe siècle ! Que nos grands-pères, qui ne nous comprennent pas, nous demandent le motif de cette désolation de la muse ! Bonnes gens, vieillis dans la province, et qui avez échappé à cette contagion, demandez-nous aussi pourquoi des grands seigneurs comme Byron et Chateaubriand ont mêlé leur voix au chœur de cette lamentation universelle ? C'est que les causes particulières ne suffisent pas à expliquer un mal immense, général, le mal d'une société déclassée elle-même, qui, ayant perdu toute foi religieuse et politique, erre entre mille utopies ; c'est que nos générations cherchent leur voie dans les ténèbres, et ne rencontrent, lorsqu'elles lèvent les yeux au ciel, que la mère des douleurs qui plane comme une statue gigantesque sur le sol de l'Europe.

Cette indéfinissable maladie des sociétés en mal de régénération éclata dans toute sa furie au commencement du règne de Louis-Philippe, mais elle avait commencé avec la restauration. A part les grandes causes originaires qu'il faut chercher dans le XVIIIe siècle, en se bornant aux causes contemporaines, les désastres de la patrie n'ont pas été sans influence sur les esprits. La défaite de Waterloo pèsera longtemps sur la littérature moderne. C'est le portique de marbre noir qui forme l'entrée de la littérature contemporaine. Mais si la restauration fut pour la France une cause d'amère tristesse, le règne de Louis-Philippe fut quelque chose de pis encore, il fut un désenchantement. De sorte que nous avons marché de la douleur à la désillusion.

C'est alors qu'il est curieux de suivre, dans les productions maladives écloses sous ce règne fatal, et par conséquent nécessaire, les phénomènes moraux engendrés par ce dernier terme de la douleur qui fait qu'on n'ose plus pleurer ni sur les autres ni sur soi-même, et que l'arc abaissé des lèvres se tord en un rire plus triste que la mort. Prenez les romans du temps, les poésies, les chansons, les lithographies à deux sous, prenez l'art en haut et en bas, il s'en exhale comme une odeur de charnier, et n'attribuez pas au besoin d'une poétique nouvelle, à un excès de romantisme, cette recherche du hideux. Le mouvement littéraire avait commencé en 1824. Pour citer un modèle bien connu du genre horrible, *le Crapaud*, de M. Félix Davin, date de 1823.

Non, jamais la littérature ne fut moins désintéressée que sous le règne de Louis-Philippe. C'est le propre des révolutions d'entraîner la littérature à leur suite, parce que les révolutions excitent les ambitions et remuent dans le cœur des hommes des passions de tout genre. Sous un règne issu d'une révolution, à la suite de quarante années de luttes intérieures et extérieures, il n'est pas étonnant que la littérature ait cherché à user de son influence. Son rôle fut essentiellement socialiste, il le fut partout, à tous les degrés de l'art et du talent. Le plus grand poëte du xixe siècle, Barbier, qui écrivit les *Iambes*, et ce poëme étrange où sont racontées les misères infinies du prolétariat anglais, a fait, sans s'en douter, peut-être, ce que depuis on a nommé du socialisme. Les plus mauvais romans du temps furent socialistes. D'où vient qu'à certains jours un cri d'horreur et de haine ait tout à coup éclaté contre ce que l'on accueillait depuis vingt ans dans toutes les classes? N'y a-t-il pas lieu d'admirer l'inconséquence de ce peuple qui élève, nourrit, entretient une idée, en fait une compagne de chaque jour et la chasse tout à coup comme une infidèle servante, en s'écriant : Ce que je prenais pour un ange est un monstre !

La littérature des premières années du règne commença par des imprécations. Le prêche ne devait venir que sur la fin. La désillusion apparaît avant même que le duc d'Orléans ait monté sur le trône. Dans les deux premières années éclate un *tolle* général de pamphlets et de brochures ; la prose ne suffit plus. En attendant que nous ayons plus tard les *Cris* de l'apôtre Jean Journet, nous avons déjà le cri d'un *Prolétaire*, les *Républicaines*, la *Pologne*, *Imprécation*, par M...., etc., l'*Arc de triomphe*, ode à notre ami Carrel, par M. Belmontet. La défection de Barthélemy sert bientôt de prétexte à un nouveau torrent d'injures contre le pouvoir et les hommes du pouvoir. Alors commence la série des *Barthélemiades*, de M. Destigny (de Caen); les *Verges de fer*, de M. Clément Renoux ; la *Réponse à Barthélemy*, par M. Ribeyrolles avec cette épigraphe.

> Te voilà donc aussi dans cet infect égout
> Qui va se dégorgeant sous les pieds de d'Argout.

Laquelle réponse se terminait par cette prédiction qui devait s'accomplir quinze ans plus tard :

> Car lorsqu   enir à mes yeux se déroule,
> J'entends   le lointain un trône qui s'écroule.

La restauration avait eu ses *Villéliades*, nous eûmes les *Gisquetéides*, de Berthaud ; les *Dupinades*, où M. Dupin est ingénieusement baptisé d'*Odry parlementaire*.

Cette année 1832 et les suivantes furent aussi fécondes et aussi vives, à en juger par ces échantillons dont les seuls titres portent bien le caractère du temps : *Les Ombres* ou *la dernière Fête de la Liberté*, par Antoine Crébassol ; *les Bertrands à Paris* ou *les marrons tirés du feu*, par Raton de Sainte-Barbe, où M. Guizot est traité de *Lycophron* ; une Epître à M. Gisquet, par Amédée Gabourd, où le même M. Guizot est traité de *jongleur de Lisieux* ; *la Révolution de juillet*, poëme dédié au prince Joseph-Napoléon Bonaparte, par Romain-Doudenil, décoré de juillet, auteur de *Stances sur la mort de S. M. Napoléon II*, et d'une *Ode à la colonne de la Grande-Armée*, etc., élucubration poétique, précédée d'une préface en prose où l'auteur fait cette déclaration : « Privé de l'éducation nécessaire aux hommes qui se destinent à parler la langue du Parnasse, je n'ai pu observer des règles qui me sont inconnues. » Venaient ensuite trois *Lutéciennes*, 89, 1830 et 1833, ou *la vérité à Philippe Ier, roi des Français*, par Alexandre Dupras, de l'Académie de Rouen ; *une Révolution*, par J. Couroux-Desprès, ex-employé, ex-artilleur, décoré de juillet *non-as-sermenté* (souligné dans le texte) ; une Epître à M. Thiers, par Gustave Naquet, où l'on trouve ce vers :

<blockquote>Thiers, ta bouche est menteuse et ton cœur est félon.</blockquote>

L'argent et la politique, par M. A. Laverpillière, commençant ainsi.

<blockquote>Vertu ! beau substantif ; substantif respectable.</blockquote>

Le nouveau Catéchisme français, contenant les devoirs des citoyens envers la patrie, ceux des serviteurs, des maîtres, des époux ; ouvrage indispensable à tous les citoyens français, et dans lequel on explique CE QUE C'EST QUE LA LIBERTÉ, ouvrage indispensable, en effet, s'il explique une pareille chose. L'affaire d'avril 1834 excita au plus haut degré cette fureur poétique. On publia des vers au profit des détenus où les condamnés étaient traités en héros, et les juges couverts d'infamie. Un artiste dont le crayon vaut une plume, M. Daumier, publiait en même temps une simple lithographie intitulée : *Transnonain, 15 avril* 1834, que le gouvernement faisait saisir. Lorsque dix-huit à dix-neuf ans après ces événements, le hasard a mis entre mes mains cette image, il m'en est resté, pour l'avoir vue, une tristesse d'une journée. Voici la description de ce terrible croquis ; il vaut vingt tableaux comme *la mort du duc de Guise*, de l'éclectique M. Delaroche. Une chambre d'ouvrier, près de la porte une femme en chemise étendue morte, sur le dos, et vue dans un sinistre raccourci. Le lit, qui occupe un coin de la chambre, au premier plan, est dans un désordre affreux ; au bord du lit, dont on l'a arraché, gît un homme en chemise, la poitrine trouée, il est mort aussi, et écrase du poids de son corps le cadavre d'un enfant couché, la face contre le sol, et dont le petit crâne crevé laisse encore échapper un flot de sang ; dans un coin on aperçoit le grand-père, mort aussi. On les aura surpris pendant qu'ils dormaient, et on les aura tous tués : ils sont tous morts, il y a un quart d'heure à peine. Un jour tranquille éclaire la chambre; on entendrait une mouche voler. Les pas des soldats ont laissé des empreintes sanglantes sur le plancher... Mais ce que je ne puis vous raconter, ce sont ces trivialités de génie, ces rondeurs de ventre, cet arrangement des muscles du visage, et ces attitudes qui donnent au crayon de Daumier un si puissant cachet de réalité, même dans la caricature. Si M. Thiers a vu cette image-là, il a dû passer de mauvaises nuits.

Jamais gouvernement ne fut plus exécré, plus injurié que le facile gouvernement du vieux roi Louis-Philippe. La déception est ce que les hommes pardonnent le moins aisément. Aussi ce ne furent pas seulement les Crébassol, les Romains-Doudeuil et les Couroux-Després qui se permirent la prose et le vers contre le pouvoir. Nous retrouvons les traces de la même haine dans toute la littérature. A la vérité, la haine, en s'élevant, s'épure comme l'amour, et se généralise. Ce n'est plus au roi Louis-Philippe que s'en prend la poésie, c'est à la société.

... La société n'est qu'un marais fétide,

écrivait alors l'excellent Gérard de Nerval. Et M. Barbier, dans *il Pianto*, allait plus loin encore:

> Pour moi, cet univers est comme un hôpital,
> Où, livide infirmier levant le drap fatal
> Pour nettoyer les corps infectés de souillures,
> Je vais mettre mon doigt sur toutes les blessures.

Lorsque le poëte ne s'attaquait point à la société, il s'en prenait au moins à une fraction.

> Bourgeois au menton glabre,

trouvons-nous dans les *Rapsodies* de Pétrus Borel. Et
M. Gérard de Nerval, déjà cité, fut, peu de temps après
juillet, mis en prison pour avoir crié : « A bas les bourgeois ! » La littérature avait attaché cette moqueuse banderille au cou de l'éclectisme et de la boutique, maîtres
du pays. Dès lors, un cocher de fiacre put seul articuler
en bonne part ce mot qui veut dire tant de choses; ce
mot qui atteint tant de gens et de si diverses sortes.
M. Cousin, en dépit de son talent, fut un bourgeois, absolument comme M. Aymès, l'épicier; M. Villemain le
fut aussi, M. Saint-Marc Girardin aussi, M. Béranger
aussi, et aussi le furent un si grand nombre d'autres que
la liste n'en finirait pas.

Quelquefois l'anathème tombait seulement sur les
fonctionnaires. La littérature du temps ne dédaignait
pas, au milieu d'un conte ou d'une ballade, de lancer
quelques ruades à ses bêtes noires. « Un préfet, dit
Champavert, c'est moins qu'un porc; un procureur général, moins qu'un loup. » Ecoutez un autre écrivain :
« Comment le faut-il cet or, Mademoiselle, le faut-il
taché de sang ou taché de larmes, faut-il le voler en gros,
avec un poignard, ou en détail avec une charge, une place
ou une boutique. » Voyez comme on spécialise le fonctionnaire et le marchand. Et l'homme qui a écrit cela,
c'est encore ce bon M. Gérard de Nerval, l'écrivain le
plus doux de la terre et l'un des littérateurs les plus distingués de notre temps.

Mais où se révèlent d'une façon plus réelle peut-être
les douleurs de l'époque, c'est dans les exagérations, pa-

radoxes et subversions de la littérature enragée qui naquit des déceptions de juillet. Sans doute c'est là une littérature mal portante, malsaine. Elle parle d'un ton faux et affecté qui afflige parce qu'on sent qu'une réelle et irrémédiable douleur, la douleur de l'impuissance, se cache sous la douleur railleuse. Je me représente cette jeunesse littéraire sous un aspect que je retrouve, coloré d'un reflet poétique, dans les romans du temps : elle a généralement fait de mauvaises classes ; elle est inhabile aux exercices gymnastiques, paresseuse à l'exécution des travaux intellectuels. Ne pourrait-on lui appliquer, moralement du moins, car cette jeune bourgeoisie peu ingambe n'a rien de commun avec des gentilshommes rompus à tous les exercices du corps, ne pourrait-on lui appliquer ce que Byron, racheté depuis par l'aventure de Missolonghi, disait de lui-même et de la jeune aristocratie anglaise : « Des hommes tels que nous sont autant d'obstacles à la considération et au bonheur d'un grand peuple ? »

Ne sachant comment se venger de ce qu'elle n'avait ni réputation, ni fortune, et ne trouvant, il faut le dire, que défiance et mauvaise volonté de la part du pouvoir, elle se livrait à tous les dévergondages de l'esprit. Et comme le cœur humain, si mystérieux qu'il soit, trahit toujours ses sentiments, nous donnerons plus loin le grand mot de ces excentricités endiablées. La littérature se vautra dès lors, avec je ne sais quelles délices du ver qui se roule dans la corruption, parmi les plus exécrables passions qu'il soit donné à l'homme d'éprouver. Le marquis de

Sade fut renouvelé sous les mensonges de la poésie. Une psychologie monstrueuse sortit de cet état moral pire que le cauchemar. Rien ne trouva grâce devant cette poignée de jeunes ambitions inassouvies. L'amour, les affections de l'amitié, de la famille, tout fut immolé. « Seriez-vous sans parents ? — J'en ai trop, répond l'interpellé. » Et plus loin : « C'est une chose infâme qu'une mère. » Le même auteur, M. Pétrus Borel, s'écrie dans la préface de ses *Rapsodies* : « Mon républicanisme c'est de la lycanthropie ; » (républicanisme romantique de 1830 qui a fait des réactionnaires en février 1848) et pour bien terminer, l'auteur achève ainsi sa préface qui restera comme un monument des puérilités et des aberrations d'une époque de délire : « Heureusement que pour se consoler de tout cela (cela comprend : les bourgeois, Louis-Philippe et surtout le public,) il nous reste l'adultère, le tabac de Maryland, et du *papel espanol por cigaritos*. » Non, ce n'est pas avec du papier à cigarettes et du Maryland, ni même avec la femme de son voisin qu'on se console de n'avoir ni croyances politiques, ni même une croyance littéraire ; et nous prouverons qu'ils n'en avaient pas, que ce langage est une friperie, cette psychologie une arlequinade, que cette douleur incurable n'est qu'un manque de monnaie, cette passion du suicide un simple penchant à l'obésité. Viennent une place bien rétribuée, une ronde succession, ce grand désordre d'esprit promet de bons maris ou de vieux garçons tirés à quatres épingles et réglés comme un papier de musique. Cet imbécile d'Escousse et ce niais de Chatterton ne sont bons qu'à mettre en romans. Mais un Mardoche en chair et en os, un Rolla qui écrit en prose et en vers ne meurt nulle autre part que dans un lit, entre une bouteille d'eau chaude, une garde malade, un médecin et un prêtre. Ces grands désespoirs, ces audaces immenses flambent et finissent comme un feu de paille ; on peut devenir riche, on peut mourir d'une fluxion de poitrine, on peut se marier, on peut même entrer à l'Académie et s'entendre dire avec urbanité par quelque vieil humaniste comme M. Nisard : «Vous resterez académicien (1),» un des mots les plus spirituellement écrasants qu'on ait prononcés depuis vingt ans.

Le héros d'un de ces contes de Champavert, qui peuvent passer pour l'échantillon le plus caractéristique de cette littérature, va trouver le bourreau et lui dit : « Je voudrais que vous me guillotinassiez. » L'école du suicide montre bien ici qu'elle est déjà aux abois et ne sait plus qu'imaginer. Ne prouve-t-elle pas en même temps, par la singularité du moyen, que cette danse des suicidés manque absolument de bonne foi. On veut étonner, rien de plus. Mais nul de ces littérateurs ne prend au sérieux ce qu'il écrit. Si l'un d'eux passait de la théorie à la pratique et s'armait d'un pistolet, il en dirigerait le canon de façon à s'étoiler le front sans entamer la boîte. « J'aurais tant de plaisir à périr avec elle, elle en est bien digne ! » s'écrie Champavert passant au suicide à deux. Le *elle en est bien digne* ne vaut-il pas

(1) Nisard, *Discours de réception à M. Alfred de Musset.*

ne guinée la lettre ! Mais il me touche peu. Tu auras beau en tuer tant que tu voudras dans tes pages, je ne croirai jamais que ces gens-là meurent. Le faux déborde de ces élucubrations violentes qui voudraient enfoncer les portes de la célébrité. Les vrais héros comme les filous s'avancent avec mystère, savent sans bruit crocheter la serrure et entrer dans la place. Ces grands coups portés dans le vide attestent la faiblesse de l'homme qui ne sait ni atteindre son but, ni diriger ses forces, ni les mesurer.

Tout le monde a lu *l'Ane mort et la Femme guillotinée*, l'un des plus célèbres romans de la littérature cadavérique. L'auteur a su mêler des larmes de Sterne aux flots de sang et de boue dont son livre est inondé, une raillerie voltairienne soutient l'esprit dans cette noire lecture, on quitte le livre avec une tristesse indicible et avec le profond dégoût de la société que les écrivains de 1830 semblaient prendre à tâche de répandre partout. Certes, les monstruosités que recèle le monde prétendu civilisé sont entassés à plaisir dans ce pandémonium. Elles apparaissent toutes traînant leur pourpre, leurs haillons, leurs plaies, leurs laideurs, leurs infamies ; certes on voudrait mourir après avoir lu un tel livre, si le faux ne perçait à chaque instant sous le talent et ne nous soufflait à l'oreille : Mensonge, mensonge ! l'auteur se moque de toi. Or, il arriva qu'un jour j'eus l'honneur de faire connaissance avec l'auteur de ce roman plein de honte et de tortures, de ce livre saignant comme un quartier de bœuf récemment suspendu au croc d'un boucher, et je vis un gros homme au ventre riant comme un joli tonneau de vin, une face d'abbé spirituel et galant du temps de Diderot, des cheveux bouclés, un habit bien brossé. L'embonpoint, la santé, la gaieté, l'esprit, le contentement de vivre brillaient sur la figure de cet aimable homme, de ce causeur charmant. Tel était l'auteur de *l'Ane mort et la Femme guillotinée*, M. Jules Janin.

Voyez la conséquence ! L'écrivain n'est plus l'homme de son œuvre. Donc son œuvre est fausse, donc le rôle de l'homme est absurde. Cette littérature qui occupa le monde des diverses classes est jugée. C'en est fait d'elle. Le talent même ne saurait la sauver, car ce talent ne serait que des mots. Triste condition qui réduit le poëte à n'être qu'un tourneur en phrases, comme il y a des tourneurs en cuivre et des monteurs en bronze ! Triste découverte ! mais il importe de la constater. Je ne m'étonnais pas dès lors que M. Alfred de Musset vint trébucher au seuil de l'Académie et entrer la tête la première dans ce vaste dortoir. Et quand je m'informai de toute la petite flambe, j'appris avec sang-froid que le blibliophile Jacob, autrefois Paul Lacroix, le sauvage auteur de *Vertu et tempérament*, ne dédaignait pas les parties d'âne à Montmorency, que M. Arnoult Frémy, l'immoral auteur des *deux Anges*, était un des plus honnêtes gens de Paris, que M. Ausonne de Chancel qui écrivait ce vers :

Parlait-on politique, il restait bouche close,
A moins qu'il ne bâillât (1).

(1) *Mark*, poëme.

est aujourd'hui sous-préfet en Algérie ; et que Champavert lui-même, Champavert le lycanthrope que nous avons vu après son suicide se promener sur le boulevard avec une face si blême qu'il semblait en effet sortir de tombe, Champavert occupe, sous le nom de Pétrus Borel, une place... au sabbat des djinns peut-être ? — Non pas ; mais une simple place dans les haras. Ma tête s'est longtemps égarée en d'inutiles réflexions pour pénétrer ce mystère, car enfin pourquoi finir parmi les chevaux quand on a porté un pourpoint de velours et écrit ce vers :

Dors, mon bon poignard, dors, vieux compagnon fidèle,

quand on a fait du nom vulgaire de M. Auguste Maquet *Augustus Mac-Keat*, quand on a écrit et imprimé ceci : *Pétrus Borel s'est tué ce printemps, et, ainsi que nous l'avons rétabli en titre de ce livre, son vrai nom était Champavert.* » Ce qui est précisément le contraire et qui montre à combien de grands écarts et de tours de reins se livrèrent de faux poëtes pour conquérir une réputation. Pourquoi, dis-je, cette fin si peu d'accord avec le commencement ? Je feuilletai prose et vers, *Rapsodies et contes immoraux*, me répétant machinalement : Qu'ont de commun les haras ?... Lorsqu'à la dernière page je vis Champavert déterrant son fils, tuant sa maîtresse et se suicidant ensuite à Montfaucon, de sorte qu'on le retrouva, un couteau dans la poitrine, sur un tas de chevaux morts.

Il me fut dès lors clairement démontré que tous ces

grands bras du désespoir n'étaient qu'un nouveau *boniment* de la parade dont grands et petits firent usage. Ils ne croyaient pas à leur littérature, on ne les crut point et le public fut vengé. Quand une nation tombe politiquement dans le faux, il est impossible de savoir où le faux s'arrêtera. MM. Cousin et Guizot étaient en leur genre aussi subversifs que Champavert et qu'Augustus Mac-Keat. Aussi ne parlerai-je pas de cette masse de romans entassés devant moi. C'est assez de contempler avec stupeur la hauteur de cette montagne d'humaines sottises. Ces noires rêveries d'une poétique menteuse et fantasmagorique m'assaillent en vain comme une troupe d'oiseaux de nuit qui tourbillonnent à grands battements d'ailes. Leurs noms passent, repassent, s'entre-croisent sous mes yeux ; voici *la Vipère*, *une Grossesse*, *une Fleur à vendre*, que sais-je ? Et *Titine*, et *Résignée*, et *les Douleurs d'une fille de joie*, et *la Carte jaune*, et *Outre-mer*, et je ne sais combien d'autres encore qu'il est inutile d'examiner, car ils s'évanouissent au moindre souffle de la raison.

Ce n'est pas que notre compte avec cette littérature soit fini. Mais il y a tant à dire qu'on est souvent obligé de se taire. Nous parlerons pourtant sur un point encore. Au moment de se suicider, Champavert s'écrie : « Femme, femme, que tu m'as été fatale! si tu avais voulu, tu aurais fait de moi quelque chose de grand. » Daignez, lecteur, vous arrêter un instant sur cette phrase, elle a une grande signification. Pour peu que vous interrogiez votre mémoire, vous vous direz que cette phrase est un immense lieu commun, mais un lieu commun particulier à ce siècle, et qu'en remontant même jusqu'à la chevalerie on ne le retrouverait pas, le principe de la chevalerie étant diamétralement opposé à cette formule. Si vous quittez le moyen âge pour entrer dans la robuste littérature de la renaissance, vous vous éloignez de plus en plus de ce singulier sentiment, et le xviii° siècle lui même a encore assez de santé pour penser... d'une autre façon. C'est donc un mal particulier à ce siècle, un mal tout nouveau même et qui, apparemment né de la douleur, de la désillusion et de l'impuissance, s'est naturellement produit sous Louis-Philippe. Ce n'est pas, notez bien, Champavert qui me sert d'autorité, laissons-le rentrer pour jamais dans la poussière d'où nul ne l'exhumera sans doute après nous. Il a porté témoignage des travers d'une époque écoulée. Nous n'avions rien de plus à lui demander; aussi bien la grande phrase apologétique de la femme est partout. L'homme-succube se manifeste jusque dans les plus hautes régions de cette littérature énervée. Écoutez M. Alfred de Musset, lisez *les Confessions d'un enfant du siècle*, et vous verrez comment le héros du récit explique ses maladies morales : sa maîtresse l'a trompé. Pauvre enfant! Sans cela peut-être, comme disait Champavert, eût-elle fait de lui quelque chose de grand. Remarquez d'abord que cet égoïste enfant ne nous dit point combien de fois il a trompé sa maîtresse. Comme les libéraux, il veut la liberté pour lui seul. Eh bien, soit! mais soyez au moins conséquent. Si vous êtes pour la méthode turque ou bergamasque, si vous voulez de la fidélité absolue, que venez-vous nous chanter avec vos vers d'eunuque sentimental et votre prose baragouine sur l'élévation de l'homme par la femme? Croyez-vous qu'avant 1789 les femmes ne trompaient point leurs amants? Eh bien, cela empêchait-il les hommes de devenir grands et d'agir? Usaient-ils leurs jours à pleurnicher sur les infidélités de Chloris? Comme Panurge, ces âmes masculines n'en faisaient pire chère. Ce n'est pas avec des efféminés qu'on eût soutenu vingt-cinq ans de batailles et de guerres civiles. Si tu n'avais eu qu'une génération androgyne et lymphatique quand la coalition t'enveloppa d'un cercle de fer, tu serais aujourd'hui, pauvre France, ainsi qu'une autre Pologne, le souvenir d'une patrie; rien, rien qu'un souvenir! Aussi faut-il hardiment dire le grand mot à cette littérature bardée de ferraille, qui eut l'air de remuer tant de passions et qui ne remua que des mots; aussi dirons-nous à tous les Mardoche, à tous les Rolla, vous avez remué de l'esprit, mais non pas des idées; vous avez chanté, mais vous n'avez rien fait; vous avez bu dans le verre de Byron, mais où est son épée, trop lourde pour vos mains? Je ne m'étonne pas des défaillances d'un peuple qui a sucé un pareil lait.

Nous avons hâte d'en finir avec une littérature qu'il faut considérer comme une épidémie ou comme un mauvais air qui régna en France dans les premières années du gouvernement de Louis-Philippe. *Lelia*, *Indiana*, *Antony*, *Hernani*, sont aussi bien des produits d'imaginations souffrantes, que les *Contes immoraux* ou la *Carte Jaune*, mais George Sand avait plus de talent que M. Borel, et M. Chapus était inférieur à M. Hugo. Grâce à des beautés de style, à des élans de vraie passion, le public accepta des œuvres qui, dépouillées de cette écorce, eussent été rejetées comme des fruits malsains. On les accepta surtout parce qu'elles étaient protestation.

Un poëte crotté, qui est mort fou comme il avait vécu, Lassailly, a écrit un livre digne de rester, comme le plus complet monument que nous ayons de la littérature Jeune-France. Que l'on brûle tout, excepté *les Roueries de Trialph notre contemporain avant son suicide*, et qu'on en tire deux cent mille exemplaires, afin que les écoliers rimeurs et les romanciers en herbe ne puissent ignorer ce bouquin. Ce sera l'esclave ivre que l'on amenait au festin des anciens. Ce dont il faut tenir compte au poëte Lassailly, c'est qu'il ne prit point de ventre, qu'il ne devint ni préfet, ni fonctionnaire; qu'il mourut pour tout de bon, et non par le procédé Champavert, lequel pouvait, en changeant de nom, se tuer tous les printemps, afin d'exciter l'intérêt du bon public. Il y a accord parfait entre l'œuvre et l'homme. C'est un livre à peu près fou, c'est un homme presque en démence. Trialph meurt jeune et M. Lassailly meurt jeune aussi. Il est vrai que Trialph commet de grosses monstruosités, mais n'est-il pas aussi quelque peu monstrueux d'écrire un pareil livre? « Le sort m'a fait pousser poëte ou fou, » dit Trialph ou Lassailly, et pour moi, ces deux êtres, le poëte et le fou, Lassailly et Trialph ne font qu'un.

Mais si notre homme est à la fois poëte et fou, il en aura le double privilége, privilége de frapper, de surprendre quelquefois notre imagination à ses heures lucides, privilége à ses heures d'accès de nous dire des vérités, à nous, public, à nous, le roi, comme en disaient à François Ier et à Louis XIII Caillette et Langely. Oui, des vérités de Trialph ; il y a des vérités à la Trialph et en voici une qui, pour des yeux ouverts, jette une vraie clarté sur un des points saillants de la physionomie du siècle : « Mon Dieu ! il est donc bien difficile à quelqu'un de se voir peuple, même auprès d'un homme de génie. » De grands orateurs ont fait d'une voix de chantre des discours de trois heures ; des philosophes et des politiques, des économistes et des prêtres ont écrit et parlé fort au long sur la démocratie et la république, nul d'entre eux n'a peut-être mis le doigt d'une aussi juste façon que maître Trialph sur le trou que fait à notre peau le bât social, pauvres ânes rétifs et têtus que nous sommes. La nécessité et l'impossibilité de l'égalité démocratique apparaissent ici dénuées des brouillards de l'éloquence et des brumes de la philosophie. « En France, dit encore Trialph, quel citoyen échelonnera humblement sa capacité à me cirer mes bottes de poëte crotté. » L'orgueil individuel se dresse contre le génie lui-même. Et, suprême inconséquence, nul ne consent à se voir peuple. Qu'êtes-vous donc si vous ne pouvez être ni peuple, ni rois ? O antinomie démocratique ! ô individualisme féroce ! embryon de l'avenir, c'est ici que l'on sent que le pacte de l'amour sera conclu les armes à la main ;

que la nécessité seule disciplinera ces individualités indomptables; c'est ici que les grands fléaux qui passent sur l'humanité apparaissent comme une intervention supérieure pour contraindre l'homme à se serrer contre l'homme, pour forcer les multitudes à s'atteler à la même œuvre. Aussi l'ère industrielle se manifeste-t-elle au penseur comme un horizon plein d'orages qui éclateront avec une violence jusqu'à ce jour inconnue. Avant que la synthèse de l'individualisme s'accomplisse, des flots de sang couvriront le sol. L'accord parfait en industrie, l'harmonie économique sont loin de nous, et le règne des héros n'éclôra point dans le siècle de la science et de la guerre, dans ce XIXe siècle créé pour les luttes du glaive et de la pensée.

Maître Trialph ne nous lance pas toujours vers de telles hauteurs. Il est à la fois lyrique et cynique. Nulle familiarité ne lui coûte. Comme Montaigne, il ne parle guère que de lui-même. Il descend aussi bas que la nature, et, chose digne de remarque, il ne perd rien à descendre. Les petites observations, les aveux, les confessions qu'il nous fait sont autant de révélations sur les mœurs d'une époque où nous n'avions encore souci que de la balle ou du cerceau, et qui, pour nous, est par conséquent aussi curieuse que l'époque de l'hôtel Rambouillet. Or, à mon sens, Trialph n'est pas seulement M. Lassailly, il est, à proprement dire, la littérature et les littérateurs du temps. Puisque nous en sommes là, qu'avons-nous de mieux à faire qu'à écouter maître Trialph : « J'attendais une place; les ministères économisent; j'avais faim, et j'écrivais, le soir. » Remarquez bien que de cette faim, de cette place vainement attendue, de cette économie des ministères à un républicanisme lycanthropique, il n'y a pas bien loin. Un préfet sera bientôt moins qu'un porc, comme dit Champavert, et un procureur général moins qu'un loup. Mais, chose plus triste, c'est que cette faim et ces écritures le soir sont aussi le chemin de l'hôpital et de la folie. Puis l'homme qui a jeté le cri de la faim en attendant la place au ministère, jette, entre deux tirets, cette phrase qui n'est pas une confidence, mais bien mieux que cela, une naïveté : « A propos, je renonce à devenir ministre. » Donc, maître Trialph, ce n'était pas seulement un emploi d'expéditionnaire ou de commis rédacteur que vous rêviez dans vos faméliques attentes. Lorsque le soir, à jeun, vous aviez bu du kirsch et que vous fumiez votre dixième pipe en griffonnant je ne sais quelles farces de poésies, tout à coup votre cerveau s'enflammait, vous songiez que, vous aussi, il vous eût été doux de gouverner les hommes, ne fût-ce que pour l'amer plaisir de vous venger un peu des libraires. Vous compreniez un moment qu'il y a en ce monde une plus haute mission pour l'écrivain que de grignoter la vie à vendre des mots enfilés en chapelet. « Où êtes-vous, artistes impuissants, qui devriez devenir les législateurs du monde ? vous écriiez-vous alors. Et vous les nommiez avec un dédain, mérité peut-être, « des flûteurs à la douzaine. » Le petit chapeau de Bonaparte pointant au sommet d'une montagne dans un vaste nuage de fumée sulfureuse, la face impassible de Robespierre, cette volonté faite homme, qui dirai-je encore ! tous ceux qui, par la puissance individuelle, ont saisi la verge d'airain avec laquelle ces pasteurs mènent l'indocile troupeau des humains, toutes ces images sans doute passaient triomphantes dans le cerveau de Trialph, le poëte crotté. Ne vous étonnez pas qu'au sortir de pareils rêves ces cervelles enfiévrées, ces débauchés de la faim, ces êtres sans conduite, sans raison, sans volonté, sans patience, incapables du pouvoir qu'ils rêvent, et plus incapables de le saisir, aient abdiqué toute moralité et fini entre un éclat de rire et un hoquet, à l'instar de je ne sais plus lequel de ces poëtes morts de faim qui, rentrant sur le tard de la nuit, roula dans la cave, et, comme une chandelle tombée dans un ruisseau, s'éteignit dans le vin qu'il avait dégorgé. Ne nous étonnons pas non plus que les plus purs et les plus honorés des poëtes, ceux même qui à force de popularité ont réussi à réaliser l'ode intérieure, soient revenus sous une autre forme à leur inaliénable instinct. Ils ont pris les sommets escarpés du pouvoir pour la double cime du Parnasse, et, arrivés en haut, ils ont joué de la lyre. Mais les peuples ne sont pas un gai bétail qu'un pâtre conduit au son du flageolet. Et nous eûmes, non sans raison, quelque peine à nous figurer que ces beaux esprits soucieux de la rime, qui, jusque dans l'improvisation, changent la tribune en buffet d'orgue, fussent assez préoccupés de la chose publique pour oublier la mesure d'une phrase.

Nous ne suivrons pas plus loin maître Trialph. Il nous

a dit sur son temps ce que nous en voulions savoir. Sa faiblesse se trahit par deux mots de petit enfant : « Je suis malheureux ! » Et plus loin : « Oh ! ma pauvre mère ! » Puis cette phrase qui est la parole fatidique de la première moitié du xixe siècle : « Je maudis mon existence !... » Et enfin, enfin, aux dernières lignes de cette préface surgit la vérité vraie : « Pitié ! pitié ! sur moi, jeune homme, dont l'âme a froid de tout son égoïsme athée ! »

Les préfaces sont la substance des œuvres ; il m'importe peu qu'ensuite maître Trialph se livre à ce qu'il nomme ses roueries, c'est-à-dire qu'il tue son ami en secouant l'échelle de cordes à laquelle le malheureux monte ; qu'il assassine l'une de ses maîtresses en lui frottant le bout du sein d'un aphrodisiaque invraisemblable ; qu'il fasse mourir le mari de cette femme dans les flammes et tue son autre maîtresse, une jeune fille, en lui chatouillant la plante des pieds ; ce fouillis d'abominations ne m'offre qu'un spécimen de plus d'une littérature dont j'ai essayé d'expliquer les aberrations. Il est nécessaire d'examiner sous d'autres aspects ce vaste sujet des lettres et des arts, et de poursuivre d'un pied ferme notre chemin à travers la haine et la calomnie, filles de la déesse Colique.

CHAPITRE XI.

M. Théophile Gautier. — *Les Jeunes France*, nihilisme. — Caricatures : la Poire, Mayeux, Robert-Macaire. — M. Daumier et MM. Ingres, de Balzac et Gavarni. — *La Comédie humaine*. — M. de Balzac et M. Beyle. — Le romantisme : MM. Hugo, Delacroix, David, Antonin Moine et Préault. — Utilité des révolutionnaires en littérature et en art. — Analogies des mouvements philosophique et littéraire. — État général des âmes engendrant des phénomènes analogues dans divers ordres d'idées. — La réhabilitation de la chair et le romantisme. — La philosophie positive et le réalisme artistique et littéraire. — MM. de Balzac, de Vigny, Borie. — M. Mérimée et M. Drolling père. — M. Sainte-Beuve, dernier des euphéistes. — Tendances à l'harmonie des sciences, des lettres, des arts, de la philosophie et de la politique.

Un écrivain très-aimé des femmes, des élégants et des artistes, M. Théophile Gautier, a écrit cette phrase d'un nihilisme parfait : « Je suis une huitre. » M. Gautier savait, j'en conviens, que nul ne le prendrait au mot. Mais en écrivant cette préface des *Jeunes France*, l'auteur a souvent exprimé des sentiments sincères. Ce qui me frappe le plus dans ces pages écrites par la paresse, l'esprit et l'ennui, c'est moins la gouaillerie indolente et bonne fille qui est un des caractères du talent de M. Théophile Gautier, c'est moins la merveilleuse insouciance, l'épicurisme oriental du poëte, que le fond de réalité qui transparaît à travers les indécises broderies d'un style égoïste et flâneur. Nous sommes en 1833, M. Théophile Gautier est mélancolique lui aussi à sa manière. Il a été atteint du mal du siècle et il en éprouve les effets selon les conditions de son tempérament. Ce n'est pas le désespoir de Manfred ou de Childe-Harold, ni même les langueurs de l'amant d'Elvire. C'est un bon gras ennui tout bête qui ne demande qu'une chose, qu'on le laisse tranquille. Cet ennui il ne le cache pas, il ne le drape pas, il ne le poétise et surtout ne le romantise pas. Mais il le traduit par une horreur de tout et va jusqu'a envier le sort d'un « crapaud qui reste des années entières sous le même pavé. » Fortunio n'a plus d'illusions. Ecoutons le : « Qu'est-ce qu'une révolution ? des gens qui se tirent des coups de fusil dans une rue. » Il n'y voit de bénéfice que pour les vitriers. Voulez-vous savoir son opinion sur les héros ? « Un héros fait pousser d'excellents petits pois. » Pour lui l'art n'est qu'une « jonglerie pure. » L'acrobate est le seul artiste qu'il « estime. » En morale « rien ne lui a paru plus insignifiant que les vices de l'homme, si ce n'est la vertu de la femme. » Vous croyez que Fortunio se donne une pose. Non pas, cela serait trop fatigant. Il est pâle, désillusionné, satanique ; si les femmes prennent cela pour l'effet de souffrances de cœur il ne fera pas difficulté d'avouer qu'il a souffert « du cœur peu, mais de l'estomac passablement. » Pourquoi donc alors cette phrase profondément triste où je cherche en vain un reste de raillerie ? pourquoi cette sortie sincèrement élégiaque dont le seul tort est de rappeler les deux vers de Gilbert :

> Et sur la tombe où lentement j'arrive
> Nul ne viendra verser des pleurs ?

Pourquoi dire : « Je pourrais mourir demain qu'excepté ma mère qui pleurerait, il ne resterait aucune trace de mon passage sur la terre. Mon épitaphe serait bientôt faite : Né — Mort. » Ah ! Fortunio, je vous surprends en flagrant délit de sensibilité ! Fortunio tourne au Génevois. Il fallait bien qu'une certaine maladie régnât alors dans les imaginations pour qu'un pareil prodige pût s'accomplir. Or, c'est tout ce que nous voulions prouver.

La déception que la monarchie de juillet causa en France est donc bien et dûment constatée ; les lettres en portent témoignage dans tous les styles, sous toutes les formes.

Quand le temps eut en quelque sorte consolidé, sinon consacré, ce règne de circonstance, la tristesse tourna à l'aigre et devint de la raillerie. C'est alors que la caricature crée ses types. L'opinion des masses se résume en une silhouette que le dernier gamin charbonne en passant sur le mur. Plus tard, la littérature s'empare de ces ébauches et les développe. Il en sort quelquefois une vraie comédie ; témoin, *le Mercadet* de M. de Balzac. La plus sanglante caricature qui parut au commencement de juillet ne fut certainement pas la poire qui représentait le galbe de Louis-Philippe. Sans doute ce singulier rapprochement prenait des proportions symboliques qui en firent un véritable trait de génie. Le côté pointu de la poire était le front ; or Louis-Philippe a toujours eu horreur de l'héroïsme et de la gloire. L'autre extrémité représentait la mâchoire, c'est-à-dire les appétits matériels. D'un trait de plume le règne était jugé : la poire eut raison jusqu'au bout ; mais le caractère synthétique et emblématique de cette poire, qui illustra toutes les murailles de la France, échappait aux multitudes. Un

bis sur l'obélisque n'est qu'un oiseau sans signification
our la foule. Ce qu'il lui faut, ce sont des types *vivants
t parlants*, Cadet-Roussel, Mayeux, Robert-Macaire.
ci, comme nous le disions plus haut, la satire devient
éritablement sanglante. Cadet-Roussel, Mayeux et Ro-
ert-Macaire furent des personnalités à l'égard d'une
ation. Un écrivain familiarisé avec les manifestations
opulaires de l'art écrirait un livre instructif et amusant
ır ces types nationaux de la caricature.

En 1830, Cadet-Roussel n'existait plus depuis long-
emps, et Robert-Macaire, cette création spéciale du
ègne, née du crime en habit noir et du charlatanisme
us toutes ses formes, n'existait pas encore. Mayeux
ul triomphait. On a trop oublié ce petit bourgeois bos-
ı, patriote, cynique, bravache, ami des plaisirs et de la
arde nationale. Mayeux est un type moins français que
adet-Roussel; mais combien il est plus expressif et plus
écial ! Mayeux participe de la restauration et de la mo-
archie de juillet. C'est un fils difforme des Royer-Collard
des Camille Jordan, un libéral. Mayeux le premier
protesté contre les ordonnances et crié : « Vive la char-
! » Il connaît l'article 14 et les noms des 221. Il a
angé du jésuite comme M. de Voltaire ; il a pris part,
tu en garde national, à la révolution de juillet ; il a
rtout fait beaucoup de tapage ; sa voix en fausset a,
première, entonné la *Marseillaise*. Il accompagnait les
éputés qui allèrent suplier le roi de retirer les ordon-
ances. Jamais il n'a dit autrement que Laffitte tout
ourt, et c'est lui qui a inventé les cheveux blancs de

Lafayette. On l'a vu à Neuilly, chez le duc d'Orléans, avec les républicains du *National*, qui allaient chercher la meilleure des républiques. Bref, Mayeux a été un héros ; mais comme il est, avant tout, de l'opposition, Mayeux escarmouchera entre MM. Thiers et Odilon Barrot. En 1848, l'âme de Mayeux était passée dans le crâne des bourgeois qui suscitèrent les banquets réformistes. Il poussa dans la révolution les grenadiers de la garde nationale et enflamma les charcutiers-sapeurs dont les ventres énormes servirent de gabions à l'émeute.

Ce petit-fils des boutiquiers de la fronde reparaît sous des noms et des costumes divers dans toutes les agitations de la France. Mayeux est donc un type essentiellement politique. Robert-Macaire est, au contraire, un type social ; la politique ne saurait être qu'un des mille accidents de sa vie universelle ; il est marqué au coin de l'ère industrielle et appartient au xixe siècle, comme Tartufe au xviie, et Figaro au xviiie. Que ces physionomies dans lesquelles se reflète un peuple entier (comme si la société voulait et pouvait se juger elle-même), que ces résumés de la critique soient non-seulement des types sociaux, mais encore des types humains, c'est-à-dire que l'on retrouve dans tous les temps et tous les pays des traits de leur physionomie, cela est incontestable ; mais s'il en est un spécial par excellence, c'est surtout Robert-Macaire. Voyez-le dans un salon, au bagne, en cour d'assises, au bureau de gérance d'une société en commandite, partout il poursuivra un même et unique but, la fortune. Robert-Macaire vise surtout et avant tout à la fortune ; c'est pour cela qu'il spécule, qu'il triche au jeu, qu'il assassine au besoin ; il lui faut la fortune à tout prix. Il est impossible de ne pas remarquer ici avec quelle sévérité les nations se jugent elles-mêmes. Quelle critique de l'industrie ! Et, chose non moins digne de remarque, avec quelle fureur la foule ne se précipitat-elle point aux théâtres où Robert-Macaire, déguenillé, impudent, sceptique, féroce avec flegme, mais encore Français par la grâce, l'esprit, la bonne humeur, venait donner au public le tableau de ses vices les plus monstrueux ; comme elle recueillait avec avidité les moindres mots de ce brigand philosophe qui juge la société et n'estime que l'esprit et l'adresse ; qui méprise la vie des hommes comme il méprise leur fausse vertu ; qui se tire de tous les mauvais pas et se joue du Code civil comme du gendarme. C'est que chacun voulait se moquer de son voleur, prendre des leçons, peut-être, ou se dire : Je suis plus fort que lui.

Telle est dans sa dernière transfiguration caricaturale de la bourgeoisie du règne de Louis-Philippe. Or, malgré son entrain et l'apparente franchise de son allure, jamais elle ne se manifesta sous un aspect plus hypocrite. Robert-Macaire est un bourgeois presque gentilhomme ; il se sert d'argenterie Ruolz. Ce n'est pas lui qui portera l'habit en queue d'aronde ni le faux-col impossible ; cela est usé, vieilli. Il s'habille au goût le plus nouveau ; mais comme le défaut qu'il dissimule le plus mal est un empirisme exorbitant, cet empirisme se traduit dans ses vêtements, dans sa cravate comme dans sa démarche et dans son geste. Regardez-le descendre les marches de la Bourse ; cet homme, trop bien mis, quelle que soit sa condition, trop bien mis dans la misère comme dans l'opulence ; ce beau parleur à qui le nom de la vertu n'écorche point la langue et qui parle sans cesse de probité, est, au fond, un bourgeois perdu de mœurs, un officier public qui mange l'argent de ses clients, un ministre qui se fait graisser la patte, un voleur en habit noir à la tête d'une bande d'habits noirs. Nous l'avons vu, nous l'avons connu, jugé, condamné, non pas une fois, mais vingt, mais mille, mais cent mille fois, sans compter toutes celles où il nous a glissé entre les mains, soit qu'il fût plus rusé que la justice ou trop puissant ce jour-là.

Au point de vue où nous nous plaçons, l'art comme la littérature, la philosophie ou l'enseignement, ne sont qu'un moyen d'étudier une époque et de faire en quelque sorte la liquidation d'une gérance sociale nommée *monarchie constitutionnelle*. En ce sens la *Stratonice* ne nous apprendrait rien ou peu de chose, et M. Daumier est non-seulement un plus grand peintre que M. Ingres, mais encore le plus grand peintre de ce temps. Le crayonneur des Robert-Macaire est immortel en son genre comme M. Honoré de Balzac dans le sien. Il a élevé la caricature à la puissance d'une satire de Perse ; il a fait des bourgeois terribles de laideur, d'ignominie, de trivialité, de bêtise et de coquinerie. Son crayon est entré comme une flèche barbelée et empoisonnée dans la poitrine de cette classe qui n'en est pas une, car elle se modifie et se recrute sans cesse. Combien se trompaient ceux qui opposèrent M. Gavarni à M. Daumier ! Le premier, avec ses lorettes si spirituelles et si jolies, a presque l'air d'un complice ; le second fut toujours un juge implacable.

Mais c'est dans l'œuvre de M. de Balzac que nos petits-fils iront chercher la reproduction fidèle et détaillée de cette portion intime des mœurs où s'exercent le génie du peintre et celui du romancier. L'historien est un général d'armée qui, de la hauteur où il est placé, ne saurait se perdre dans les minuties de l'action et se préoccuper d'autre chose que des mouvements des divers corps qui opèrent sous ses yeux. M. de Balzac est surtout de la famille des savants ; il procède par l'analyse et ne se préoccupe guère d'en sortir. Il sent bien que la synthèse se fera toute seule, ou sera, du moins, aisée à tirer, lorsqu'il aura complété les pages de sa *Comédie humaine*. L'œuvre de M. de Balzac m'apparaît comme un vaste musée dont on a construit les galeries avec l'intention de les remplir toutes ; mais un seul prince ne suffit pas à cette gigantesque entreprise. M. de Balzac est un nomenclateur et un classificateur ; il a collectionné des bourgeois, des aristocrates et des femmes ; il les a étiquetés et pendus à leur numéro avec une conscience merveilleuse. Ce procédé contraste vivement avec la manière de l'auteur de *Rouge et Noir*. M. Beyle, avec son désordre insoucieux, son style sans recherche qui indiquent un homme supérieur à sa littérature, sera recherché par les esprits quintessenciés. M. Beyle était un diplomate philosophe et en même temps la nature l'avait doué de la plus merveilleuse aptitude à sentir et à comprendre les arts. Je n'ai jamais rencontré au même degré la puissance d'instinct unie à une intelligence aussi spiritualisée. Il comprend à la fois la politique, la musique et l'amour ; Machiavel en eût fait son ami. Ce n'est pas, à proprement parler, un type véritablement français ; il y a de l'italien dans une pareille organisation. On sait d'ailleurs que M. Beyle a longtemps vécu en Italie. Cette individualité prodigieuse, qui représente l'artiste dans un sens complexe qu'on n'est pas habitué à donner à ce mot, ne sera jamais populaire et ne doit pas l'être. Le demi-jour sied mieux à cette physionomie élégante et mystérieuse. M. Beyle ne fut pas même ambassadeur, et il semble que la destinée ait conspiré avec le gouvernement pour laisser dans l'ombre cette discrète figure. Qu'eût-il représenté, d'ailleurs, sous le bon roi Philippe ? — M. Beyle ne pouvait être ambassadeur que sous François Ier.

Si les raffinés de l'esprit placent M. Beyle à côté de M. de Balzac, il n'en est pas moins vrai que ce dernier sera consulté de préférence par les personnes qui voudront se rendre exactement compte des sentiments, des habitudes, de ce qui constituait la vie intime des Français sous le règne de Louis-Philippe. Mais de tous les personnages qui défilent sur cette vaste scène (pour nous elle est la scène du monde), il n'en existe aucun aussi merveilleux que l'auteur lui-même.

La vie de M. de Balzac, comme celle de Beaumarchais, a été une lutte, mais une lutte obscure, sans retentissement, contre des embarras qui le forcèrent souvent à s'envelopper d'un peu de mystère. L'arriéré de malheureuses spéculations a longtemps pesé sur la carrière d'un homme fait pour arriver aux honneurs et à la fortune. De sorte que ce mystère, attribué à une excentricité d'esprit, ne fut souvent pour M. de Balzac qu'un moyen d'échapper à des importunités nuisibles au travail et à la méditation. Lorsqu'il habitait Passy, le mot de passe, pour arriver jusqu'à lui, était « pavillon. » On sait que les maisons de Passy sont échelonnées en amphithéâtre sur les gradins d'une colline. Au mot de pavillon, le concierge m'indiqua un escalier qui descendait au jardin, et je me trouvai en effet devant un petit bâtiment assez triste. Une belle femme de quarante ans m'introduisit dans le cabinet de M. de Balzac. Je vis un gros homme vêtu de toile grise, les cheveux séparés sur le front comme ceux d'une jeune fille. Il y avait en lui du moine et du gentilhomme; deux yeux bruns criblés d'étincelles d'or animaient ce visage spirituel et sérieux empreint d'un grand caractère de force. M. de Balzac congédia, d'un geste noble et gracieux, la belle femme qui m'avait introduit, et je restai seul avec le *monstre*. Notre conversation dura une grande heure; il s'agissait de manuscrit, de lettres, de lignes, et finalement d'argent. Sur ce sujet, M. de Balzac ne tarissait point; il me parla longuement avec une éloquence soutenue, avec un feu dont je ne laissai pas d'être étonné. — M. de Balzac et M. Beylo ont eu chacun leur tourment, leur obsession durant la vie : le premier a rêvé des millions

(et il les méritait bien), le second ne put jamais se consoler de l'énormité de son nez.

En continuant de suivre, dans la littérature de fantaisie, le mouvement général des idées, nous retrouverons la conséquence ou le reflet de celles qui se meuvent dans un cercle supérieur et qui les premières ont occupé notre attention. Ainsi nous voyons une malédiction presque universelle s'élever à la naissance de la monarchie de juillet. Une ironie morbide, négatrice des plus nobles sentiments, succède à ce cri de colère; et nous verrons plus tard ces désordres d'esprit se changer en égoïsme simple et tourner au profit de l'industrie. Mais les phénomènes moraux que nous signalons sont exceptionnels, puisqu'ils furent, partiellement au moins, engendrés par la révolution de juillet. Le mouvement romantique datait de 1824 ; il devait se continuer. Dès que la première effervescence politique fut calmée, le romantisme reprit une activité fiévreuse ; c'est ainsi qu'un feu d'artifice éclate avec d'autant plus de violence qu'il approche de sa fin. Pour les écoles comme pour les partis, le triomphe est souvent le signal d'une prochaine déchéance. Le jour où M. Victor Hugo entrait à l'Académie, on put considérer la mission du romantisme comme achevée. Il devenait en quelque sorte littérature officielle. On serait néanmoins souverainement injuste en niant les services qu'il a rendus aux lettres ; il ralluma au plus haut degré les passions littéraires. Nous ne lui devons pas seulement quelques livres intéressants dans notre langue, nous lui devons en quelque sorte

Shakespeare et la familiarité des poëtes charmants de la renaissance.

Dans les arts, le mouvement romantique, suscité par la littérature, engendrait M. Delacroix, pour la peinture; MM. David, Antonin Moine et Préault, pour la sculpture. Les gens spéciaux reprochent à plusieurs de ces artistes de graves défauts dans l'exécution du dessin, dans la ligne des figures. Ce reproche, qui peut être plus ou moins mérité, est, au point de vue de cette étude, d'une trop mince importance pour que nous nous y arrêtions. Nous voyons dans les romantiques, peintres, sculpteurs ou littérateurs des pionniers, des soldats de la brèche, des agents révolutionnaires destinés par la Providence à brouiller les cartes, à briser la tradition, à ouvrir aux jeunes intelligences les champs de la liberté, à la condition toutefois que ces jeunes intelligences se garderont bien de suivre leurs libérateurs à la piste, sinon les révolutionnaires deviennent des académiciens d'un autre genre, et l'esprit humain n'est sorti d'une ornière que pour tomber dans une autre. Il faut rendre au romantisme cette justice qu'il n'a pas coûté trop de têtes et qu'il a accompli son œuvre au meilleur marché possible. Quelques grandes individualités nous restent à ajouter aux échantillons des littératures écoulées. Ceux qui seront perdus dans la bagarre ont rempli le seul rôle qu'ils pouvaient jouer, le rôle de comparses victimes et dévoués.

Il n'est pas difficile de saisir, dans l'esprit et dans les procédés de cet important monument littéraire et artistique, quelque chose d'analogue à ce qui se passait en philosophie. Il y a dans les écoles modernes une esthétique qui semble découler directement des doctrines saint-simoniennes et fouriéristes. La réhabilitation de la chair apparaît dans ce style ami de la forme et de la couleur, dans cette matérialisation de la pensée, dans cette tendance à ramener les sentiments à la condition de purs instincts. Ceci explique en même temps l'invincible répugnance des hommes âgés pour les idées nouvelles. Imbus d'idées diamétralement opposées, avec lesquelles ils étaient nés, ils avaient grandi, vécu, vieilli, les idées littéraires modernes durent leur paraître aussi impies, aussi insensées que les doctrines saint-simoniennes et fouriéristes; elles répugnaient à leur intelligence et à leur tempérament, auxquels elles ne pouvaient s'assimiler. M. Saint-Marc Girardin, homme d'un esprit délié dans l'ordre moyen, est un vivant exemple du fait que nous signalons; cette poétique nouvelle blesse ses croyances littéraires. Pour la combattre, il a recours à la grosse artillerie des anciens ; il fait appel à ce que l'école classique française a produit de plus élevé, et souvent il prend avantage sur ses adversaires. Mais s'agit-il de doctrines philosophiques et sociales, le même homme qui brillait dans une escarmouche littéraire par la perspicacité et la mesure, devient niais et de mauvais goût.

Un fait qu'il est bon d'observer parce qu'il jette une certaine lumière sur la formation des idées, c'est que la plupart des littérateurs qui se sont livrés avec le plus de violence à la réhabilitation de la chair dans le style et dans les procédés dramatiques, n'avaient aucune connaissance des doctrines philosophiques dont ils semblaient être un reflet. Il est rare que les littérateurs livrés aux travaux d'imagination lisent beaucoup, ou sortent dans leurs lectures du cadre dans lequel leur intelligence se meut. Ces fameuses conséquences de la métaphysique dont M. Cousin parle avec un orgueil si mal dissimulé, ne seraient-elles qu'un état général des âmes engendrant des phénomènes analogues dans tous les ordres d'idées? Philosophes et poéticules sont alors au même degré en tant qu'initiation. Et si quelqu'un a le droit de revendiquer une plus grande part à la reconnaissance publique, c'est le plus grand vulgarisateur.

Cet état général des âmes n'atteint cependant pas une société entière. Il règne concurremment avec d'autres influences qui s'exercent sur d'autres individualités. Dans tous les temps, avons-nous dit plus haut, quatre doctrines philosophiques se partagent le monde. Cela ne démontre-t-il pas que l'humanité est diverse et que les progrès intellectuels dérivent de diverses sources. Diverses manières d'être se manifestent donc simultanément dans les esprits. Lorsqu'il y a harmonie entre elles, cette heureuse conflagration donne lieu à de grandes époques; lorsque, par telle ou telle cause historique, il y a dissonance, il en résulte des batailles et des révolutions. En même temps que l'éclectisme se débattait contre la mort et que naissait une philosophie nouvelle ayant pour objet l'humanité et non plus seulement la divinité, d'autres socialistes dont nous avons déjà parlé, jetaient les éléments utiles d'ailleurs, mais irréalisables dans l'absolu d'une politique et d'une philosophie positives. Cherchez parmi les lettres et les arts l'analogue de ce mouvement intellectuel, vous le trouverez dans la réaction contre le romantisme. Je ne parle pas de cette réaction ridicule qui, s'affublant du vieux brodequin tragique, suscita un si merveilleux enthousiasme parmi les visières vertes du Marais. Je parle de cette réaction intelligente qui profita de la révolution romantique pour prendre le grand air et non pour aller piteusement redemander des fers à Orosmane et à Britannicus.

Dans cette voie nouvelle ouverte à la libre pensée, à l'amour du vrai et du réel, un homme a laissé derrière lui la profonde empreinte de ses pas, c'est M. de Balzac. A côté de lui je placerai l'auteur de *Grandeur et Servitude de la vie militaire*, M. Alfred de Vigny. M. Barye, le sculpteur, est de la famille de ces grands esprits qui ont jeté sur la nature un coup d'œil si juste et si ferme. Je placerais à leur suite M. Mérimée, si cet estimable écrivain s'était tenu dans la voie modeste de la simplicité. Il y a un peintre de cuisine, nommé Drolling père, dont les tableaux ont obtenu dans la bourgeoisie des succès de sympathie. Le style de M. Mérimée a précisément les qualités de la peinture de M. Drolling père. Il n'y a pas un grain de poussière dans le style de M. Mérimée; pas un grain de poussière dans la peinture de M. Drolling père. Les casseroles de M. Drolling père sont aussi propres que les phrases de M. Mérimée. Mais c'est précisément cet excès de propreté qui devient fatigant. La nature ne se lave pas. Sa propreté est un effet de sa santé. On mange sans répugnance une cerise cueillie sur l'arbre. Un jeune bourgeois élevé au biberon baiserait même sans dégoût la bouche riante d'une petite paysanne qui ne connaît pas l'usage de la brosse à dents. L'eau du ciel a verni la cerise. Un coup d'eau claire bu dans le seau du puits a enlevé les miettes de pains bis qui collaient aux dents du petit chien de la Jeanneton. Je ne demande pas que l'on ait un style crasseux et tout à fait mal peigné, mais il me semble qu'un peu de négligé dans la démarche et la toilette ne messied pas à la véritable beauté. On rencontre dans cet oubli de soi-même des grâces inattendues. Le duc de Saint-Simon trouvait dans cet abandon, des bonnes fortunes inouïes. Le tort des gens de lettres est de se trop prendre pour des écrivains de profession. Figurez-vous que vous êtes un homme du monde écrivant légèrement quelques impressions saisies à la volée, ou racontant une histoire sans y mettre d'autre importance qu'un narrateur de coin du feu. Prenez-vous-y comme vous voudrez ou comme vous pourrez, mais vous ne serez supérieur dans votre art qu'en le dominant. La servitude pédantesque des puristes sent la cuistrerie, chose immonde. Le fantaisiste, le romancier, ne doivent jamais oublier d'ailleurs qu'ils parlent à des femmes. Au surplus, alors même que l'on traite de matières sérieuses, il importe de se mettre toujours au-dessus du métier d'écrivain et de le dédaigner en quelque sorte. C'est ainsi qu'on se défait des habitudes détestables qu'engendre une trop grande pratique de la presse, et qu'on arrive à traiter de haut les grandes matières. On ne doit se souvenir que du but que l'on veut atteindre. Le nôtre n'est pas d'étudier la littérature du règne de Louis-Philippe au point de vue littéraire ; aussi, nous bornerons-nous à indiquer quelques traits du caractère de M. Mérimée. C'est un matérialiste sans idéalité qui fera finir une histoire d'amour par le dépècement d'une poularde arrosée de vieux vin (1). Il partage en outre avec MM. Elie Berthet et d'Arlincourt la passion du brigand (2). Ces histoires sont écrites dans un style de fille sur le retour dont l'amour se change en avarice et qui économise même les mots.

Sous le gouvernement de Louis-Philippe, M. Mérimée entra à l'Académie française et à l'Académie des inscriptions et belles-lettres ; en voyant cette double élection, chacun s'est demandé si l'auteur de la *Vénus d'Ille* la devait à son talent ou à ses relations.

M. Mérimée a voulu être à la fois un littérateur et un savant ; il en est advenu ceci, qu'il n'est plus un littérateur et qu'il n'est pas encore un savant. Il semble fort préoccupé de gagner de l'argent et d'augmenter le petit bruit, déjà éteint, qui s'est fait autrefois autour de son nom ; il annonce lui-même dans la *Revue des Deux-Mondes* que son livre de *Démétrius* se vend chez Michel Lévy, éditeur, 2, rue Vivienne, au prix de trois francs. Qui penserait, en voyant ce *boniment*, qu'on par-

---

(1) Voir: *l'Abbé Aubain*.
(2) Voir: *Columba, Carmen*.

donnerait à peine à un rhétoricien ambitieux de réputation, que M. Mérimée est un vieillard à cheveux blancs?

Il ne restera rien des œuvres de cet écrivain ; les œuvres qui doivent traverser l'oubli sont celles où palpite une pensée, une idée, un sentiment, ce sont celles qui ouvrent à l'homme des horizons inconnus. On peut mettre la main sur tous les ouvrages de M. Mérimée, jamais on n'y sentira battre le cœur ; ses livres et ses nouvelles sont des procès-verbaux très-bien faits, et voilà tout.

Nous n'aimons pas M. Mérimée, mais cependant nous voulons le laver d'un reproche immérité qu'on lui a fait. On lui a attribué à grand tort une petite brochure anonyme sur M. Beyle. Ce libelle, où il est dit en toutes lettres : « Ce qui excuse Dieu, c'est qu'il n'existe pas, » et encore : « On doit au moins à une femme la politesse de la violer, » ce libelle, qu'on dirait emprunté aux livres du marquis de Sade, ne peut pas, ne doit pas être de M. Mérimée. Nous savons qu'il est fort incrédule en matières religieuses, nous avons pu juger, par le choix pédantesque de ses épigraphes grecques, en quel mépris singulier il tient les femmes, mais, nous le répétons, nous ne pouvons le reconnaître coupable de cet opuscule injustifiable.

Inspecteur des monuments historiques, M. Mérimée n'apporterait pas, si l'on dit vrai, une attention bien profonde dans l'exercice de ses fonctions. En arrivant dans une ville dont le monument réclame la visite de l'inspecteur, l'auteur de l'*abbé Aubain* commence par bien dîner.

Il va ensuite, le cigare aux lèvres, inspecter le monument. — Beau monument! dit-il, beau monument! — Mais, monsieur l'inspecteur, il y a une crevasse dans ce mur, cette corniche menace ruine. — Beau monument! beau monument! Et il part. — Le lendemain, la corniche tombe.

A côté de M. Mérimée, rien ne serait plus amusant que de placer le portrait d'un autre vieux garçon académicien, M. Sainte-Beuve. Ce sont deux contrastes d'égale valeur. Le dernier n'aborde la réalité qu'avec des précautions de chat touchant au rôt, et loin d'économiser les mots, il est verbeux jusqu'au verbiage. Sa manière de juger les hommes est d'un cœur mou. On dirait qu'on lui a coupé les jarrets comme aux énervés de Jumiéges, tant il se contourne pour avancer dans son opinion. Sa qualité la plus virtuelle consiste en un genre de perfidie particulier aux efféminés. M. Sainte-Beuve est le dernier des euphuïstes. A quoi bon en parler plus longuement? Qu'aurait-il de commun d'ailleurs avec les analogies dans les tendances de la politique, de la philosophie et des lettres qui font l'objet de ces dernières pages! Mieux vaudrait poursuivre jusque dans le plus fugitif des arts, jusque dans la musique, ces manifestations qui indiquent l'état intellectuel et moral d'un peuple. Il y a moins loin qu'on ne pense de la philosophie positive, de la recherche du vrai dans l'art, de la haine de tout empirisme à la faveur dont jouit la musique allemande. Les effets simples et les sentiments ont fait des progrès sur la musique d'esprit. Pour que la question s'animât, il eût fallu qu'un fanatique écrivît : Rossini vaut une bouteille de champagne.

Indifférent aux luttes de l'arène, au plus ou moins de mérite des concurrents, il nous importe bien moins de peser cette foule d'individualités si éprises d'elles-mêmes que d'examiner en masse comment elles acceptent la destinée du siècle et se conforment aux vues de la Providence, comment elles se disciplinent aux volontés générales de l'Europe moderne et appliquent les formules nouvelles de la civilisation. Nous les voyons suivre de loin, mais non sans quelque courage, les vastes pas de la politique, de la science et de la philosophie ; nous avons tenu compte des efforts du style, de l'ébauchoir et du pinceau. Voyons ce qu'ils ont fait pour s'*industrialiser*. Ceci est plus grave qu'une controverse littéraire. Il ne s'agit plus de la ressemblance par la forme, mais de l'identité du fond. C'est plus qu'une question de morale, c'est en même temps une question économique.

CHAPITRE XII.

De l'industrie intellectuelle. — Appropriation individuelle de l'idée, source de lois nouvelles. — Sociétés artistiques et littéraires. — MM. Taylor, Scribe, de Balzac, L. Desnoyers. — Priviléges, jurandes et maîtrises du travail intellectuel. — Le roman-feuilleton, manifestation industrielle de la littérature. — MM. Chapuis de Montlaville et de Riancey. — *La parlotte du quai d'Orsay*. — Littérature et psychologie criminelle comparées. — Moyens de vulgarisation de la pensée. — Reproduction permanente. — Annonces, presses, papier, magazines, librairies, lithographies, moulages, gravures sur bois, etc. — L'art, moyen d'éducation domestique. — Daguerre. — Découvertes industrielles. — Mouvement scientifique. — La photographie, le télégraphe électrique, etc., précurseurs d'une société nouvelle.

Il ne s'agit plus actuellement d'examiner les tendances philosophiques de la littérature et de l'art, ni de montrer par quelle série d'engrenages ces deux formes du génie humain se meuvent à l'unisson du reste de la machine. Michel-Ange, Dante, Shakspeare, un groupe de M. Barye, un roman de M. de Balzac, une strophe de M. Barbier, ne sont plus à nos yeux que des produits industriels dont la valeur vénale constitue seule l'existence. Un épais romancier mordu par la critique peut répondre en toute sûreté de conscience : J'ai cent fois raison d'écrire des romans en vingt volumes, et je suis par ce fait un homme mille fois plus utile que vous, Monsieur le critique, qui n'écrivez pas en un an autant que moi en quinze jours, et dont l'article n'existerait même pas, si je ne vous avais donné lieu de le faire. Il y a dans la seule ville de Paris quatre mille cinq cent trente-six typographes, environ trois mille relieurs et brocheurs, je ne sais combien de marchands de papier, de fondeurs, mécaniciens, chiffonniers, etc., qui vivent par moi et mes pareils. Vous dites que j'écris mes livres à la vapeur, soit, mais c'est à la vapeur aussi qu'on les imprime. J'agite du bout de ma plume ces puissantes machines et je remue autant de capitaux qu'un manufacturier. J'ai pu dissiper des millions ; j'ai enrichi une foule de gens et fait vivre deux cents familles. — Voilà ce que pourrait dire, par exemple, M. Alexandre Dumas, et au point de vue économique il aurait parfaitement raison. Industriellement, la production est sainte.

Mais où le fait de l'industrie prend un caractère tout moderne, où l'économie nous ouvre des horizons nouveaux et domine l'antiquité d'une hauteur considérable, c'est lorsque le code accepte et constate l'appropriation d'une chose intangible, immatérielle comme l'âme, comme le rêve, l'appropriation individuelle d'une idée ? Une série de lois nouvelles dans l'humanité apparaît dans ce simple fait. Développez la puissance de ce mode d'appropriation, aussitôt l'industrie s'idéalise et devient le règne de l'héroïsme et du génie. C'est peut-être à la propriété intellectuelle qui joue actuellement un si petit rôle dans le monde que seront dues les plus profondes transformations sociales de l'avenir.

Sous Louis-Philippe, ce mode d'appropriation n'a pas fait un pas. L'idée, devenue valeur industrielle et circulant comme les autres capitaux, réclamait une assimilation plus parfaite avec les deux modes d'appropriation qui existent depuis l'antiquité. Le gouvernement, il faut lui rendre cette justice, fit deux tentatives (en 1841 et en 1844), qui toutes deux échouèrent par le fait même d'une organisation politique empâtée dans l'odieux matérialisme du cens. Il existe des constitutions qui, par leur propre nature et quelle que soit d'ailleurs la bonne volonté des gouvernants, ne parviennent jamais à s'assimiler tel ou tel ordre d'idées.

Les premières tendances industrielles de la littérature et de l'art sous le règne de Louis-Philippe se manifestèrent par de petites agrégations d'écrivains basées sur une idée étroite et égoïstique, l'idée de la camaraderie. Ces informes essais d'associations habituèrent les artistes et les gens de lettres à l'idée du groupe industriel ou du moins ils purent en entrevoir le plan. Quand plus tard MM. Taylor, Scribe, de Balzac (1), Desnoyers songèrent à former en corporations, ces professions déclassées, ils trouvèrent des esprits disposés à accueillir leurs projets. Aujourd'hui il existe à Paris six grandes associations composées des artistes peintres, sculpteurs, dessinateurs, graveurs, des musiciens, des auteurs dramatiques, des gens de lettres, des inventeurs et des artistes dramatiques, réunies sous la dénomination générale de *Société des lettres et des arts*. Dût cette opinion blesser la portion imbécile de la démocratie et de la bourgeoisie, l'avenir du monde est là. Ces corporations, encore informes, recèlent le levain des révolutions et des grandes réformes sociales des siècles futurs. Il n'est pas probable que ces transformations suivent les arabesques tracées par l'imagination de M. Louis-Blanc et de M. Cabet. Les révolutions sociales sont le résultat du lent développement des idées éternelles de l'homme, idées qui ne sont autre chose que la logique conséquente de son organisation, de ses besoins physiques et moraux.

Une remarque du plus haut intérêt se place naturellement à la suite de ces réflexions, c'est que le travail intellectuel encore chargé d'entraves, placé dans une condition que le travail matériel n'a pas même subie aux plus mauvais jours du moyen âge et de l'antiquité, procède, comme son aîné, par le système des corporations. Les brevets constituent de véritables maîtrises, l'agré-

---

(1) M. de Balzac a publié, en 1841, un *Mémoire* sur la contrefaçon en Belgique et des *Notes* sur la propriété littéraire, qui contiennent un grand nombre de remarques ingénieuses et une intéressante esquisse historique de cette question, sacrifiée par les assemblées délibérantes.

gation a un comité d'association qui rappelle la jurande. Selon toutes les probabilités, ces corporations sont destinées à accaparer peu à peu, non-seulement la direction des esprits, non-seulement toutes les industries qui se rattachent à ce que la commission d'enquêtes de la Chambre de commerce de Paris nommait le *treizième groupe industriel*, non-seulement une foule d'industries appartenant à divers autres groupes, mais encore par les inventeurs, propriétaires actuellement temporaires, mais plus tard pérennes de toute combinaison mécanique ou chimique, le moteur universel de l'industrie tout entière. La société étouffera dans cette étreinte comme elle étouffait avant 1789, sous le régime des priviléges de toutes sortes, depuis le privilége d'une corporation, jusqu'à celui d'un duc ou d'un marquis. Alors apparaîtra, sans doute, quelque nouveau Turgot qui brisera ces cadres de fer, et le travail intellectuel, l'industrie de la pensée aura accompli sa révolution, et rentrera dans la loi commune. Loin d'y succomber, il n'en sera que plus puissant. L'antagonisme naturel qui résulte du libre travail peut seule déterminer le degré d'importance d'une spécialité dans la nation.

L'industrie a une si grande horreur de l'inaction qu'en dépit des lois mal appropriées au temps où nous vivons, elle se fait jour et prédomine. C'est un vaste fleuve qui, ne pouvant briser sa digue, la tourne et s'extravase à grands flots dans la plaine. L'industrie intellectuelle gênée par le cautionnement, par le timbre, par les brevets d'imprimerie et de librairie, par une reconnaissance incomplète de son droit de propriété, par la déprédation étrangère, n'en fit pas moins d'immenses progrès. Ne pouvant rien tirer des lois, elle imagina des expédients. Le roman-feuilleton qui fut inauguré au journal *le Siècle*, en 1836, doit être considéré comme une manifestation industrielle de la littérature. Son résultat presque immédiat fut d'augmenter dans une proportion considérable le tirage des journaux. Aux époques révolutionnaires de la France moderne, depuis 1789, on avait eu des exemples de tirages considérables dans la presse périodique, mais le calme rétabli, cette propagation suractive tombait tout à coup. Le roman-feuilleton eut la gloire de normaliser les hauts tirages sans autres moyens d'action sur le public que les innocentes péripéties d'un drame imaginaire. Ce n'était plus aux dangers de la patrie qu'il devait l'écoulement de ses produits, mais à sa seule imagination.

Cette littérature éphémère, uniquement due au développement de l'industrie, a soulevé de très-nombreuses récriminations. M. de Chapuis-Montlaville, actuellement sénateur, a, sous le règne de Louis-Philippe, tonné contre le roman-feuilleton. Il faut, en vérité, que la vertu de M. de Chapuis soit bien susceptible pour s'être alarmé de si peu. Plus tard, M. de Riancey, un des jeunes chardonnerets échappés de *la parlotte du quai d'Orsay* (1), éprouvant le besoin de donner naissance à une loi quelconque, mais manquant d'invention, accoucha piteuse-

---

(1) On nommait ainsi, sous Louis-Philippe, une réunion où de jeunes parlementaires venaient s'exercer à bavarder en vue de devenir députés.

ment d'un réquisitoire contre le roman-feuilleton. Ce jeune parlementariste eut la gloire de frapper la littérature d'un impôt comme une denrée coloniale. En commettant cette petite sottise cornue, M. de Riancey (1) ne se doutait pas de l'hommage involontaire qu'il rendait à l'industrie intellectuelle. La littérature considérée comme une vile marchandise, eh ! c'est ce que nous demandons depuis longtemps ! Elle rentrerait alors dans le droit commun. La copie-culture pourrait s'exercer sans excise ni gabelle. Elle n'a pas même aujourd'hui l'avantage d'être un monopole comme le tabac, c'est-à-dire de trouver sa garantie dans l'administration de l'Etat, d'être tarifée et protégée par lui. Elle n'a pas non plus les bénéfices du privilége, puisque le privilége ou brevet de librairie et d'imprimerie n'appartient pas au producteur, qu'il est au contraire livré à des tiers, lesquels, ainsi protégés, peuvent mettre l'auteur et le public en coupe réglée ou simplement en interdit.

Industriel au premier chef, le roman-feuilleton eut contre lui les catholiques quand même, comme M. de Riancey, et les républicains génevois-gréco-romains comme M. de Chapuis. Aujourd'hui, la France vit en paix avec le bas des journaux, et la loi Riancey a vécu ce que vivent les insectes. Il est donc possible d'examiner et de juger sans passion le prétendu coupable. L'innocuité de ce genre de littérature est constatée par une longue expérience ; il ne peut nuire qu'à ceux qui le pra-

---

(1) MM. de Riancey ont écrit dans un âge tendre une *Histoire du monde !*

tiquent. C'est au point de vue de la moralité surtout qu'il y a eu ignorance, sinon mauvaise foi à dénoncer le roman-feuilleton à la tribune de la chambre des députés. Lisez les romans qui précèdent cette innovation de la presse quotidienne, ils sont remplis de peintures scandaleuses et d'immoralités, d'autant plus flagrantes qu'elles s'enorgueillisent d'elles-mêmes. On conçoit alors qu'en traçant la psychologie criminelle d'une époque lorsqu'on retrouve dans Lacenaire, dans madame Lafarge, dans l'affaire des habits noirs, dans celle de la Tour de Nesle, etc., les diagnostics certains d'une inoculation littéraire, on conçoit, dis-je, que le législateur épouvanté cherche à arrêter le mal dans ce qu'il croit être sa source. Mais la littérature fût-elle initiatrice ou seulement conductrice d'un fluide reçu, ce qui est plus probable, il faudrait atteindre celle qui a commis la faute et non une autre. Or, le roman-feuilleton est pur de toute participation à ces méfaits. Il était de toute impossibilité qu'il grossît d'un seul chiffre la statistique du crime. Le jour où le roman-feuilleton se permettrait la moindre légèreté; il en résulterait pour le journal qui l'aurait tolérée un désabonnement beaucoup plus significatif, et par conséquent beaucoup plus salutaire que le petit excrément de loi sorti de la boîte osseuse de M. de Riancey. La garantie de moralité du roman-feuilleton gît dans sa grande vulgarisation. A un autre point de vue, il est beaucoup plus immoral d'écrire des romans-feuilletons que d'en lire. Il est rare qu'un jeune homme parvienne à se désembourber de cette littérature sans initiative, sans audace, et d'une moralité si pâteuse qu'elle en est indigeste. Or, le moindre inconvénient de ce genre d'improvisation est d'arrêter le développement intellectuel de ceux qui s'y livrent trop longtemps et outre mesure. A ceci l'État n'a rien à faire, l'écrivain, lui-même, a le droit imprescriptible d'être nul.

Fait pour les esprits moyens qui n'aiment pas à s'encombrer d'idées, le roman-feuilleton a obtenu d'immenses succès en France. Il appartient bien au règne de Louis-Philippe par son caractère industriel et par son peu d'idéalité. Son utilité n'est pas contestable dans le passé ; il a formé des générations de lecteurs superficiels, sans doute, mais qui font passer dans les mœurs le goût et le besoin de la lecture. Quand le roman-feuilleton se sera éteint ou transformé, il restera un peuple de lecteurs à qui peut-être il sera permis alors d'offrir quelques idées au lieu des faits et gestes d'un pantin à plumes et à manteau. Comme les complaintes et les almanachs, le roman-feuilleton aura donc eu son utilité.

L'annonce, qui prit sous Louis-Philippe un développement considérable, aida puissamment le feuilleton, et grâce à ce double auxiliaire, naquit la presse à bon marché. Des recueils illustrés, comme le *Magasin pittoresque* et le *Musée des familles*, contribuèrent à développer le goût de la lecture en même temps que celui du savoir, et permirent aux plus humbles fortunes de participer à ces jouissances élevées. La librairie fit, de son côté, plusieurs tentatives de publications à bon marché. Les idées économiques germèrent enfin dans le plus timide de tous les genres de commerce, mais la contrefaçon étouffa les premiers essais (Il n'y a point de véritable librairie possible avec un pareil système de déprédation). Le format anglais in-douze triompha enfin de tant d'obstacles et règne aujourd'hui sans conteste.

Il n'est pas moins curieux de suivre dans l'art les envahissements victorieux de l'industrie. Qui n'a entendu les savants et les bibliophiles se plaindre amèrement du peu de soin de la typographie moderne, de la mauvaise qualité du papier et de la mesquinerie de nos fragiles cartonnages. Ces louangeurs du temps passé ressemblent aux gens qui regrettent le coche patriarcal et détournent les yeux en voyant passer la locomotive. Tant que le livre a été une chose rare, que l'imprimerie peu répandue, pourvue des seules presses à bras, ne donna que des produits peu considérables, que l'auteur ne put imprimer que par privilége du roi, un livre était en quelque sorte un objet précieux qu'il s'agissait de conserver le plus longtemps possible. Nous avons vu, sous le dernier règne, la fameuse presse américaine qui tire jusqu'à douze mille à l'heure, nous avons vu le papier grand format à sept francs la rame. Dès lors un livre n'est plus un bijou qu'on tient sous clef, mais une pensée voyageuse destinée à pénétrer partout, le plus aisément, c'est-à-dire au meilleur marché possible. Sa valeur donne la mesure de sa durée, et, dans ce cas, sa vulgarisation infinie, sa reproduction permanente, lui assurent non-seulement la pérennité, mais encore l'universalité. L'ancien livre n'y pouvait point prétendre.

Nous n'avons cité l'exemple matériel du livre que pour en venir à l'objet d'art. C'est, en effet, la même question qui se reproduit sous une autre forme : la lithographie, la gravure sur bois, les machines à réduire et le moulage qui ont fait, sous le dernier règne, des progrès merveilleux. Sans doute, il était plus agréable d'avoir sur sa console ou sur sa cheminée un bronze florentin, un biscuit de Sèvres ou de Saxe, qu'une figurine de plâtre trempé dans la stéarine. Mais une statuette de ce genre coûte dix francs, et pour cent écus l'on a bien peu de chose en bronze ou en porcelaine ; l'objet d'art comme le livre est fait pour tous, ou je nie formellement l'importance, la nécessité de son existence. L'objet d'art doit-il tirer sa valeur de la matière ouvrée ou de la pensée (1) qui a guidé la main de l'artiste ? Si l'art ne vaut que par l'idée, et nul ne contestera que le plus beau marbre mal employé soit autre chose qu'un coûteux moellon, si l'art n'est qu'une pensée, un sentiment exprimé concrètement, la meilleure matière dont il pourra se servir sera la matière la plus voyageuse et la plus diffusible, c'est-à-dire la moins coûteuse. C'est ainsi, et à cette seule condition, que l'art peut, dans la mesure secondaire et sentimentale de sa nature, participer au gouvernement des esprits. Un Napoléon en sucre, un

---

(1) Un paysage n'est pas, à proprement dire, une pensée : c'est une copie de la nature qui fait naître des pensées. Les mots idée, pensée, expriment ici un pur principe qui, le plus souvent, ne réside pas en l'artiste, instrument réflecteur.

ange de plâtre rose à un sou, une image du Juif-Errant peinte en rouge et en bleu exercent une plus grande influence sur les mœurs et les affaires de ce monde que tel chef-d'œuvre enfoui dans le cabinet d'un avare amateur. Des réductions et des moulages choisis répandus dans les campagnes, mis à la portée du peuple, seraient un moyen de moralisation et d'éducation plus puissant qu'on ne le pense. Les objets qui frappent à toute minute la vue des enfants au logis paternel impriment insensiblement à leur caractère une ineffaçable marque. Les bouteilles de Notre-Dame-de-Liesse, les coqs rouges, les fleurs et les chinoiseries qu'on voit sur les assiettes de village développent évidemment un excessif penchant à la gaîté.

Quelles ne doivent donc pas être les influences de l'art véritable, pénétrant dans la vie domestique, non-seulement par la forme des meubles et des ustensiles de ménage, mais encore par des images et des figures, d'après les meilleurs modèles ! Les essais que l'industrie imagina d'elle-même sous le règne de Louis-Philippe, eurent cela de malheureux, qu'ils propagèrent des créations maladives, affectées, et par conséquent immorales. Uniquement propres à corrompre la population, le hasard voulut que leur moyen prix les mît à la portée des classes moyennes. L'éducation artistique de la bourgeoisie se fit avec des lithographies coloriées, représentant des baigneuses, des batailles de M. Horace Vernet, des nudités en plâtre, copiées sur les drôlesses de la rue Bréda, et faites pour elles; de sorte que le grand art, l'art masculin de Michel-Ange se changeait en art de fille entretenue.

Au point de vue économique, auquel nous nous plaçons plus spécialement dans cet article, il faut néanmoins constater ces tentatives de diffusion. L'industrie n'étant point un être moral, mais une loi des capitaux obéissant à un seul mobile, l'intérêt n'assume point la responsabilité du fait. La faute remonte intégralement au pouvoir, qui n'a pas su donner une direction intelligente à ce mouvement de l'industrie unie à l'art.

Sous le règne de Louis-Philippe, une grande découverte, qui se rattache étroitement à l'ordre d'idées où il nous a plu, en vue d'un but constant, d'entraîner la littérature et les arts, une découverte prodigieuse, qui participe de la science, de l'art et de l'industrie, a été faite par l'immortel Daguerre. Je voudrais que chacune de ces lettres fût une pierre de taille, afin que le nom de Daguerre, écrit monumentalement et indestructiblement, restât debout devant les multitudes présentes et à venir. Daguerre, dont la découverte perfectionnée est devenue la photographie, est plus grand aux yeux du penseur que Michel-Ange et Raphaël; car, s'il n'existait plus d'artistes, au besoin la nature serait l'éternel et magnifique modèle où le photographiste, avec son outil, irait chercher pour nos logis l'humanité et la nature, le grand, l'éternel et multiple paysage. J'entends d'ici le peuple des artistes protester; mais ces opinions de haute et pure philosophie politique ne sont point de leur compétence. La photographie est, dans l'ordre artistique et industriel, une véritable clef de voûte. Elle recèle un mystère profond. Comme le télégraphe électrique, la la vapeur et la navigation aérienne, non encore découverte, elle est un des agents de cette grande société future, dont chacun de nous peut sentir l'approche dans les oppressions de son cœur, mais dont l'ébauche complexe échappe aux regards les plus attentifs. Sans doute l'art cesse où la mécanique commence. Mais en admettant (non sans raison) qu'on ne puisse remplacer l'art actuel, que le signe individuel, que l'idéalité personnelle doivent se mêler aux tableaux et aux figures du peintre et du sculpteur copiant la nature, le photographe n'en est pas moins le plus puissant levier que la science ait mis à la disposition de l'idée, puisqu'elle lui permet de s'industrialiser. Le but de la peinture et de la sculpture doit être d'arriver à l'état militant de l'idée pure, et de se faire comprendre comme la note de musique, le signe algébrique ou le caractère d'imprimerie : la photographie est tout cela pour la peinture et la sculpture.

Il est rare que les contemporains attribuent aux faits qui se passent sous leurs yeux leur importance et leur signification réelles. C'est ainsi que, depuis moins d'un siècle, une société nouvelle se forme presqu'à notre insu. Une révolution aussi profonde, aussi radicale que celle dont le christianisme prit l'initiative, il y a dix-huit cents ans, s'accomplit par les seules sciences exactes. Elles entraînent le monde à cette heure et le poussent vers des voies nouvelles, dans lesquelles il entrera d'autant plus aveuglément, que nul ne peut prévoir ce qui adviendra, et que les résistances se portent contre de fanatiques utopies. L'harmonie des sciences se fait chaque jour par des découvertes nouvelles, les notions économiques se forment, s'accumulent et se confirment au contrôle de l'expérience. La supériorité d'action des sciences est telle en France depuis soixante ans, et notamment depuis ces vingt dernières années, qu'une description spéciale serait à peine un monument digne de ces nouvelles et puissantes nourrices du genre humain. A d'autres revient l'honneur de cette louable entreprise.

Pour nous, voici venir l'heure crépusculaire, qui annonce la fin d'une laborieuse journée. Comme le faucheur, qui a fauché au soleil depuis l'aube, nous avons hâte du repos. Que dirais-tu, faucheur des plaines de mon pays, si chaque épi saignait et criait sous ta faux? Telle est pourtant la tâche de l'homme sincère qui moissonne les gloires inutiles et les réputations mensongères. — Encore quelques traits de caractère sur les mœurs proprement dites, et nous aurons achevé le tableau politique, philosophique, moral, d'un règne qui participe dans une égale proportion de la comédie et du drame ; mais qui, sans le savoir et sans le vouloir peut-être, par ses vices plus que par ses vertus, seconda les vues de la Providence.

SENTIMENTS.

CHAPITRE XIII.

Morcellement de la société française. — Impuissance du roi à la reconstituer. — Démoralisation. — Chemins de fer, agiotage, etc. — La cour cherche à rallier la jeunesse. — Joinville, d'Aumale, Montpensier. — Soirées. — Le peuple aux sentines. — Les bals de l'Opéra. — Sentiments : amour, amitié, etc. — De la vertu et des prix Montbyon.

Cette société française, dont nous avons déjà incidemment parlé et qui jadis constituait en quelque sorte le caractère national, a succombé sous les révolutions qui se sont succédées en France depuis 1789: Il est néanmoins important de constater que l'Empire, en créant une aristocratie civile et militaire, avait entrepris de former une société nouvelle, et par conséquent des mœurs nationales, dans la plus haute acception du mot. La Restauration prit une tâche plus difficile encore ; elle voulut remonter le fleuve des révolutions et renouer la tradition des mœurs françaises à 1789, c'est-à-dire revenir aux usages de cour et à l'aristocratie de races. Quant au roi Louis-Philippe, le peu de lettres patentes qu'il risqua timidement n'obtinrent pas de succès. Le baron Dupin et le duc Pasquier causèrent au peuple plus de gaîté que de colère. Et pourtant l'ancien libéral, devenu roi, sentit aussi la nécessité de donner aux mœurs une impulsion supérieure par la formation d'un groupe d'élite, d'une cour qui représentât en quelque sorte l'esprit de la nation. Mais il ne trouva autour de lui que des boutiquiers enrichis, des banquiers parvenus, quelques plumitifs et quelques robins de physionomie et d'habitudes vulgaires. En contemplant cette compagnie sans mélange il dut comprendre que son avénement au trône avait été le signal de la dissolution dernière de ce qu'on nomma si longtemps la société française. Paris ne représentait plus qu'un fractionnement professionnel. L'individualisme fit dès lors des progrès décisifs.

Il y eut une époque fatale dans les dernières années de ce règne, c'est lorsque des scandales sans exemple éclatèrent parmi le groupe d'élite choisi par le roi et à l'aide duquel il avait espéré reconstruire une société française. Les vieilles plaies se rouvrirent alors. On se souvint qu'en diverses circonstances ces gens-là, d'accord avec leurs chefs, avaient humilié le drapeau national à l'étranger. Le mépris entra par une double voie dans les cœurs; il enveloppa tout ce qui gouvernait le pays. Les magistrats honorables et purs que l'opinion plaçait en dehors et au-dessus de ce gouvernement méprisé, ne servaient qu'à augmenter l'horreur de ces crimes abominables par l'exemple de leurs vertus.

Il est aisé de constater que sous le long ministère Guizot, la corruption se crut maîtresse absolue du pays ; on l'employait en politique. Elle devint une sorte de système qui fit subir aux mœurs une dépression considérable. Des causes particulières augmentèrent cette grand désertion de la conscience publique. La doctrine de l'exploitation par l'Etat ayant été repoussée dans la question des chemins de fer, le terrain resta libre à la spéculation. On vit refleurir les beaux jours du Mississipi et de la rue Quincampoix. La contagion fut générale. La fièvre des actions gagna le peuple entier. Sous d'Orléans, le roi constitutionnel, comme sous d'Orléans, le régent, s'enrichir devint la pensée universelle. La politique du prince et son caractère personnel avaient puissamment concouru à ce résultat. On récoltait ce qu'on avait semé. Et, loin de s'opposer à cet odieux scandale, les transactions les plus improbes se firent en plein jour sans qu'on tentât même de s'y opposer. Les tolérer n'était-ce pas les encourager. Tout passa par cette étamine. L'entraînement gagna jusqu'à des gens que leur caractère et leur genre d'existence auraient dû préserver. Les artistes oublièrent l'idéal pour un coupon du Nord ou Saint-Etienne à Lyon. Les poëtes, les folliculaires, les paniers percés, la bohême, tout ce monde insoucieux du lendemain songea à s'enrichir. Les domestiques rêvèrent équipages; les vaudevillistes, les actrices, les filles d'affaires entrevirent des inscriptions au grand-livre comme des rentiers du Marais. MM. de Rothschild et les banquiers à la suite devinrent les princes féeriques de cet Eldorado. A l'instar des rois de la renaissance ils répandirent, dit-on, leurs faveurs sur les lettres et les arts. Il leur en coûtait peu; une promesse s'escomptait comme un titre.

Rien n'était plus propre à précipiter l'abaissement des âmes. Le bruit des dévouements qu'il avait fallu solder dans cette grave question transpirait au dehors. La portion honnête et ignorante du pays tourna au scepticisme en matière politique. Et comme du scepticisme à l'indifférence il n'y a qu'un pas, le pas fut bientôt franchi. L'enthousiasme semblait alors éteint pour toujours. Les manifestations violentes qui peuvent être coupables au point de vue politique, insensées au point de vue philosophique, mais qui du moins entretiennent l'agitation des esprits, échauffent les sentiments, suscitent l'héroïsme et l'abnégation, ne pouvaient plus se produire. Les éclairs de 1832, de 1834 et 1839 n'illuminaient plus l'obscurité de cette nuit sans étoiles. L'époque ressemblait à une nuit remplie de ténèbres. Dans cet océan noir s'agitaient des ombres vaines. Les autres, groupées dans l'attitude de la faiblesse et de l'ennui, attendaient l'inconnu, sans grand espoir de le voir arriver. Il se faisait un vaste silence troublé seulement par l'aigre cri des agioteurs marquant le cours. Le Christ était encore une fois crucifié au milieu des juifs, des pharisiens et des traitants. La France n'était plus qu'un calvaire où expirait la démocratie et dont le drapeau de deuil planait sur une vallée de larmes. Oh! certes, il avait raison ce disciple d'Epicure qui disait : « De l'océan des voluptés surgit toujours quelques douleurs ! »

On a vu à quoi avaient abouti les tentatives du roi pour reconstituer une société française. Une fête au Château égayait les conversations pendant huit jours. Si les naïvetés de quelque bourgeoise haute en gorge ne défrayaient point les chuchotteries des cercles et des salons, il se trouvait qu'une distraction d'aide de camp jouant à l'écarté fournissait un texte supplémentaire.

Le ridicule faisait place à la filouterie, à moins que ce ne fût à l'adultère, au vol, à l'excitation à la débauche ou à l'assassinat. Sous un roi qui fut, en son privé, l'un des plus honnêtes gens de Paris, de telles choses se passèrent et furent commises par les plus grands du royaume.

De nouveaux essais furent tentés vers la fin du règne. On avait, jusqu'alors, considéré la jeunesse comme un élément inutile ou fâcheux. Le pouvoir ne la trouvait propre qu'à être morigénée. Mais le roi, se faisant tout à fait vieux et songeant enfin que ses fils auraient affaire à une autre génération que celle de MM. Thiers et Guizot, craignit pour eux l'isolement. La jeunesse, il faut le dire, sentant que tout ce qui se passait la regardait à peine; que l'Etat, loin de lui confier le dépôt de l'avenir, prenait à tâche de le lui aliéner, vivait politiquement dans une indifférence qui n'avait d'égale que l'indifférence en matière religieuse. Sans la révolution de février Dieu sait dans quel avilissement la race française fût tombée! Il n'était donc pas facile de rattacher la jeunesse à l'Etat. Le père et roi Philippe distribua néanmoins les rôles. Joinville, d'Aumale et Montpensier eurent chacun le leur. La marine échut au premier, l'armée, les lettres et les arts aux autres. On donna des fêtes. La mise en scène de l'esprit de jeunesse fut poussée jusqu'au bol de punch et au cigare. Mais qui buvait le punch? qui fumait les cigares? Les moustaches grises, les grosses épaulettes et les gros bonnets. Or, les intrigues matrimoniales de la dilpomatie aidant, il n'était pas difficile de reconnaître une fois encore l'ancienne raison sociale : Philippe Ier, roi des Français, et fils.

Il s'agissait bien pour la vraie jeunesse, celle de la science et du travail, il s'agissait bien pour la jeunesse d'élite qui agitait en silence les questions de l'avenir, il s'agissait bien de bols de punch et de cigares ! Il s'agissait bien pour la jeunesse du prolétariat courbée sous un travail de douze heures ou plongée dans la noire misère des chômages, il s'agissait bien de fêtes princières où des jeunes gens s'exerçaient au rôle de rois et où d'autres enfants, stimulés par l'exemple des vieux dignitaires du royaume, s'essayaient au métier de courtisans !

Je ne sais qui, mais c'était à coup sûr un sophiste, fit un jour, à propos d'élections, appel à la jeune bourgeoisie. La bourgeoisie avait bien été jeune un moment, au temps des communes et au commencement de la révovolution ; mais depuis ce temps, chargée d'écus et d'embonpoint, elle marche à l'aide de béquilles. Nous ne sachions pas qu'elle ait lavé ses rides à Jouvence. Vainement ce héraut de malheur cria-t-il aux quatre points cardinaux : « Jeunes bourgeois, où êtes-vous ? » Il y avait en effet si peu d'esprit de jeunesse dans la bourgeoisie que les jeunes hommes de cette caste ne se crurent point interpellés.

Afin de ne rien omettre, nous devons pourtant constater qu'il se formait une pléiade de jeunes conservateurs. Ils affectaient la mise, l'allure, et le parler des bourgeois hommes d'Etat. Et la nature, les servant dans leur rôle précoce, les pourvoyait par anticipation de ces rondeurs abdominales qui sont ordinairement le privilége de l'âge mûr.

Il y eut une époque à Rome où l'on put dire : Le peuple romain est au travail des sentines. C'est lorsque les chevaliers et les nobles, chargés des richesses du monde, perdirent dans les voluptés le sentiment de la patrie. A la fin du règne de Louis-Philippe, à part quelques rares intelligences, à part une généreuse poignée d'hommes, plus forts que l'opulence, on peut dire qu'il ne restait plus de Français dans les régions supérieures de la société, et que la nation était aux champs et aux ateliers.

Pour retrouver de grandes agglomérations d'hommes et juger des sentiments qui les animaient, il fallait attendre aux jours fériés. A côté des fêtes diplomatiques des princes, il y avait les fêtes publiques qui entraînaient dans leur tourbillon toute la jeunesse bourgeoise depuis le comptoir jusqu'au barreau. C'était surtout pendant le carnaval que se développait cette fureur de plaisir. A la vérité, le carnaval ne se passait plus dans la rue. L'hypocrisie, qui caractérise cette époque, se trahissait jusque dans ses saturnales. La licence voulait sauver les apparences et la débauche procédait avec pudeur.

Autrefois le carnaval, confondant un instant les classes, rappelait ses jours de liberté goguenarde où l'esclave romain avait le droit de dire à son maître tout ce qui lui venait à l'esprit. Sous le règne de la bourgeoisie française on portait, jusque dans l'orgie, ce sentiment d'orgueil qui creuse un abîme entre le riche et le pauvre.

Les boulevards et les rues furent abandonnés au peuple et à quelques grands seigneurs glorieux de rappeler les beaux jours de la régence et de jouer publiquement à la canaille. Mais, au lieu de peuple, les grands seigneurs n'eurent à coudoyer sur la place publique que les masques de la préfecture de police et ceux de la réclame déployant de toutes parts ses bannières imprudentes.

« Le carnaval, en bourgeois prudent et discret, qui fait ses fredaines en cachette, attendait les ténèbres. A minuit des antres chauds et inondés de lumière s'ouvraient sur tous les points de Paris et engloutissaient la jeunesse des deux sexes. C'était là que s'allumait l'orgie. Le plus vaste et le plus élégant de ces repaires était le bal de l'Opéra. La magistrature, les lettres, les arts, le barreau, le commerce fashionable s'y donnaient rendez-vous. A part quelques actrices de second ordre et quelques filles entretenues, la généralité du sexe se composait d'ouvrières qui mettaient leur dernière robe en gage pour louer un domino. Les bohémiennes des bals publics, des créatures en chômage, des chercheuses d'aventures s'y coudoyaient sous le masque. En somme, dans ce joli monde, la femme représentait l'esclavage et le prolétariat. La majorité de ces malheureuses appartenait à cette humble condition où le salaire insuffisant met à la pudeur le marché à la main ; acte lugubre que la faim et la vanité signent.

A deux heures du matin, salle, couloirs et foyer étaient pleins. L'Opéra avait l'air d'une fournaise dans laquelle, au bruit d'une musique terrible, tous les Vices, revêtus de costumes bariolés des plus folles couleurs, semblaient brûler comme dans un enfer. A l'orchestre un homme au teint verdâtre, d'une étrange laideur, et vêtu de noir comme à l'enterrement, conduisait la bacchanale. Son geste remuait les masses ; son regard faisait rugir le cuivre et le bois. Au milieu de la cohue, cinq ou six femmes tristement célèbres se glissaient dans la foule, suivies, entourées, harcelés. Elles avaient riposte à toute attaque. Ames de bronze et corps d'acier ces femmes, qui n'ont pas toujours pour amants les jeunes fous qu'on leur suppose, touchent le fond de toutes les humaines turpitudes. Elles ont soulevé le voile de toutes les hypocrisies politiques, religieuses et domestiques en matières de mœurs. C'est dans les coulisses de la société qu'elles se meuvent, et avec quelle dévorante activité ! Phalènes d'un été elles usent en quelques années une vitalité prodigieuse. Mais ce que ces vampires ont sucé de jeune sang et de génie dans leur court passage sur la terre, qui le sait ?

Quelque vieillard sans pudeur venait-il à traverser cette foule, une scène d'un caractère hideux se passait alors. Les femmes quittaient les bras des jeunes gens pour s'accrocher à ceux du vieillard ; on se le disputait, on se l'arrachait : un homme à cheveux blancs est supposé payer cher ses voluptés. A la fin de la nuit, la plupart de ces malheureuses mendiaient bassement un souper qui souvent leur était refusé avec brutalité. Il y a dans la bourgeoisie de jeunes fous qui soupent seuls en sortant du bal.

L'esprit général d'un bal de l'Opéra justifiait peu celui qu'on attribue à la nation française. Les hommes y étaient grossiers ou aigre-doux, les femmes hautaines, insolentes ou basses à lever le cœur. Dans la bacchanale comme dans la politique, dans la philosophie comme dans la famille, le principe argent dominait. Au fond tous les propos visaient à ce but, soit pour l'attaque, soit pour la défense. Les bals de l'Opéra étaient le champ de foire de la galanterie vénale. Ce n'était pas une folle orgie, comme on aurait pu le croire ; mais une vaste et opulente halle ou la Débauche et la Prostitution se marchandaient réciproquement.

La physionomie des bals de l'Opéra offrait trois aspects parfaitement distincts. Au parterre, sous l'affectation et la brutalité qui se sont introduites dans les mœurs françaises, on retrouvait quelque chose encore de la fougue et de la gaîté de la jeunesse. Mais au foyer la bourgeoisie de plus haute encolure paradait en gants blancs, dissimulant mal son ennui, impuissante au plaisir, contenue par sa parcimonie ; dépensant d'ailleurs, mais dépensant mal ou de mauvaise grâce, essayant le marivaudage, n'y arrivant pas, et trop occupée d'elle-même pour trouver un seul moment d'abandon d'où pussent au moins sortir la grâce et l'oubli. Les loges complétaient le tableau. Là, trônait la dépravation en domino noir, cette discrète dépravation colletée, cravatée, masquée, encapuchonnée, qui tente de solitaires escapades et recherche le mystère des loges obscures ; ou bien encore la dépravation en famille, les maris complaisants et la vertu domestique venant incognito se repaître délicieusement du spectacle de la débauche.

La bourgeoisie orléaniste avait-elle donc le pressentiment d'une chute prochaine, et cherchait-elle dans ces froides saturnales l'oubli de l'avenir? Ou, frappé de cet aveuglement qui s'attache aux yeux des oppresseurs lorsqu'ils ont atteint l'apogée de leur prospérité, ne soupçonnait-elle pas vers quel abîme elle se précipitait? Mais le peuple, lui, voyait clair. De tels spectacles ne sont jamais perdus. Quand aux premières lueurs du jour, le cultivateur revenant des halles, quand l'ouvrier se rendant à l'atelier entendaient aux fenêtres des restaurateurs du Palais-Royal, de la rue Montorgueil et du boulevard les rires de ces bourgeois qui achevaient leur nuit dans l'ivresse, comment n'eussent-ils point frémi de colère? comment ne songèrent-ils pas qu'un jour un compte sévère serait demandé et que ce peuple viendrait dire hautement : Nous ne voulons plus payer vos fêtes!

O bon Mably, à quoi sert-il que tu aies, l'autre siècle, écrit ceci : « Le rapport de la morale avec la politique est tel, qu'il n'y a point de vertu, quelque obscure qu'elle soit, qui ne soit utile ou nécessaire au bonheur de la société, qu'il est insensé d'espérer de bons magistrats quand on n'a pas commencé par rendre les citoyens honnêtes gens? »

Ce n'est pas en statisticien qu'il convient ici d'envisager cette haute question des mœurs à laquelle se rattachent, pour ainsi dire, toutes les pages de ce livre; il faudrait pouvoir pénétrer, par des routes secrètes, dans le cœur des amants et des amis, et passer au crible d'un examen sévère les sentiments des parents et des simples concitoyens les uns pour les autres. J'ai reçu les confidences des mères et des filles, des pères, des maris, des amants; il m'est resté p̄ ⋯⋯ ⋯⋯ , si l'individu en ce siècle avait le courage de ⋯⋯ ⋯ ⋯ absolu, de s'abstenir de trafiquer et surtout de ⋯arier, chaque homme vivrait solitaire, engraissant dans un stupide bien-être ou séchant dans un farouche ennui. Dans ces épanchements qui, pour les uns, dégénèrent en un besoin de montrer combien ils sont tendres, dévoués, courageux, combien ils sont aimés de leur maîtresse, respectés de leurs amis, mais qui, pour quelques autres, supérieurs aux majorités, deviennent l'unique et exquise jouissance d'entendre dire mille sottises à son prochain; dans ces épanchements, il y a, dis-je, beaucoup à apprendre. Je me suis surtout méfié, en ces occurrences, du fat qui, sous couleur de sainte crédulité, se vantait de croire à l'absolue et impérissable fidélité de sa maîtresse. L'ensemble des amoureux ne m'a pas paru fait de cette étoffe; la confiance n'était pas le fort de leur caractère. Après avoir passé par les tortures de la jalousie, ils finissaient par prendre le prudent parti de n'y plus regarder de trop près et de rester au gîte lorsqu'ils s'y trouvaient bien ; mais pour un siècle où les poëtes poursuivent l'idéal, c'est une lourde chute de finir en amour par le confortable. Somme toute, les femmes me semblent valoir mieux que nous en amour ; elles y mettent moins de tête et plus de cœur, moins d'imagination et plus d'animalité ;

aussi me paraissent-elles de meilleure foi que nous dans l'opéra-séria d'une passion. Sans rabattre de ces éloges, on remarquera cependant… la femme, malgré sa pureté de sauvage, a subi … degré l'influence du siècle. A Dieu ne … je prétende dépouiller la femme de son dr… à la coquetterie, à ce je ne sais quoi de profond… fallacieux et décevant, à ce machiavélisme sincère qui fait le nerf de son être ! c'est pour cela que je l'estime. Mais j'ai horreur de cette hypocrisie bourgeoise qui sent l'habit bleu barbeau, le *Journal des Débats* et la doctrine. La femme aujourd'hui a plus de sévérité dans les apparences que dans la réalité ; elle a, en outre, plus d'amour en tête que sur le tapis, et manque souvent du courage de ses opinions. Au temps de la renaissance, la femme apparaît imposante comme une reine, on la croirait inabordable. Mais vienne un regard derrière la tenture des vastes portes du château, une causerie écartée sous l'éventail, dans l'embrasure profonde d'une fenêtre, et quelque soir au clair de lune éclairant la galerie, une porte s'entr'ouvrira. Il fera bon alors pour un robuste amant voulant faire honneur à son père et prêt à risquer sa vie pour sauver la gloire de sa dame. Au xviiie siècle, la femme chiffonnée des sofas, la femme aux mouches, au rouge, à la poudre, aux paniers, fait de l'amour une confiture, un vin de champagne, un traderidera, une pirouette, un madrigal ; mais elle est toujours prête, elle ne pleure que pour rire, ne soupire que de tendresse, aime du bout des doigts, j'allais dire du bout des ailes, comme un papillon. Elle est charmante à table, à la toilette, au salon et dans les belles allées jaunes du parc ; et partout, ici et là, elle aime, elle se fait aimer ; elle aimerait sur la pointe d'une aiguille. Oh ! le joli chiffon toujours chiffonné ! Mais c'est après minuit surtout qu'il faut la voir animant un souper de mousquetaires, de conseillers, de traitants et d'abbés. Une telle femme fait de la vie une fête galante. Est-ce l'effet du lointain? est-ce pour ne les avoir jamais vues que nous les trouvons plus belles, plus franches et de meilleure composition que celles que nous connûmes à l'époque où nous déposâmes la casaque de collége ?

« Ce serait sans doute nier les lois éternelles de la nature que de dire : l'amour n'est plus. L'autre siècle traitait légèrement la matière, celui-ci la traite en égoïste et en hypocrite. Mais si les grandes amours sont rares, il n'en existe pas moins dans le sanctuaire de toute âme, le foyer où elles s'allument. Une belle femme titrée, riche, épouse d'un ci-devant ministre, qui s'en va en Italie avec un joueur de violon, comme l'a fait madame***, commet une faute irréparable, une sottise du plus mauvais goût, mais un acte de vigueur, et prouve qu'il y a encore en amour des femmes capables de tout. Mais voici mieux : j'ai connu un jeune homme, logé au faîte d'une de nos babels parisiennes, qui, se tenant d'une main à la frêle pointe de fer d'une grille de séparation, marchait à six étages de hauteur sur la rampe d'un balcon pour aller chastement passer quelques instants auprès d'une jeune fille adorée. Le moindre accident, une simple défaillance d'une seconde, et c'en était fait de sa vie. Rentré chez lui, la fenêtre close, seulement alors il subissait les effets du vertige, et son front se couvrait de sueur ; mais jamais à l'heure du péril son pied ni son cœur ne faillirent. Une femme recevait ainsi son amant. On vint lui annoncer que ce malheureux venait de se briser sur le pavé.—« C'est qu'il ne m'aimait plus, répondit-elle. » Le mot était féroce et profond ; mais j'ai connu peu de jeunes gens dans la triste période historique dont il est ici question capables d'affronter un tel danger pour quelques minutes d'entretien sous la lampe.

Les femmes, à Paris surtout, ont beaucoup perdu à l'accroissement considérable des cafés et des cercles. Il existe de tels établissements pour toutes les fortunes ; ce sont des endroits où l'on va s'ennuyer solitairement au milieu d'une compagnie fort mêlée de gens que l'on connaît peu ou point ; on peut y être impoli, désagréable et bourru à son aise. L'habitude du cercle ou du café est en harmonie avec l'individualisme qui s'introduit dans nos mœurs depuis une cinquantaine d'années. Au surplus, un peu de *yankisme* dans les habitudes de ce peuple catholique ne ferait de tort ni à l'esprit ni aux affaires de la nation.

On pourrait s'imaginer que ces compagnies, uniquement composées d'hommes, en nuisant à l'amour, ont dû développer l'amitié. Il n'en est rien. L'amitié, dépourvue de l'attrait des sens et de la différence des sexes, offre beaucoup moins de résistance aux circonstances conditionnelles que l'amour. Ce qui rend assez rares les véritables liaisons d'amitié parmi les hommes, c'est qu'on ne croit avoir un ami qu'à la condition de puiser librement dans sa bourse ; et jusqu'à un certain point l'on a raison. L'amitié dans les temps modernes n'est, au fond, qu'un système d'association d'intérêts, d'habitudes et de sentiments. Les gens timides et économes craignent un ami. Il ne faudrait qu'un ami pour empoisonner l'existence d'un ami, surtout si, par l'antinomie générale de l'amitié, l'ami est un coureur d'aventures et un prodigue. Un fantaisiste prétendait qu'il valait mieux louer un ami à tant par jour, que d'en avoir un gratis. Ceci est, en somme, une manière de critiquer les amis. Qu'un enfant de vingt ans, qui dévore en un mois son patrimoine, s'étonne et se contriste le lendemain de sa ruine de ne plus voir un seul des cent amis de la veille, on le comprend. Il ignore la vie, il ne sait rien de la nature humaine ; mais il est bien vaniteux à trente ans de se plaindre de ses amis ; car cela veut toujours dire : moi seul suis dévoué, moi seul ai prêté sans compter. En amour comme en amitié, pour bien faire la liquidation des torts réciproques, il ne faut pas oublier son propre compte. Les hommes dépensent beaucoup plus d'hypocrisie en amitié qu'en amour ; cela explique leurs trahisons et leurs jérémiades. Sous un règne d'égoïsme et d'argent, il est aisé de s'expliquer ce que purent devenir l'amour et l'amitié.

Cet examen des sentiments d'une époque devient tout à fait curieux, lorsqu'on s'élève un peu plus haut dans l'ordre moral, et qu'on s'adresse directement à la grande déesse au multiple visage, à la Vertu. Il y a mille manières de définir la Vertu. Nonobstant, sa base est une, elle repose sur une détermination de la conscience dans le sens de ce que la conscience croit être le devoir, mais elle est soumise à toutes les conditions de temps, de lieu, de circonstance. Sous le règne de Louis-Philippe, la plus grande vertu fut de ne pas voler, de même que le plus grand crime aux yeux du jury fut d'être un voleur. Cette définition de la vertu n'est-elle pas corrélative à la définition de la capacité politique donnée par le cens? C'est ici que le rapport de la morale et de la politique éclate dans toute sa force. La probité devient la première des vertus dans un État dont la constitution repose sur des aptitudes pécuniaires.

Je ne sais si ce fut par calcul ou par l'effet des influences de son époque, mais il est évident que M. de Monthyon, en fondant des *prix de vertu,* fit, sans le vouloir, la plus sanglante critique de l'interprétation de la vertu qui résulte de la charte de Louis-Philippe. Il alla plus loin que le maître, il prit la vertu dans son sens le plus général, le plus universel, et il se dit : récompensons la vertu. Cet homme de bien oubliait que la vertu n'a pas de prix ; que la vertu récompensée cesse d'emporter avec elle l'idée de sacrifice dont elle est inséparable. En décernant un prix à la vertu, il l'assimilait naïvement à la moyenne probité de l'individu qui, trouvant une montre, et lisant sur une affiche : *Récompense honnête,* préfère ce bien légitimement acquis aux bénéfices extralégaux d'une trouvaille non remise entre les main de l'autorité.

Quand M. de Monthyon eut posé en principe cet étrange et subversif axiome : « la vertu doit être récompensée, » il dut naturellement songer à créer ou constater des catégories. Ne pouvant descendre dans les cœurs, il dut prendre pour moyen de classification les effets de la vertu bien plus que la vertu elle-même. Ce premier pas aurait dû lui démontrer l'impossibilité de son entreprise, car la vertu, est proportionnelle, non pas au service rendu, mais à ce que le sacrifice a pu coûter à celui qui l'a fait : il peut m'en coûter beaucoup plus de donner mon dernier écu à un mendiant que de risquer spontanément ma vie. Le dévouement de vingt années est quelquefois moins pénible que celui de huit jours. Il sera plus facile à telle complexion d'accomplir, pendant trente années, un vœu de chaque jour, qu'à la mienne de me dévouer trois fois sous la même forme. Est-ce la vertu ou la complexion qu'il s'agit de récompenser ? Et comment sonderez-vous ce mystère ? Faudra-t-il s'en rapporter à l'effet simple ? Le bon sens indique au contraire, que l'importance et l'efficacité du service n'entrent pas en ligne de compte lorsqu'on reste dans l'ordre moral pur. Si l'on prétend le contraire, j'irai plus loin que M. de Monthyon, et je demanderai immédiatement que l'on fonde une école de vertu. Malgré ces non sens et ces impossibilités, M. de Monthyon poussa jusqu'au bout son grave paradoxe. La vertu fut mesurée, analysée ; sa densité, sa pesanteur, sa superficie dans telle ou telle condition, furent tant bien que mal constatées.

La métaphysique vit éclore un fait sans précédent : le TARIF DE LA VERTU.

Ici j'éprouve le désir de m'arrêter. Je le sens, je touche aux bornes d'Hercule ; j'ai surpris l'esprit du règne jusque dans les hauteurs morales telles, qu'après il n'y a plus rien. L'industrie a mis sa griffe jusque sur ta frêle épaule, ô timide vertu ! Eh quoi ! ce n'était pas assez de la politique, de la philosophie, de l'enseignement de toutes choses, il fallait aussi que la dernière et la plus grande, le refuge des âmes supérieures, la compagne du philosophe, l'amie du solitaire, la consolatrice du génie méconnu et de toute infortune imméritée, fût dévorée par le dragon. O vertu ! déesse au triple voile ! ils t'ont fait monter d'un côté de la balance, de l'autre ils ont jeté les trente deniers qui servirent à payer Judas ; et le commissaire-priseur, frappant la table de son noir marteau, s'est écrié : A trente deniers la Vertu !

Ainsi, me disais-je, la vertu est un commerce, et il me sembla que le spectre du vieux roi, debout près de mon fauteuil, s'inclinait. A travers la bonhomie et la tristesse de son visage chargé de rides, je crus entrevoir la contraction d'un rire méphistophélique. Ce n'était peut-être qu'une vision, car avec cette gravité que nous attribuons aux ombres, je crus l'entendre murmurer : « Il le fallait. »

Eh bien, soit ! car dans cette fatalité qui entraîne le xixe siècle aux choses industrielles, dans cet individualisme effréné, j'entrevois un espoir consolant. A cette pensée, tous les souvenirs qui ont fouetté mon sang et fait naître en moi une indignation désintéressée, s'envolent comme des nuages emportés par le vent du sud ; tous ces fantômes, les vivants et les morts, évoqués par la dernière baguette magique, la plume, larves, goules, vampires, simples revenants sortis de la foule comme d'un cimetière, ou du cimetière comme d'un salon diplomatique, toute cette troupe effarouchée du grand jour que ceci projette sur le passé, tous, ramenant leur linceul jusqu'aux yeux, fuient en tournant la tête. Mais à quoi sert leur courroux ? Il suffit d'une pensée sereine pour chasser cette importune multitude d'hommes qui se crurent grands et dont un si petit nombre le fut en réalité. Ils ont fui comme un tourbillon de feuilles sèches soulevé par un rigoureux automne. Mon esprit, débarrassé de ces noires visions, se retrouve allègre et joyeux sous un ciel pur, à deux mille ans en avant de son siècle, en face de cette légende ébauchée au commencement du voyage, et qu'il s'agit de compléter, lecteur, avant de nous séparer.

CHAPITRE XIV.

Comment se complète la légende. — L'homme multitude. — Après le bourgeois synthétique, le bourgeois moléculaire : M. Véron. — Attila au souper de Trymalcion. — 22 février 1848. — Fin du *mystère*. — Conclusion. — Synthèse de l'individualisme.

La légende diffère du récit imaginaire et de l'action dramatique, en ce que, tout en participant de l'un et de l'autre, elle repose sur une base réelle. Elle participe du premier par sa ressemblance avec les créations de l'esprit ; elle imite la seconde par la condensation des faits. Une légende résume un règne entier en une ou deux pages. C'est le temps qui fait les légendes plus que l'écrivain ; le temps procède par élimination. De ces générations pressées qui ont occupé tant de place et produit tant de tumulte sur la terre, il ne reste à la fin, dans la mémoire des hommes, qu'un tout petit nombre d'individus ; le roi, sa famille, ses ministres. Là, en effet, se résument l'époque et la nation. Louis-XI, Tristan l'Ermite et Olivier le Daim, esquissés d'un trait de plume, en disent plus que cent volumes. Nonobstant, la légende de Louis XI n'est pas encore complète, parce qu'elle n'est pas arrivée au symbole, et qu'il y manque un personnage, le sujet, l'homme multitude. Le symbole a cet avantage qu'il caractérise sans explication, c'est-à-dire par un mot ou par une silhouette. Il emprunte le plus souvent au règne animal, parce que la physionomie des animaux est merveilleusement expressive, et que l'instinct particulier au caractère de la bête se révèle dans sa conformation. Le lecteur de la légende sait ainsi, d'un coup d'œil, à quoi s'en tenir sur ses personnages. Puis vient un moment où la légende, elle-même se transforme en une simple image au bas de laquelle sont inscrits les noms des personnages. Un exergue latin occupe le milieu ; cet exergue d'une ou deux lignes n'est autre chose que le jugement de la postérité.

Ceci posé, examinons l'image-légende du règne de Louis-Philippe. Au milieu se trouve le roi, père de famille, et derrière lui ses nombreux enfants par rang d'âge et taille. Sur la marge, perpendiculairement au-dessous du roi, on lit : *Philippus, rex Francorum, an.* 1830. Les deux grands ministres du règne se tiennent de chaque côté du vieux monarque. Mais comme la famille du roi occupe, à partir du second plan, toute la gauche de l'image, les plans secondaires de la droite restent vides. Qui placerons-nous dans cet espace qui attend un hôte nécessaire, nécessaire à la logique du dessin et à celle de l'histoire? l'aspect de la famille du roi ne fait-elle pas naître l'idée de placer en regard cette autre famille des rois, cette famille collective que l'on nomme le peuple? Or, par le mot peuple, nous n'entendons pas ici l'idée de multitude. Ce qu'il importe de personnifier, c'est la molécule politique, l'élément constitutif du pouvoir. L'antiquité eût donc en regard de la famille du monarque placé un chœur de bourgeois électeurs et gardes nationaux. Mais la légende, sœur du blason, procède différemment, elle individualise et condense en quelque sorte la pensée le plus étroitement possible. En face du roi de la bourgeoisie, qui représente en quelque sorte le bourgeois synthétique, elle placera le bourgeois moléculaire, M. Véron.

Je dis M. Véron, parce que ce personnage offre précisément l'assemblage des traits généraux qui constituent le bourgeois au XIX° siècle de 1830 à 1848. Aucune qualité saillante, aucun talent spécial, aucun acte de sa vie ne le distinguent de la foule des bourgeois; notez que l'existence d'une seule de ces choses eût tout gâté. Pour justifier le choix de la légende, je demande donc au lecteur la permission de lui tracer le portrait de M. Véron. La puissance irrésistible de la logique exigeait impérieusement que ce portrait fût non pas ébauché, mais tracé du haut en bas ; elle exigeait aussi que ce portrait fût le dernier du livre, comme celui du roi en devait être le premier.

Ainsi que Bouret, M. Véron appartient à l'histoire. Il est plus intéressant que Bouret, plus honnête homme que Bouret qui est un plat coquin, mais Bouret a plus de génie. Le docteur Véron est un type héroïcomique. Il y a en lui du Sancho Pança et du Sganarelle. Il a l'embonpoint et le bon sens de Sancho, il en a aussi la naïveté crédule. Il est moraliste et sermonneur à la manière de Sganarelle. « Ah ! monsieur, quelle vie nous menons ! » Et après avoir mené cette vie-là, comme le valet de don Juan il pense à faire son salut. Sa personne tout entière respire un parfum de la comédie du bon temps. Il a volé son caractère à Molière, il lui a volé jusqu'à son ventre, son allure, ses traits. S'il n'était pas aussi profondément mêlé aux affaires politiques, industrielles et littéraires de ce temps, on le prendrait pour quelque personnage oublié par le xviie ou le xviiie siècle dans cette époque, sanglante comme la renaissance. Il complète la comédie du règne de Louis-Philippe. Il y introduit l'élément bouffon, partie essentielle de l'art moderne. Il égaye d'un reflet particulier une époque vouée au deuil, à l'inquiétude et au désespoir. On doit lui rendre cette justice que jamais les vices du régime de l'éclectisme et du doctrinarisme n'ont revêtu une forme plus débonnaire. Ce titre suffirait pour que le docteur Véron méritât la clémence de la critique, lors même qu'en esquissant la silhouette de cet adorable bonhomme elle ne se sentirait pas désarmée. Que la caricature se soit acharnée à sa personne, je le conçois, il y a en lui la bonne fortune du crayon ; mais qu'on ait été jusqu'à rechercher les maladies vraies ou fausses de ce vieillard pour en faire un sujet de risée, voilà ce que je trouve véritablement féroce. Que le docteur Véron se console, il n'y a pas un des mauvais sujets qui l'ont tourmenté qui ne serait enchanté d'être son neveu.

J'ai vu un croquis de M. Dantan jeune qui représente le docteur Véron avec tant de vérité, qu'au premier coup d'œil je reconnus l'original dans la rue. La caricature de M. Dantan vous montre un gros et grand corps armé d'un côté d'une seringue, de l'autre d'une boîte de pâte Regnault. Ce torse, contourné par les effets de l'ostentation, est surmonté d'un chapeau à grands bords, d'un petit nez, de deux énormes joues et d'une monstrueuse cravate. On a fait une foule de méchants contes sur cette cravate. Ne saurait-on souper à côté de M. de Chambord sans être soupçonné d'intentions thérapeutiques vis-à-vis de soi-même? La satire perd beaucoup à se matérialiser ainsi. La cruauté ne tient pas lieu d'esprit. Je n'ai jamais, pour mon compte, trouvé beaucoup de sel dans les plaisanteries qu'Horace se permet contre je ne sais plus quel poëte chassieux.

Les mystères de la cravate du docteur appartiennent au contraire à un ordre purement métaphysique. Cette cravate est un trait de caractère général. Si je ne craignais qu'on se méprît sur la gravité de mes intentions, je dirais qu'elle atteint à la hauteur d'un symbole. Prenez la statue de l'Apollon du Belvédère exagérez-en les lignes ; vous avez un grotesque. Le docteur Véron est avant tout de son temps. Il a flori sous Louis-Philippe. Or, examinez un bourgeois de la monarchie de juillet, un Apollon du cens d'éligibilité, la cravate, le col, le ventre, tout s'y trouve, mais dans des proportions qui n'ont pas encore perdu toute modestie. Exagérez maintenant les lignes de ces divers attributs, vous aurez, à peu près, l'ensemble du docteur Véron. C'est ainsi qu'il est donné à certaines individualités de refléter plus énergiquement que d'autres le caractère général de leur époque. La société est un prisme dont la cohésion et l'unité mêmes produisent les teintes variées de la lumière. Mais au fond, toutes ces nuances se tiennent et dérivent d'une même cause. Rien ne serait plus aisé, si la chose ne se comprenait de soi, que de démontrer par quelles affinités M. le docteur Véron est inséparable des Thiers, des Guizot, et par quelles déductions la légende les burinera sur la même image.

A Dieu ne plaise que je veuille établir le moindre rapprochement entre M. le docteur Véron et Robert Macaire ! mais je désire faire observer à mon lecteur que ce type brutal sur lequel s'est épuisé tout l'esprit des dernières années du règne de la bourgeoisie, que ce monstre dans lequel on a réuni, comme Richardson dans Lovelace, tous les vices d'une époque et d'un peuple,

Robert Macaire a, lui aussi, une énorme cravate. La cravate devient ainsi quelque chose comme un drapeau, un insigne, une marque d'origine. Mais où elle devient tout à fait un symbole, c'est lorsqu'elle se dégage des temps et des circonstances, comme au col de M. de Talleyrand. Cette énorme cravate me produit l'effet d'un sac rempli de malice. Elle est grosse d'importance et de mensonge. Au besoin elle sert à dissimuler un pli moqueur de la lèvre. Elle trahit le puffiste comme la queue le renard, ou l'oreille l'âne. Le portrait comme le caractère du docteur n'eût pas été complet sans cette cravate. Elle donne au personnage ce degré d'achèvement qui n'appartient qu'aux types accomplis. C'est pourquoi nous l'avons décrite en commençant.

M. Véron a donné lieu à tant de plaisanteries qu'il est difficile d'en parler sérieusement. Il n'y a de sérieux en lui que sa fortune. Le reste appartient à la fantaisie et à l'hyperbole. Mais il a été dans sa destinée de frayer continuellement avec la classe la plus dangereuse pour un homme de son espèce, la classe des politiques et des littérateurs. De là le retentissement des moindres mots de ce bonhomme. Son unique rôle a été de servir de plastron aux plaisanteries de ses parasites et de marchepied aux ambitieux qui ont utilisés ses larges épaules. Ce qu'il y a de merveilleux, c'est que le rôle de dupe lui a été profitable et qu'à travers des spéculations où les plus habiles succombent souvent, il a eu le bonheur de s'enrichir. Les tâtonnements et les impérities dont sa vie est semée ont eu pour résultat de tourner à l'avantage de sa fortune. Il lui a donc suffi du sentiment de la conservation, instinct le plus puissant des hommes de sa génération, pour arriver à l'opulence. Ouvrir la main et la refermer, telle a été la science de M. Véron.

Sa vie, fort peu accidentée, est connue de tout le monde. M. Véron a fait des études médicales et s'est même distingué comme interne dans les hôpitaux. Il trouva sans doute que la science n'était pas le chemin de la fortune et il l'abandonna pour se livrer à l'industrie. Il paraît qu'une certaine pâte, devenue célèbre, fut dans cette nouvelle carrière l'origine des succès de M. Véron. Une petite note insérée dans les journaux du temps parlait de cette préparation pharmaceutique comme d'une découverte précieuse pour l'humanité. Le fait était nouveau. On croyait encore aux journaux dans ce temps-là ; le public crut à la pâte. Né pour les spéculations dangereuses, M. Véron obtint la direction de l'Opéra. C'est alors que son étoile se dégagea complétement. *Robert le Diable* fit la fortune de son administration ; peu s'en fallut qu'il ne repoussât ce trésor. Les frais de mise en scène l'épouvantaient et il eût préféré monter un opéra plus modeste. M. Meyerbeer leva, dit-on, les obstacles en participant à la dépense. Si le fait est vrai, où donc est l'habileté de M. Véron? Est-ce de s'être prémuni contre l'éventualité d'une chute? Cet excès de prudence était au moins une maladresse, puisqu'elle l'exposait à perdre la partition de *Robert*. Que M. Véron se borne donc à suspendre une couronne à l'autel du dieu hasard.

La même protection évidente suit M. Véron au *Constitutionnel*. Ce journal était tombé à six mille abonnés, il s'agissait de le relever. Il chercha dans la littérature un remorqueur pour ce navire en détresse. Deux romans lui furent offerts, l'un obscur, sans valeur et dont le titre n'est pas même resté dans notre mémoire, l'autre était le *Juif Errant*. Plus économe qu'intelligent, M. Véron penchait vers le premier. Le prix du *Juif Errant* l'effrayait comme l'avaient effrayé les frais de mise en scène de *Robert le Diable*. On parvint à vaincre ses répugnances et le *Constitutionnel* fut sauvé. Il a donc fallu que MM. Meyerbeer et Eugène Sue inventassent l'un *Robert le Diable* et l'autre le *Juif Errant* pour que M. Véron devînt riche en se laissant forcer la main.

Les événements de 1848 qui stimulèrent toutes les ambitions ne manquèrent pas d'exalter celle de M. Véron. Il écrivait quelques articles dans *le Constitutionnel*. Ce que Buffon a dit en général des affinités du style et de l'homme est en particulier merveilleusement applicable à M. Véron. Son style est obèse, tuméfié de vanité, et souvent d'un sans gêne qui n'a d'égal que celui de la personne. Ses rédacteurs ne sont pas plus parvenus à lui donner le style d'un journaliste, que ses amis n'ont réussi à le former aux belles manières. Ses articles sont encombrés de citations savantes, comme un appartement de mauvais goût qu'un parvenu surcharge d'or. La matière domine ici comme dans le luxe de sa maison. Le pompeux coudoie sans cesse le familier ; après un paragraphe à décors, vient tout à coup une phrase en robe de chambre. Ces contrastes produisent l'effet le plus surprenant qu'on puisse imaginer et tranchent de la façon la plus burlesque avec les procédés parlementaires du journalisme français; sans le vouloir, il atteint quelquefois, au suprême degré du comique. Il parle d'histoire comme un traitant caduc raconterait ses souvenirs de bourse et d'Opéra; il raisonne finance avec des aphorismes de cuisinière. Il jase à la manière de ces bonnes gens dont tous les discours commencent par : « Si j'étais gouvernement... » Ce jargon de comédie est assaisonné de noms propres qui sonnent d'une façon toute bizarre dans ce bavardage de vieux bourgeois : Mazarin, Louis XIV, Colbert et madame de Sévigné, Pitt et Napoléon. M. de Corvetto disait ceci, M. Bonjean disait cela. En d'autres circonstances le bonhomme se fait polémiste (tous les genres lui sont bons). Il emplit d'air ses gros poumons, il enfle démesurément la voix, puis au milieu du plus profond silence, quand personne n'y pense : « Le socialisme est-il encore debout? » Aussitôt voilà qu'il taille en pièces le sultan d'Olivier Proudfute, qu'il plonge son épée... non, son parapluie, dans les cadavres et qu'il insulte les vaincus enchaînés. — Un autre jour, il a été admis à la table de M. le comte de Chambord; et il raconte ses émotions en présence du descendant de saint Louis, dans un langage que Bouret eût envié.

Malgré ses efforts, M. Véron ne put réussir à se faire prendre au sérieux. Les jours où il paraissait un des articles du docteur étaient véritablement des jours de fête pour les amis de la gaîté. Il était difficile ces jours-là de se procurer le *Constitutionnel* dans les cafés de Paris. « Si j'étais seulement sous-préfet de Sceaux, disait M. Véron, il faudrait bien qu'on me prît au sérieux. — Qu'à cela ne tienne, lui répondit-on, vous le serez. » Quelque temps après, cette sous-préfecture vient à vaquer. « Eh bien, dit M. Véron, la... la chose de Sceaux est vacante. » M. de Rémusat, heureux de trouver une occasion de faire impunément le méchant, répliqua : « Eh quoi, vous voulez être entrepreneur du bal de Sceaux. » Cette fausse méprise au lieu de servir d'avertissement à l'ancien directeur de l'Opéra, ne fit que le piquer au jeu. Le pauvre homme ne rêvait plus qu'honneurs et dignités. C'était un vrai désir de fille à marier. Il avait perdu sa boussole, celle dont l'aiguille se tourne vers l'argent. Il lui fallait, à tout prix, du galon ; il s'en donna lui-même. Ne pouvant devenir ni préfet, ni sous-préfet il se souvint qu'il était docteur en médecine. Cette dignité n'avait pas grand rapport avec la politique, mais il crut que cela valait mieux que rien.

Or, il est convenu en France que tout homme en prenant la plume, le pinceau ou l'ébauchoir doit, en quelque sorte, avant d'entrer dans l'atelier de la pensée, déposer au vestiaire ses titres et dignités. C'est ainsi que deux lutteurs, avant d'en venir aux mains, se mettent dans l'état de nature et entrent dans l'arène tels que Dieu les a faits. On ne s'élève dans la république des lettres que par son propre mérite. Il y a ici une égalité nécessaire. A deux combattants on partage le soleil et l'on mesure les épées. La littérature, politique ou fantaisiste, est aussi un champ clos. Le bon sens indique qu'il faut écarter de l'individu les circonstances extérieures, et chacun se conforme volontairement à cette règle tacite. La rage de se distinguer, une des maladies bourgeoises de M. Véron, maladie dont on peut saisir les diagnostics jusque dans la forme de son chapeau, le détermina à s'affubler d'un titre qui eût été mieux à sa place à la clinique ou dans les ruelles que sur les colonnes d'un journal. La France, étonnée, vit paraître dans le *Constitutionnel* un article signé : Docteur L. Véron. La signature, comme la cravate, était un nouveau trait de caractère. Une circonstance futile ne détermine pas la forme d'un chapeau ni la modification d'une signature. Il n'y a point de hasard dans l'homme. Tout est le résultat des propensions psychiques. L'âme vaniteuse du bonhomme s'enfla comme la grenouille. Il trouva sans doute mille arguments contre les prudentes admonestations de sa conscience. Il dénicha quelque raison concluante, et le mot *docteur* coula, avec une douce musique, de sa plume sur le papier. La première fois que M. Véron signa de la sorte, il dut éprouver un sentiment analogue à celui d'une jeune fille à son premier rendez-vous. Elle sent bien que cela est mal, mais la passion l'emporte sur sa volonté.

Cette signature eut un prodigieux succès. Boccace a placé la scène de ses joyeux récits à deux pas de Florence, pendant les horreurs de la peste. A l'instar du poëte toscan, M. Véron choisit pour son intermède le moment où les horreurs de la guerrre civile venaient d'attrister tous les cœurs. La France entière sécha un moment ses larmes et retrouva le rire pour saluer ce type nouveau de la comédie moderne : le docteur Véron. Je ne puis m'empêcher de signaler ici une singulière coïncidence. L'un des personnages les plus curieux de l'ancienne comédie à soggetto, *il dottore Ballanzoni*, ce Bolonâis égoïste et pédant, était remarquable, disent les historiens de l'art italien, par son *chapeau*, par ses *joues* et par son *nez*. C'était une espèce de *médecin diplomate* décidant de tout et parlant de tout. La comédie française n'aura rien à envier de ce côté à la comédie italienne. Dans cinquante ans on trouvera des acteurs qu tiendront l'emploi des docteurs Vérons.

Dans la vie privée, M. le docteur Véron est un bon homme qui n'est incommode que par le sans gêne de ses manières et la grosse vanité qui le suit partout. Il occupe, rue de Rivoli, un appartement somptueusement meublé. Mais, malgré ses prétentions artistiques, tout cela n'est beau que par la matière. L'homme se trahit toujours. Ainsi les ornements de sa grande salle à la Véronèse de la Tuilerie étaient en carton-pierre et en bois peint.

Il n'est pas rare d'apercevoir le docteur Véron au balcon de son appartement de la rue de Rivoli. Il se montre entouré de ses familiers et de ses parasites, en robe de chambre et le col nu, coquetterie intéressée dont il abuse au point de recevoir ainsi la visite de gens qu'il ne connaît pas. Il traite d'affaires en se promenant à la

Petite-Provence. Ce sans façon n'a pas le mérite de la naïveté. Le désir de se faire remarquer, de se donner de l'importance en est la cause. Quand M. Véron dine au café de Paris, il absorbe tous les gens de service. Dans sa loge à l'Opéra, sur le trottoir du boulevard Italien, partout enfin où se manifeste ce bourgeois colossal, il ne se carre point, il s'épate.

Le docteur se levait fort tard ; il faisait après midi son tour au *Constitutionnel ;* le soir on le rencontrait le plus souvent à l'Opéra-Comique, où il sommeillait dans une petite loge d'avant-scène. Les dîners du docteur sont très-courus. Sa table est ordinairement partagée entre des gens de lettres et d'anciens viveurs. Lorsque la conversation tombe sur la littérature, le bonhomme se déchaîne volontiers contre les tendances de la jeune génération. Toutes ces douleurs qui crient merci par la plume des poëtes et des romanciers irritent ses nerfs et lui causent des insomnies. C'est pousser le sybaritisme jusque dans la lecture. « Faites-nous, dit-il de la littérature *affectueuse.* » Quand un écrivain présente un manuscrit au docteur, sa première question est celle-ci : « Est-ce *piquant ?* » Mot charmant qui peint un homme d'un autre âge. Dans ce temps-là on disait en parlant d'une jolie femme, c'est une beauté *piquante.* Rien n'est plus piquant que les *Ermites* de M. de Jouy.

Selon toute probabilité, l'heure de la retraite a sonné pour M. Véron. Le pigeon voyageur rentre au coffrefort. Adieu rêves de poëtes et d'amoureux ! Il n'est plus question d'habits galonnés d'or de sénateur ou de préfet.

Le vieux pharmacien enrichi se retrouve en face de sa gouvernante, de sa goutte et du ciel. Il n'est plus même directeur du *Constitutionnel*. La statue vend son piédestal et redevient simple mortelle.

M. Véron vend son journal comme une victime qui marche au supplice, et rentre chez lui en gémissant, les poches gonflées de billets de banque. Il a troqué sa médiocre gazette contre une fortune patricienne et il se plaint le pauvre homme ! L'argent ne lui suffit plus. Mais, comme une fée à la fois bienfaisante et malicieuse, l'étoile a dit : « Tu seras riche et rien au delà. » Cela s'exprime en grec Παχὺς et en français Turcaret. Après avoir été un homme presque important par la place que son journal occupait dans la presse, par ses capitaux, par ses relations, M. Véron redescend dans les limbes de l'inaction et de l'oubli. Il entre dans la période historique et voit de son vivant commencer la vie future. Cela est juste ; cela est dans l'ordre des sociétés modernes dont la combustion suractive dissout le vif trouvant la mort trop lente : il est d'ailleurs dans la destinée des partis de se punir les uns les autres de leurs crimes et de leurs sottises. L'heure de l'expiation a sonné pour la génération à laquelle appartenait M. Véron. C'est en vain que par une incarnation nouvelle il a prétendu se soustraire à la loi commune. Homme du règne de Louis-Philippe il est temps de quitter le théâtre du monde. Après s'être changé tour à tour en libéral, en orléaniste, en légitimiste et en napoléonien, Protée vaincu redevient Véron. S'il ne s'était pas montré si cruel contre les malheureux, s'il avait gardé le silence après la victoire, il eut été de mauvais goût d'occuper le public d'un homme qui éprouve le besoin qu'on ne parle pas de lui. Mais nul ne s'est montré plus impitoyable dans le triomphe. Ceci d'ailleurs n'est qu'un discours sur la tombe, puisque le docteur y plonge déjà par l'oubli.

Et comme je m'étendais avec trop de complaisance peut-être sur ce portrait, le dernier d'une nombreuse compagnie, il me sembla que Caron m'arrachait des mains le vieux pharmacien et le poussait avec le reste de la troupe en criant de sa voix de taureau : « Allons, en barque ! en barque, messieurs ! »

De même qu'un rêve nous poursuit encore lorsque nous sommes éveillés, de même, quand je me trouvai seul, enfin débarrassé des hommes, satisfait comme le faucheur qui a fini sa tâche, l'idée de ce règne avec lequel il me semblait n'avoir plus rien à démêler m'assaillit sous une forme nouvelle. Après l'œuvre du légendaire et celle de l'imagier, n'était-il pas naturel que celle du théâtre me vînt à l'esprit ? Il y aura, me dis-je, une action dramatique, avec de grands changements à vue, intitulée : *Mystère de la monarchie constitutionnelle*. Les phases diverses de cette singulière intrigue se déroulèrent sous mes yeux jusqu'au dénoûment qui m'attira particulièrement. En effet il n'en avait pas été question dans l'image, et la légende n'a rien de commun avec les grands effets scéniques. Il faut qu'un dénoûment frappe fortement l'esprit du spectateur. Et comme en histoire les événements se font valoir les uns les autres et grandissent par la comparaison, pour mieux juger de l'importance des catastrophes présentes, reportons-nous à celles du passé. Figurons-nous vers la décadence de l'empire romain un Trymalcion donnant à dîner. Les plus fameux ventres de Rome sont de la partie. Tryphère découpe. Les esclaves phrygiens servent de Ganymèdes. Tout à l'heure entreront les danseuses et les Gitons. Lanfella, Phryné, Médulline, autour d'un triclinium, boivent à longs traits. On verra ce que c'est que Vénus ivre. Elles trouvent déjà la cyclade trop lourde et la soie trop chaude. Voici le joueur de cithare Echion; Glaphyrus, choriste; Ambrosius et Chrysogon, chanteurs et joueurs de flûte et la foule des histrions. Cependant les convives ont lavé leur estomac brûlé de falerne. Ils engloutissent par monceaux les huîtres fraîchement arrivées de Baie. On boit. Les poëtes se jettent des regards sanglants; les rhéteurs et les sophistes discutent; leurs lèvres distillent du fiel à chaque argument nouveau. Bientôt les torches se doublent aux yeux énervés des convives. Les chants et les cordes des instruments se brisent, s'éteignent comme les soupirs du vent dans les sapins du Soracte. A travers les vapeurs des viandes et la fumée des parfums s'agitent des formes lascives. Il ne reste plus debout pour contempler le peuple romain plongé dans l'insouciance de l'orgie que les statues des dieux et des héros, debout autour de la salle et formant un motif pour quelque peintre académique. Tout à coup... O Hercule ! pourquoi n'es-tu que de bronze ? O Scipion ! ô Brutus ! pourquoi n'êtes-vous que de marbre ? Dieux puissants ! vieux Romains ! descendez de vos socles ; saisissez vos glaives. Les esclaves épouvantés ont fui. Sur le seuil du palais un cavalier paraît, un cavalier maigre et sauvage ; il brandit sa lance de fer, et ses yeux ont parcouru comme un trait de feu ce peuple stupide endormi dans la débauche. C'est Attila, le barbare.

Reportons-nous maintenant au XIXe siècle, an de grâce 1848. La scène est au café de Paris, ou chez Véry, ou chez quelque Véron qui donne à dîner, comme jadis Trymalcion ou quelque autre ami de César, affranchi parvenu. Poëtes, avocats, négociants, artistes, filles de joie, toute la société française s'y trouve représentée. Le prolétariat est aux cuisines, à l'écurie et aux ateliers où se confectionnent les produits qui vont être consommés dans ce gouffre. Les Lola Montès et quelques autres célébrités de ce genre ont commencé par jeter écharpes et chapeaux. On voit autour de la table des épaules frissonnantes. Rien ne manque au festin. L'aspect moral et matériel est complet. Truffes, faisans, poissons rares, huîtres, non plus de Baie mais d'Ostende, ananas, pêches et grenades abondent ; Chevet a fourni les comestibles, Rouzé les glaces, Batton les fleurs. Les vins viennent des meilleurs crus de la Bourgogne, de la Gironde, de tous ceux de la France et du globe entier. Vingt conversations se croisent. Ici l'on cause de l'opéra nouveau, plus loin d'une mode récente ou d'une chronique scandaleuse. La grande affaire, l'affaire grave, c'est la bourse. Est-il bon de jouer à la hausse ou à la baisse ? Que se passe-t-il plus loin ! on agite une question délicate : il s'agit de savoir au goût de cette perdrix si elle était rouge ou grise ; si elle a vu le jour dans les plaines de la Beauce ou dans les vignobles de la Champagne. La discussion s'anime, la table se divise en plusieurs camps... Mais tandis que ces fils dégénérés des Gaulois et des Francs se livrent à de puérils débats un insurgé paraît, l'insurgé de février. La crosse de son fusil a résonné sur le sol et jeté dans la stupeur cette société des régions supérieures qui banquette depuis la Méditerranée jusqu'aux frontières belges. — Ici, l'histrion qui sera chargé de ce rôle poussera un rire féroce et ouvrira une large bouche, afin de montrer une double rangée de dents aiguës. Il devra frapper très-fortement le sol de la crosse de son fusil. — A ce bruit, tables et convives s'enfoncent. Mais ce n'est que la fin d'un règne. Quant à toi, comédie, tu n'es jamais, non, tu n'es jamais finie, ô comédie des peuples !

Avant que de quitter la plume, il me prend une crainte bien naturelle de n'avoir pas été suffisamment compris. En étudiant les hommes et les mœurs du règne de Louis-Philippe, je voulais rechercher la cause supérieure de tant de faits obscurs, surprendre dans sa marche le véritable esprit moderne. Je n'ai pas reculé devant la laideur morale de la plupart des hommes qui ont détenu le pouvoir, et je crois avoir d'autant mieux exposé les vérités que j'ai entrevues, que partout j'ai montré l'ineptie et l'infamie, les aberrations philosophiques et littéraires, les plus grossiers égoïsmes et les vanités les plus subtiles, concourant sans le vouloir à la constitution de la pensée du siècle.

La pensée du siècle, c'est l'individualisme.

Ceci a dû être dit tant de fois depuis trente ans, qu'on a peut-être mauvaise grâce à le répéter. J'ai nonobstant cette conviction, que, si du présent livre il résulte que l'individualisme est non-seulement la pensée, mais encore le *fatum* du siècle, j'aurai rendu à la démocratie française un service au-dessus de toute récompense.

En effet, si la démocratie continue sa lutte insensée contre l'individualisme, elle périra misérablement; le dernier de ses enfants succombera dans un combat stupide. Le sage recherche la loi de son temps, l'étudie, et lorsqu'il est parvenu à la constater, à la connaître, il s'y soumet et s'efforce d'en tirer le meilleur parti possible.

L'individualisme, né de la grande révolution française, a été reçu dans la famille démocratique comme un enfant difforme. Conspué, honni, tout le monde l'a signalé au mépris et à la haine, et c'est à peine si quelques rares esprits ont en silence étudié ses propriétés. Les partis se rejetaient les uns aux autres la paternité du monstre; les boutiquiers de Louis-Philippe eux-mêmes détournaient la tête avec pudeur devant ce *moi* hardi qui se campait seul et nu en face du genre humain.

De cette lutte sont nées les tendances communistes de l'époque moderne. La démocratie, avec un instinct plus généreux que raisonné, voulut réagir contre cet infâme individualisme dont le premier axiome sortant de la bouche du souverain lui-même, avait été « chacun pour soi. »

La démocratie jouait ici le rôle de don Quichotte contre les moulins à vent. Au fond, l'individualisme et le communisme se valent et sont aussi inséparables que les doigts de la main. Le communisme n'est pas autre chose qu'un individualisme rationnel parfaitement équilibré. Jamais le communisme intelligent n'a écarté ni la division du travail, ni les proportionnalités des fonctions aux aptitudes, ni l'épanouissement intégral de l'individu.

Si de deux termes aussi opposés, il est possible de tirer une synthèse identique, que signifient donc ces luttes sanglantes et ridicules ?

Lorsqu'il a été constaté qu'un siècle procédait fatalement par la méthode individualiste, à quoi bon retourner le terme et vouloir lui faire avaler la même vérité par le gros bout ?

Telle a été la faute des démocrates de toute nature à fort peu d'exception près, tel a été surtout le sentiment de la masse démocratique. Le dirai-je ? telle a été aussi l'instinct de la plupart des partis en France et du pouvoir lui-même. Quand, sous prétexte de ne pas engager de polémique avec les contemporains, la philosophie officielle, combattant les sensualistes, leur assignait le dénoûment politique exposé par leur devancier Hobbes, elle obéissait à cette aveugle répugnance des masses et se contredisait lorsqu'un moment après elle poussait jusqu'à l'aberration mythologique, l'exaltation du moi. Car nous ne repoussons pas Hobbes, sa doctrine représente une phase forcée de la série contenue dans un terme; que ce terme s'appelle individualisme ou communisme, il est nécessaire. On pourrait même donner à la série individualiste la forme suivante :

Hobbes,	Despotisme.
Machiavel (1),	Révolution.
Helvétius,	Égalité conditionnelle.
Emerson,	Divinisation de l'homme ou gouvernement de l'héroïsme.

Plus abstraitement, et réduite à son aspect triple, la même série peut être ainsi formulée :

>Absorption,
>Conservation,
>Sacrifice.

En effet si nous construisons sur ce même pivot la synthèse complète; nous trouvons l'*égoïsme* à la base et l'*héroïsme* au sommet :

>Individualisme { Égoïsme. Héroïsme.

Ce qui en vertu de la loi sérielle nous permet de construire par un mécanisme subdivisible à l'infini et aussi simple que le tableau multiplicateur qui sert à enseigner aux enfants la valeur des notes, une figure plus parfaite de concept.

---

(1) Il est bien entendu que nous écartons l'ordre chronologique.

Individualisme.	Égoïsme.	Cupidité. Économie. Ordre. Équité rationnelle.
	Héroïsme.	Amour-propre. Amour sexuel. Amour familial. Amour de la patrie ou de l'humanité.

Les termes, en apparence si exclusifs les uns des autres, ne sont souvent que deux pivots différents dont la série est identique, et qui, conduisant au même but, ne sont qu'une autre manière d'exprimer une même pensée ou tout au plus une méthode de réalisation différente.

C'est ici que la lutte réelle commence et que faute d'avoir étudié les conséquences d'un terme, les partis s'en font un fantôme. Alors, quand même et à mort, commence un combat stulte et antiphilosophique dans lequel succombe nécessairement le parti le plus pauvre et le moins bien armé.

Mais que la démocratie daigne donc s'apercevoir qu'il est de la raison la plus élémentaire de tenir compte des conditions. Un mathématicien lance un projectile dans le vide, et il décrit l'étendue de son quart de cercle d'après la force d'impulsion. Mais un enfant lançant un caillou dans l'eau, sait qu'il faut plus de force que s'il le lançait dans l'air pour atteindre à une égale distance. La démocratie n'a pas voulu tenir compte de la résistance diverse des fluides.

Dans le grand duel social, il n'appartient à personne

de choisir le terrain ; c'est la Providence qui le donne. La Providence nous avait donné en ce siècle l'individualisme pour champ clos ; c'est là qu'il fallait porter la lutte, au lieu de commencer par se battre sur la seule question du terrain.

Si la démocratie avait compris que l'individualisme est un terme aussi excellent que tout autre, elle se le fût assimilé. Au lieu de repousser la politique comme un instrument individualiste, elle eut repris son Machiavel et appris ces vieux moyens d'escrime dont un long usage a prouvé l'excellence lorsque des mains habiles s'en emparent. Au lieu de crier haro à l'industrie, conséquence première de l'individualisme en un siècle de sciences exactes, elle eût amassé des gros sous pour élever des usines, et non pour écrire des brochures dénuées de style et de sens commun. Et aujourd'hui elle serait puissante au pouvoir ou en face du pouvoir ; on la saluerait à la bourse ; ses billets auraient cours sur la place. A une époque où l'Europe est régie par des intérêts, elle eut pesé dans la balance des intérêts. Qu'offre-t-elle aujourd'hui au total industriel des partis ?

Plongée dans une bouderie sentimentale et dans des conspirations d'opéra-comique où le rôle du traître ne manque jamais, elle a vu passer le règne de Louis-Philippe, elle a vu agioter, trafiquer, voler ; elle a assisté au mouvement de l'industrie sous toutes ses formes, depuis le marché des consciences jusqu'à celui des actions de chemin de fer, et elle n'a cru qu'à la corruption. Elle s'est imaginé que la Providence permettait ces petites et ces grosses infamies par esprit phénoménal et sans visées ultérieures, ou du moins sans conséquences, car les conséquences des prémisses antérieures sont les vues de ce que nous nommons la destinée; elle a perçu, en un mot, elle a palpé, reconnu, constaté l'individualisme, et elle n'a pas songé à voir ce que l'on pouvait tirer de ce *fatum*. L'industrie, premier terme de l'individualisme au XIXᵉ siècle, l'industrie qui correspond à l'égoïsme et à la série de ce pivot secondaire, l'industrie a couvert le monde, et au lieu de lui souhaiter la bien-venue, elle s'est mise à pousser des cris de paon et s'est voilé la face.

Aussi, lorsqu'après une circonstance favorable, par un joli coup de main que tout homme politique doit admirer, elle eut saisi le pouvoir, elle n'en fut que plus près du sphinx, et le sphinx l'avala. Elle a succombé comme tout ce qui n'a pas compris.

Ainsi faut-il que la démocratie nouvelle qui se formera en France prononce tout d'abord cette imprécation nécessaire : « Malheur à l'ineptie ! »

FIN.

www.ingramcontent.com/pod-product-compliance
Lightning Source LLC
Chambersburg PA
CBHW050428170426
43201CB00008B/585